ネルソン・マンデラ

ジャック・ラング《Jack Lang》著　塩谷 敬《Shionoya Kei》訳

Nelson Mandela

未來社

Jack LANG : "NELSON MANDELA"
Leçon de vie pour l'avenir
Préface de Nadine GORDIMER

コサ族の民族衣装を着たネルソン・マンデラ(1950年代初頭)
©GAMMA/Eyedea Presse/amanaimages

1994年4月27日、ダーバン近郊のイナンダ・タウンシップで一票を投ずるネルソン・マンデラ
©GAMMA/Eyedea Presse/amanaimages

1990年6月6日、エリゼ宮でフランソワ・ミッテランに迎えられるネルソン・マンデラ
©WITT/SIPA/amanaimages

1993年12月10日、オスロでの1993年度ノーベル平和賞授与式（右はフレデリック・デクラーク）
©Corbis/amanaimages

序文

私の小説のひとつに登場するある人物は、いまなお英雄たちが存在する国で暮らすことがなにかとても重要なことのように思っている。

ネルソン・ロリシュラシュラ・マンデラと同時代に同じ場所で生きているということは、まさしくこの次元に属することである。アパルトヘイトの時代にあっても英雄は存在したのだ。

私は、人類に多大な弊害をもたらすこの体制のなかで南アフリカ共和国の大半の国民に強いた恐ろしい苦痛と闘った私の仲間全員と、マンデラと同時代に生きることの喜びを分かち合った。〈人間としてふさわしい品性〉に、一種の〈天性〉というものが求められるのなら、実にマンデラは間違いなくそれらの才能を授かったと言えよう。

マンデラについては多くの書物が出版されているが、それらはすべて彼の抜きん出た側面をいろいろな角度から解明しようとしている。そしてこれから出版される他の多くの書物も、おそらく同様の内容になるであろう。だが本書では、ジャック・ラングがきわめて独創的な視点からマンデラに取り組んでいる。それは美化された伝記などではなく、いかなる場合にも全体が真の尊敬の念をおびていて、それに価する人物の偉大さを描いている。同様に本書は事物をまったく論評しようとせず、人間が、本来の目的である「他者による抑圧と闘う」ために克服し、解決したはずの内的矛盾を見事にあばき出しているのである。

人生が演劇の一場面であるとするなら、人びとはそこに登場する俳優とみなされよう。主役の役割は、自らの時間を通して、かつて同じ使命を与えられた登場人物たちの運命を体現することにある。この手法でジャック・ラングは自らの考えを展開しているのだ。ジャック・ラングはこのようにネルソン・マンデラを四幕〔原文ママ〕のドラマの主役に配し、彼の人生とその時代、そして南アフリカ解放闘争の複雑な組織をひとつひとつ検証している。このドラマにおいてマンデラは、アイスキュロスやソポクレスからベケットにいたる哲学および倫理的行動史に痕跡をとどめたカリスマ的人物たちと同一視されている。

第1幕のマンデラはアンチゴーヌ。アパルトヘイトに擬した非人道的行為で、人民から人権を奪った陰鬱な顔をしたクレオンと対立している。第2幕では、かつてローマ人に逆らった名高い剣闘士スパルタカスの姿を借り、南アフリカ共和国の主流勢力と対決する反乱軍団の指導者として登場する。第3幕での彼は、プロメテウスに倣い神々からはアパルトヘイトを、そしてこの冷酷な体制の支配者であるゼウスからは抵抗の炎を盗み出した人間として、ラシスム〔人種差別〕の岩に縛りつけられている。第4幕でやっと〔牢獄を出た〕マンデラは、自分の生きている時代と年齢を手に入れるのであるが、それは人類の恩人でありカリバンに勝ったプロスペロ[★1]としてである。

この最後のくだりについては個人的考察を述べてみたい。視点の相違がもたらす取り違えの妙をジャック・ラングは深く考察できる人物であるということを知っているだけに、彼が展開する考えをどうしても知りたいのである。カリバンはしばしば、ことに黒色人種の注釈学者たちから、「植民地主義の犠牲になった英雄」と見なされていた。だがカリバンの言葉は、入植者たちが好んで自ら担おうとしていた「文明開化の担い手という使命」を皮肉る以外のなにものでもないのである。「あなた方は私に言葉を教えた。そしてそこから私がうる効用は（中略）私にもわかっているが、呪うことなのです[☆1]」。

さて、マンデラの率直かつ怖いもの知らずの話しぶりのなかには、なにかカリバン的なものが見出せるのではないだろうか。

各幕の冒頭では、神話を代表する英雄たちとの魅力的な対比とともに、マンデラの人生にかかわる説明が挿入されている。そこにはアフリカ上流部族社会の影響が色濃い少年期と青年期が描かれている――おそらくいかなる国の上流社会においても普遍的な特徴なのであろう。だが同様に、あらゆる角度から見た他者との関係においては大きな変遷が見られる。例えば自国で追い詰められた狡猾な革命家の様相、解放運動を進めている人びとの活動を不正出国を利用して外国から支援している向こう見ずな活動家の様相、そして最後にロベン島の牢獄の壁に囲まれながら

★1　プロスペロもカリバンもともにシェイクスピア最後の作品『嵐』の登場人物。プロスペロはミラノ大公の地位にあったが、策略にあい小船に乗せられ、嵐の海で殺されかける。ある孤島に漂着した彼は、島に住むカリバン（魔女と悪魔の子）を彼の魔術で屈服させる。

☆1　Octave MANNONI : Prospéro et Caliban 参照。

自らに勇気の光を照射している囚人の様相がある。

劇化されるにふさわしい想像力豊かな作品がすべてそうであるように、劇化によって、〔歴史家のするような〕事実に基づいたどんなに詳細なレポートよりも、さらにいっそう強く我々に訴えかけるものである。

したがってこの見地からすれば、政治家を天職とし、文化の息吹も吹き込まれた文化人でもあるという特性をふたつながらに併せもつジャック・ラングだけが、この「人間の偉大さ」に関して挑発的かつ魅力的な彼ならではの研究に挑むことが可能なのである。なんとすごいことであろうか。

ナディン・ゴーディマー
（一九九一年度ノーベル文学賞受賞）

目次

凡例

・原文中、引用を示す《 》は「 」で括った。
・著者による補足は（ ）、原文引用内の補足・説明は［ ］、訳者による訳語の補足・説明は〔 〕で示した。また、原文イタリック部分と訳者による強調部分には傍点を付した。
・原注は章（幕）ごとに☆で、訳注は★で注番号を示し、それぞれ該当する奇数頁に掲載した。

略語一覧

ＡＮＣ
African National Congress ……アフリカ民族会議

ＮＩＳ
National Intelligence Service ……国家情報局

ＭＫ
Umkhonto We Sizwe ……民族の槍

ＰＡＣ
Pan Africanist Congress ……パン・アフリカニスト会議

ＳＡＣＰ
South African Communist Party ……南アフリカ共産党

ＳＡＩＣ
South African Indian Congress ……南アフリカ・インド人会議

装幀——岸顯樹郎

ネルソン・マンデラ

前書き

一九八五年五月三〇日、ロラン・ファビウス首相の命で私が組織した「世界人権会議」の締めくくりとして、デズモンド・ツツ大主教、ショーン・マックブライド、★1 ドン・ヘルダー・カマラ、そして〔故チリ大統領の〕アジェンデ夫人と並んだフランソワ・ミッテラン大統領が「人権と自由の広場」の開会式を行なった。広場のテラスの石には「人間は生まれながらにして自由であり、権利において平等である」という、民主主義そのものの信条が刻まれている。このセレモニーにはアーティストの一群が無償で賛助出演してくれた。スティング　小澤征爾と国立フランス管弦楽団、カエターノ・ヴェローゾ、ジュリアン・クレール、バーバラ・ヘンドリックス、ミシェル・ポルタル、マヌ・ディバンゴ、ソウェトゴスペル合唱団、エリ・ウィーゼル、ブレイテン・ブレイテンバックそしてジャック・イジュランの面々である。

★1　デズモンド・ツツ（Desmond Tutu, 1931-）は英国協会ケープタウン大主教で黒人解放運動家。一九八四年度ノーベル平和賞受賞者。ショーン・マックブライド（Seán MacBride, 1904-1988）はアイルランドの政治家で世界的な反核非政府組織の指導者。一九七四年度ノーベル平和賞受賞者。

我々の感動と期待がいくら強かったとはいえ、このときわずか四年後の一九八九年――フランス大革命二〇〇年祭の「比類なきあの年」――に自由という強力な風が吹き荒れ、東や西や南の多くの独裁政権を倒すことになるとは思いも及ばなかった。

二七年間の投獄から解放されたネルソン・マンデラは、数ヵ月後に真の解放を手にした。アパルトヘイトに反対して最前線で闘ったわが国とその大統領に謝意と友情を表明するために、一九九〇年六月六日、この自由人は旅する最初の都市としてパリを選んだ。フランス・リベルテ★2の庇護のもとに、クリスチャン・デュパヴィヨンから経済的支援を約束された歓迎式典をより印象深くするには、「人権と自由の広場」は異論の余地のないふさわしい場所であった。開会式の日と同じく天気は最悪であったが、雨も風も群衆の歓喜の火を消すことはできなかった。南アフリカ共和国の新体制はまだ揺らいでいたため、マンデラは西側諸国に、最後のアパルトヘイト支持者たちへの圧力を要請するつもりでいた。傘の海に掲げられた一枚の巨大な立て看板には「聞けマンデラよ、制裁を強く主張せよ」と書かれていた。

単にネルソン・マンデラとフランソワ・ミッテランという二人の政治家が出会ったということだけでなく、有意義だった民衆の集会を象徴するかのように、彼ら二組の夫婦が広場の中央で合流した。夕暮れのなか二人の男は堅い握手を交わし、彼らの傍らでは、遠く離れていても仲の良い姉妹のようにダニエル・ミッテランとウィニー・マンデラが抱擁した。「非人道性」の拒絶という共通の思いが距離を縮めたのである。我々が、この大変親しみ深い人物、ネルソン・マンデラを間近に見たのは初めてであった。微笑を浮かべ、おなじみの仕草である拳を突き上げて、彼は群衆に挨拶をした。群衆は、この七〇歳代の男の意外とも思える若々しい行動に感動したものである。イリュミネーションに輝くエッフェル塔の真下で、純白の衣装をまとった一〇〇名のヴァイオリニストがディディエ・ロックウッドの指揮のもとで南アフリカ共和国の反乱賛歌を演奏したのちにトーレ・クンダがマンデラ作の詩を朗誦した。ついで、一ヵ月前にフレデリック・デクラーク南アフリカ共和国人統領と直接会見し、最終的譲歩を勧めたフランソワ・ミッテランが次のように発言した。「人間の弱い力でなにができるのかをあなたは証明した。今日では看守たちを自由の道へと導くのは囚人なのです」。マンデラはフランスとミッテラン大統領に謝意を述べ、アパルトヘイトに対する監視を弱めないよう、そして制裁を維持するよう要請してからこう結んだ。「マラソンのように、最後の一キロメートルがもっとも苦しいのです」。

私は、自らの人生を国家にささげたことを誇りに感じているひとりの政治家を見るという、貴重な体験を得た。

私はここでネルソン・マンデラの人生を語るつもりはない。これはすでに語りつくされているのだから。早くも一九五一年に彼と面識をもったイギリス人ジャーナリストがマンデラの素晴らしい伝記を書いているし、☆1 私の友人ジャン・ギルワノーも彼の冒険的活動のことを描いている。だが私はむしろこのたぐいまれな生き方から、なんらかの教訓をうるつもりで本書を認めた。

★2　故ミッテラン大統領夫人、ダニエル・ミッテランにより一九八六年に創設された非政府組織（ＮＧＯ）。「自由な人間とは他者が自由になるために手助けをする人間である」を標榜して幅広い活動を展開している。

我々が必要としている勇気、自由への情熱、寛容、広い理解力の重要性をこれほどまでに示した者は、今日誰もいない。なぜなら多くの苦しみと引き換えにこれらの重要な事柄を守り抜き、その後、明確にそのことを立証できるものはひとりもいないのだから。ネルソン・マンデラは自らのもつ真の崇高さをふたたび政治に与した。だから私は、若者たちに向けられた本書で、あまりにも頻繁に失墜させられたり、痛めつけられたりする政治家の姿を〔マンデラを例にして〕彼らにどうしても伝えたかったのだ。

＊

我々フランス人は、二〇世紀後半に世界の片隅で繰り広げられていた惨劇の真に意味するものを考えたことがあっただろうか。南アフリカ共和国の現実は我々の同胞の大多数にとって、とても理解し難いものであった。首都プレトリアでの出来事は、その逸脱ぶりの規模の大きさばかりが強調されていたために、かえって、人びとがその出来事を意識しないのではという恐れがあった。南アフリカ共和国のケースの特異性は、通常の分析と矛盾していた。それは、よくあるひとりの独裁者が問題になっているのではなく、類を見ない「非道」に関することだったのである。

わが国で南アフリカ共和国の体制に賛同する者はほとんどいなかったが、大多数の「レアリスト」はジャック・シラクの常套句で要約した姿勢でその体制と折り合いをつけようとしていた。「私はアパルトヘイトをきっぱりと糾弾する。（中略）それはそれとして、問題はきわめて複雑である」[☆2]。この否定できない複雑さが、無関心とは言わないまでも無行動への口実を与えていたのだ。

左派である我々は、ド・ゴールが「東洋は複雑だ」と語ったのとは逆に、南アフリカ共和国には単純な見解で接する必要があると考えていた。最初の見解は、残忍かつ狭量なこの制度が人権や良識に挑戦するものであり、なんとしてでも倒さねばならないというものであった。我々の多数、例えばダニエル・ミッテランもこの直観的反応を共有していた。彼女はマンデラの立場を支持するために、青春期に彼女をレジスタンス運動家[★3]にした闘争をここにきてふたたび体験したのだった。彼女の組織「フランス・リベルテ」は、南アフリカ共和国のスキャンダルをフランス人に意識させるために重要な役割を果たした。フランス人は、南アフリカ共和国の指導者たちに少しも痛痒を与えようとしないリアルポリティーク〔現実的外交政策〕の信奉者たちを信頼しなくなった。彼らはこれら狡猾な語用論を伴なったアパルトヘイトが告発されたとき、それは糾弾されるべきではあるが南アフリカ共和国の内部問題であり、干渉はすべきではない、つまり経済活動は

☆1　アンソニー・サンプソン（Anthony Sampson）：*Mandela. The Autorized Biography*, Harpers Collin, 1999（以下 *Mandela* と記す）。ルネ・ギュイヨネ（René Guyonnet）が同書の後半の数章を仏訳し、*Nelson Mandela, le Victoire* と題して Bibliothèque de l'Intelligent から出版されている（以下 *Victoire* と記す）。自伝 *Long Walk to Freedom*, Brcw and C.Boston, 1944 の仏訳は *Un long chemin*, Fayard-Livre de Poche, 1995.（以下 *Un long chemin* と記す）。

☆2　ル・フィガロ紙　一九八五年一二月一九日付。

★3　第二次世界大戦における対独抵抗運動への参加者で、サルトルやマルローなど多くの文化人も含む。

経済活動にとどまるべきで、理想を追求してはいけないと答えることで意見が一致していたのである。

我々は理想を追求していたのではない。非植民地化の終了後から練られてきた国際社会による干渉権が具体化されるのを待つ間、アパルトヘイトに抗する効果的かつ簡単な方法がふたつあった。ひとつは人種差別主義体制に及ぼす圧力としての経済制裁、もうひとつは被害者への直接的支援である。北欧の国々が我々に手本を示していた。後年マンデラは回想録でそのことに関して北欧の国々に深い謝意を表している。

フランソワ・ミッテランの大統領当選後、フランスはプレトリアに関して、無関心を装った慎重さからやっと抜け出した。私は文化大臣を拝命すると、すぐに南アフリカ共和国の黒人のためにフランスおよび世界のなかの芸術家を動員することに邁進した。一九八一年一二月一〇日には世界のアーティスト一五人が提唱して、アパルトヘイトに反対する文化財団が設立された。アントニオ・ソーラが主宰するこの財団は「アパルトヘイトに反対する芸術展」を企画し、同時に「今日のアフリカ」誌、そしてジャック・デリダとドミニック・ルコックの積極的支援を得た『ネルソン・マンデラに』という本を出版した。

ネルソン・マンデラは獄中にあったが、あらゆる人びととの闘いの象徴として存在していた。我々はそれらすべての人びとを援助したり、結集したり、招いたりすることができた。アフリカ民族会議〔ANC〕★4は我々の働きかけに機敏な反応を見せ、フランスにおける反アパルトヘイト闘争を強化するために、名誉なことに私に連絡をしてきた。ヴァロワ通り〔文化省のある通り〕の我々は南アフリカ共和国の人びとと会合をもったが、そのなかにナディン・ゴーディマーやブレイテン・ブレイテンバックがいた。アパルトヘイトに反対して七年の獄中生活を送ったことのあるブレイテンバックが私に黒人のための活動案を付託し、これが我々にはたいへん役立った。この案に基づいて我々は、あらゆるスポーツ連盟を通して南アフリカ共和国で交流試合をすることを阻止したり、逆に黒人学生の奨学金を倍増したり、ソウェトにアリアンス・フランセーズ[★5]の分校を設置したり、初めての自由黒人大学の創設を援助した。これはとりわけ仏大使館の文化参事官アラン・ボックとその後継者ジルベール・エルアールの尽力によるものである。

一九八五年の「世界人権会議」の折り、ノーベル平和賞受賞者のデズモンド・ツツの列席は、マンデラ不在の重大さを浮き彫りにしたものである。ツツは明晰かつ節度ある表現で首相にも共和国大統領にも深い感銘を与え、我々の取組み方をさらに強化し、経済界が反対している不買運動を支援するよう我々に求めた。デズモンド・ツツの糾弾を華々しく展開させるために、フランスは国連から国際的制裁を取りつけ、七月にはプレトリアのフランス大使を召還した。ところが一九八六年に政権復帰したフランス右派は、この決然たる政策を取り下げ、口頭による非難と効

★4　一九一二年に結成された「南アフリカ原住民民族会議」（SANNC）が一九一三年に改称され、社会民主主義政党として現在に至る。マンデラは一九四九年のANC大会で全国執行部委員に選出され、一九五二年に副議長、釈放後の一九九一年に議長に就任している。

★5　フランス語とフランス文化の普及を目的として一八八三年にパリに創設された。フランス政府・外務省の管轄下で運営され、現在では世界一三八ヵ国に一一三五の支部機関をもつ世界最大の言語教育　文化組織。

力のない愁訴に置き換えてしまった。ジャック・シラクは大使を南アフリカ共和国に復帰させ、制裁は「特権を受けた人たちや金持ちたちに良心を授けるためにのみ役立つものである」と断言した。「フランスは人権を尊重しない人びとをもすでに受け入れてきた前例がある」という驚くべき理由で、シラクは状況の悪化のために訪問を見合わせていた南アフリカ共和国大統領P・W・ボタ[★6]をパリに招くつもりだったのだ。真のバランス・オブ・パワーにうとい各国の保守主義者と同様に、ジャック・シラクはネルソン・マンデラ率いるANCと猛烈に対立していたズールー族[★7]を支持母体とする組織のリーダー・ブテレジに、わざとらしい敬意を表することが得策と考えたのだ。さらにひどいのは、右派議員にリードされた国会の委員会メンバーが、南アフリカ共和国から戻ってきて「アパルトヘイトは存在しない」と言明したことである。

　このように人権の祖国であるフランスは、なんともお粗末なありさまを呈していたのである。カナダが大使を召還し、アルゼンチンは国交を断絶し、デンマークは貿易関係を中断、そしてアメリカが南アフリカ共和国大使館の軍事顧問を退去させたときに、フランスはモンスターを飼いならすという口実で実は愛撫していたのである！　野党の我々は、フランス政府に対しては以前と同じ活動を続行していた。例えば、アパルトヘイトの犠牲者を支援することや知識人やアーティストたちを動員したり、フランスの世論を喧伝したりなどである。一九八六年五月、ロラン・ファビウスとともに私たちは南アフリカ共和国に赴き、ANC支持を表明した。ケープタウンに近いクロスロードの黒人居住区を訪れたとき、我々の乗った車が、自分たちを「用心棒」と称している体制側の手先の黒人たちから投石を受けた。帰国時には空港で、今度は白人たちが我々をののしった。全土に暴力が蔓延していて、ついに翌六月一二日、非常事態が宣言されたのである。

このような雰囲気のなか、パリのユネスコ本部で制裁に関する会議が開かれた。私はロラン・ファビウス、リヨネル・ジョスパンと共に国連の反アパルトヘイト委員会の特別招待者として参加した。我々はANCの議長オリヴァー・タンボと熱意あふれる会談を行ない、彼からネルソン・マンデラが当時仲間から切り離されてポールスムーアの監獄にいることや、将来の「有力な交渉相手」とみなされ配慮された扱いを受けていることを知った。翌々日、フランソワ・ミッテランがジョゼ・ジャクソン神父と面会している間に、私は彼の合意のもとで、アパルトヘイトに反対するアーティストおよびクリエーターによる全国委員会の創設を国民議会の演壇で発表した。ユネスコが企画したアパルトヘイトに反対する会議に出席するために、当時パリに滞在していたハリー・ベラフォンテの率先した行動が発端となって、多くのアーティストがすみやかに結集した。悔しまぎれの言い返しであろうか、右派与党のある超大物議員が上品にもこう叫んだ。「南アフリカ共和国なんて俺の知ったことか！」。

★6　P・W・ボタ（P.W.Botha, 1916-2006）は一九七八—一九八四年まで南アフリカ共和国首相、一九八四—一九八九年まで同大統領を歴任。アパルトヘイトの部分的な改革に着手するものの、結果的には反アパルトヘイト運動を弾圧した。

★7　南アフリカで最大の部族。ズールー語を第一言語とする人びとは全国民の一二%を占める。一九七五年にズールー族により編成された組織「インカタ」の指導者ブテレジは、もともとANCの幹部であった。初期の「インカタ」はアパルトヘイト反対の姿勢を見せていたが、次第に利益誘導型の権威主義的な政治組織へと変質し、ANCとの対立姿勢を強めていった（峯陽一著『南アフリカ「虹の国」への歩み』岩波新書、一九九六年、参照）。

ソウェトにおける大虐殺一〇周年[★8]には種々の集会が相次いだ。六月一四日にSOS〔racisme 人種差別〕の集会がパリで、翌日にはピエール・モロワとダニエル・ミッテランを囲んだ集会がゴレ島[★9]で開かれ、アパルトヘイトに反対する若者が集結していた。その手本となったのがクー・デクラというファンキー音楽のグループで、彼らの行動を私は支持していた。一九八七年一月二七日、公開書簡のなかで、私はセップ・トータルの社長フランソワ＝グザヴィエ・オルトリに、人種差別体制を排斥するよう訴えた。

フランス左派が突然政権復帰したとき、南アフリカ共和国は大混乱になっていた。親愛の情にあふれたフランスの姿を見せて、圧制に苦しむ人びとに希望を与えることがかつてないほどに求められていた。教育・文化省における私は、とりわけ種々の集会や音楽・演劇のイベントを後援することで、アーティストやクリエーターへの支援を強化した。南アフリカ共和国の最終的解放のときがくると、ネルソン・マンデラはフランソワ・ミッテラン大統領に対してもうひとつの友情の証を果たした。最初の国家元首としてプレトリアに公式招待したのである。フランソワ・ミッテランはソウェトで、一九七六年にアパルトヘイトの最初の犠牲となった南アフリカ共和国の学生の墓前に花束をささげた。彼は国会で演説し、「私は恐怖と狭量に反対する民衆の勝利をあなた方と祝いにやってきました」と述べた。マンデラ大統領は「自由とわが民族の発展を求めたわが家族の一員」に敬意を表した。彼は自らの任務の計りしれない困難さをはっきりと自覚していたのだ。

＊

私が初めてネルソン・マンデラの名を知ったのは、一九六〇年代に演劇を通してのことだった。学生、そして国際法教授になっても、反植民地主義、反人種差別主義の活動家であった私は、反アパルトヘイト運動にもかかわった。だが、その闘いを率いている男の人物像が私にはまだ見えないでいた。そんなおり、ソルボンヌで古代劇の上演グループを指導していたジャン・ジルワノーがナンシー国際演劇祭[★10]にやってきて、ソポクレスの『アイアス』を上演した。以前から南アフリカ共和国の事情に精通していた彼は、マンデラについて私に詳しく語ってくれた。その後何年かしてから、彼はマンデラの回想録を翻訳したはずである。彼のロベン島の囚人に対する称賛に私は感動を覚えた。いくつかの形態をもつこの最初の出会いがおそらくきっかけになって、すぐに私はネルソン・マンデラが自らの存在を通してずっと表明してきた演劇や文化の魅力に心を動かされたことは間違いない。私がいまソポクレスからコルネイユへ、そしてシェイクスピアから

★8　一九七六年六月一六日、南アフリカ最大の黒人居住区ソウェトで、黒人学校の授業におけるアフリカーンス語（白人人口の過半数を占める、主としてオランダ系移民の子孫が話す言葉）の導入に反対して約一万人の学生が蜂起した。鎮圧の警察隊と衝突し、学生ら六人が死亡。約三〇〇人の負傷者を出した。

★9　ゴレ島はセネガルの小島。フランスの奴隷貿易基地として一七―一八世紀に栄えた。

★10　一九六三年、ジャック・ラングは妻モニックらと「学生演劇・ディオニソス祭」と銘打った演劇祭を開催。一九六八年「ナンシー国際演劇祭」に名称変更。一九八三年にその幕を降ろすまで、同演劇祭は世界の演劇運動をリードしてきた。

セゼール[★11]へといった普遍的ドラマツルギーをよりどころにしてこの話を設定するのも、最初の出会いがきっかけとなっている。

芸術へのこの情熱は、外から見るとネルソン・マンデラの二次的側面である。批評家たちは、このことをよくなおざりにしているが、私としては、それは彼の人となりを知る鍵のひとつであると思っている。学生時代に、彼はアマチュア劇団でリンカーン大統領の暗殺者役を演じている。「私の役は、ほんのわずかの出番でしたが、この戯曲の寓意を推進する要素でした。その寓意によれば、大きな危険を冒すものは、しばしばそれがもたらす重大な結果に耐える覚悟が必要なのです」。彼の全人生が推進要素であり続けているのである。

ロベン島の牢獄で、監禁状態がそれほど非人道的ではなかったころ、彼は仲間たちに伝統的演目のなかでも代表的な作品の上演指導をしている。「私たちの出し物は、舞台も装置も衣装もない、今日で言うミニマリズム〔最小限の表現手段で最大の効果を上げようとすること〕でした。台本しかなかったのです。ソポクレス作『アンチゴーヌ』で、私はテーベの王クレオンという記憶に残る役を演じました。牢獄でギリシア劇を何作か読んだのですが、それらはとりわけ気分を奮い立たせるものでした。私は、人格というものは困難な条件のなかでこそ現われるものであるということや、英雄はいかに苛酷な状況下におかれようともくじけない、ということを学んだのです。アンチゴーヌが強く反発するのは、国家の法よりも尊い法が存在するからです。彼女が国家の法に挑むのは、その法が不当だからなのです[☆3]」。

世界の大舞台に立つ俳優ネルソン・マンデラは、演劇で言うところの「存在感」という不思議な天性を備えている。いつでも、そしてどこでも彼は気さくに多くのアフリカ農民に声をかけたり、長いあいだ白人専用領域のスポーツであったラグビーのワールドカップ優勝トロフィーを、スプリングボックスの主将フランソワ・ピナールに授与したりしている。

　トランスカイの小さな小学校にマンデラが初めて姿を見せたのは七歳のときだった。未来の「進歩的」小学生は、母親が父親の古いズボンをひざの上で切って作った半ズボンをはいていたに違いない。「私はこの異様な身なりゆえに物笑いの種となっていたはずです。しかし、それにもかかわらず私はその身なりをとても自慢に思っていました」。女性教師は簡単に発音できる名前を生徒に割り振り、ロリシュラシュラ少年はネルソンと呼ばれるようになった。「彼女がどこからその選択をしたのか私にはさっぱりわかりませんでした。特定の動物と関連していたのでしょうか、それとも行き当たりばったりで見つけた名前だったのでしょうか?」。そのような詮索は、いまや無意味である。なぜなら彼は舞台名を手に入れたのだから。

　一回目の法廷には、着古した囚人服、粗悪な布地のショートパンツ、そして古タイヤで作ったサンダルといういでたちで彼を出廷させようとする動きがあった。〔有色人種のなかでは〕インド人だけがズボンをはく権利を有していたからである。というのも白人という完璧な人間を頂点として、

★二　セゼール（Aimé Fernand David Césaire, 1913-2008）はマルティニック島生まれの作家・政治家。反植民地主義の色濃い詩やシェイクスピア作『嵐』の翻案劇などを発表している。

☆3　*Un long chemin*, p. 551.

インド人は黒人より一段上に位置づけられていたからである。被告は執拗にズボンを要求した。なぜならば、英雄たるものは召使の服の着方を知らないのであるから。こうして、絞首刑を宣告される恐れのあるその重要裁判が始まった。「その月曜日の朝、私は背広にネクタイではなく、コサ族の伝統的な豹皮のマントを着て法廷に入りました。私が民族衣装を選んだのは、アフリカ黒人が白人の法廷に入るということの象徴的意味を強調したかったからです。その日、私は自分がアフリカ民族主義の化身になったような、厳しいが気高いアフリカの過去と、その定かではない未来の後継者になったような気がしました[☆4]」。

何年も待った末に訪れた釈放の前日、驚いたことにボタ南アフリカ共和国大統領がマンデラと面会、つまり交渉することになったとき、彼は服装のことも考慮していた。「ボタ氏と会うのなら、背広にネクタイ姿がよいであろうと考えました」。

私は、南アフリカ共和国の悲劇を描いた五幕劇で、それぞれの主役の衣装をまとったネルソン・マンデラを存分に描き出そうと決めた。第1幕での彼は、アンチゴーヌという名のアフリカ人同胞であり、理想主義と情熱に燃えた若き存在である。都市国家の法に従っていたが、ある日、より高尚な意識ゆえにそれらの法を侵さねばならなくなることに気づく。第2幕では、悲惨な仲間の先頭に立つスパルタカスとなり、自らの刃をローマに向ける。第3幕では、解放の炎を人間にもたらそうとしたために岩に縛りつけられるプロメテウスになる。第4幕の彼は、自分の国が大混乱に陥り、内戦で脅かされているとき、「テンペスト」の魔術師大公プロスペロとしてカリバンの呪いを払拭することに成功する。そして最終幕となる第5幕では彼はいったい誰なのだろうか？　ひょっとすると、やっと自由を勝ち得た国の建設にかかわる伝説的人物であり、消え行かんとするアフリカに幻滅を感じた目撃者のネルソン王かもしれない。悲劇から教訓を引き出してくれるのは彼なのである。

☆4　*Ibid.*, p. 389.

第1幕　アンチゴーヌ

アンチゴーヌは我々の闘争を象徴していた。
彼女は自由をうるために戦う兵士を自分流に演じていたのだ。

ネルソン・マンデラ

ネルソン・マンデラはトランスカイ自治区ムヴェゾ村のテンブ族の首長と、彼の四人の妻のうち「右手」〔本妻に次ぐ存在〕と呼ばれていた女性との間に生まれた。これをもってして南アフリカ共和国の黒人のなかで、もっとも不運な男がネルソン・マンデラである、などとはもちろん言えないが、ロリシュラシュラという、コサ語では「トラブルメーカー」を意味する名がつけられた。ここにギリシャ悲劇のコロス〔合唱隊〕が告げる「運命の予告」のひとつを、否応なく見出してしまう。テンブ族の王家にこそ生まれてはいないが、彼の父は「王の相談役であり、キングメーカー」という重要人物だった。ネルソン・マンデラは王子とほぼ同列の身分に満足していた。「私は、氏族の名であるマディバと敬意を込めて呼ばれることが多かったのです」。

一九二〇年代の南アフリカの制度では、すべてのアフリカ人首長は自らの行政措置を、都市地区の白人行政官に報告する義務があった。ある日、ムヴェゾ村の村民のひとりが、牡牛が逃げ出したのになんの策も講じてくれなかったとして、長であるマンデラの父親を相手どり告訴したため白人行政官は出頭するよう命じた。「召喚状を受け取った父は次のような返事を送ったのです。『私は参りません。どうなろうとも覚悟はできています』」。当時は白人に反抗しただけで罰せられていた。反抗的とみなされた父親は、事件の調査など行なわれることなく、ただちに役職を解かれてしまったのだ。「父の対応は、たとえ行政官であってもあらゆる権限をもっているものではないという父の考えを明確に示すものでした。部族内の問題に関しては、イギリス国王の法律ではなくテンブ族の慣習に従って解決されてきたのですから。この反抗〔的態度〕は、感情の表明というよりは道理の問題でした」。そしてひとりの強硬派の白人行政官が、黒人の一家全員の運命を激変させてしまったのである。「裕福な貴族だった父は、財産と身分の両方を失ったのです」。

大きな希望はもうもてなくなってしまった。「子どもであふれる三つの小屋を切り盛りする」母親と一緒にどこかの村で生活しなければならなくなったのである。もしテンブ王が「キングメーカー」に報いるため、その息子を庇護しなかったら、没落した父をもつ彼は、多くの同胞のようになんの教育も受けられなかったであろう。しかしながら王の推挙により、長老会議は彼の後見人として摂政を指名し、摂政はネルソン少年を宮廷に住まわせ、「ジャスティス」という部族の名前としては非常に英国ふうな名の息子とまったく同等に扱った。預けられた少年はこの権力者との初対面の印象をこう述べている。「上等なスーツを着込んだ、小柄でずんぐりした男でした。権力を行使することに慣れた人間らしい自信と度量をもち合わせていました」。彼の苗字ジョンキンタバは「山を見る人」を意味し、「周囲の視線を一身に集める堂々とした存在感」があった。年月を経たあとでも、彼の魅力は変わらず強烈にマンデラの心をとらえる。美男で立派なリーダーであり、威厳があった。とても民主的だった彼の姿を見ていた我らの英雄マンデラは、そこにリーダーとしての将来の自分の姿を重ねたのである。

摂政がネルソン少年を小学校に通わせたのは、彼を父親と同じように「王の相談役」にしたかったからである。父親は、失職とほぼ同時期に肺の病に侵され、妻と他の息子が暮らすクヌ村に戻ってそこで没した。「深い悲しみというより、置き去りにされたという感覚だったことを覚えています」。一九三四年一月、正式に社会の一員となることを意味する割礼の儀式のあとで、摂政はマンデラを呼んでこう言った。「お前は、名前も書けず白人の金鉱で働いて生涯を終えるために生まれてきたのではない」。こうしてマンデラは、トランスカイ自治区のアフリカ人にとって当時の最高学府であったクラークベリー・カレッジの寄宿生となった。

彼の述懐する学校生活は、ディケンズやトロロープ[★1]が描いた場面を彷彿させる。陰気な学習室の壁に飾られた英国王ジョージ五世[★2]の肖像画、そして聖書から引用した格言を好んで用いる校長や鼻眼鏡の教師たちといったところである。そのなかにはしかるべき資格をもった黒人も数人いたが、大学入学資格しかもっていない白人が大卒の黒人より優位に立っていることは誰の目にも明らかであった。クラークベリーはテンブ族の誇る学校なので、「歴史に名高いングベンクカの子孫」であるマンデラ青年は丁重な扱いを受けるものと期待していた。だが、「家柄ではなく、己の能力なのです」と言っているように、自分で道を切り開かねばならないことにすぐ気づいた。彼は父親から確固たる性格と、のちに発揮される行動力を受け継いだ。「私は、人格を形成するのは性格よりも教育であると確信しています。でも父の誇り高く、権威にあがらい、頑固なまでに正義を愛する気質を受け継いでもいたのです」。

勤勉ではあるが成績優秀とは言い難い生徒、クラークベリーの二年間でほんの少し洗練された田舎の少年は、高等学校に進学した。彼は自分の生まれた土地に心からの愛着を感じていて、「大草原とそのシンプルな美しさ」を愛し、コサ族の寓話や伝説に精通していた。しかし、彼がめざすべき文化はそこにはなかった。子ども時代に白人と接したことがほとんどなく、彼にとって白人とは「神のように崇高な存在として私の目に映り、畏れと敬意の混じった気持ちで接すべきであることを私は知っていました」[☆1]。だからこそ、彼が白人に類似することをめざしたとしてもなんら驚くことはないのだ。「教養ある英国人というのが私たちの理想像でした。私たちは黒い英国人になることを学んでいたのです。最良の政府は英国政府であり、最良の人種は英国人であると私たちは教えられ、そう確信していたのです」[☆2]。

とうとう彼はフォートヘア「大学」——フランスのシステムで言えば、むしろグランドゼコール[★3]準備クラスから高等教育までを含んだ教育機関であろう——に入学する。中学校〔コレージュ〕

★1　ディケンズ（Charles Dickens, 1812-1870）はイギリス・ヴィクトリア朝を代表する小説家。主要作品に『オリバー・ツイスト』『クリスマス・キャロル』『二都物語』など。トロロープ（Joanna Trollope, 1943-）はイギリス人女流現代作家。一九八〇年にキャロライン・ハーヴェイの名で歴史ロマンスを書き始め、一九八七年に現代小説に転向。主要作品に『アンナの憂鬱』『他人家族』など。

★2　ジョージ六世の誤りと思われる（*Un long chemin*, p. 50参照）。ジョージ六世（在位一九三六—五二）は第二次大戦中に自ら爆撃下のロンドンにとどまり、市民と苦難をともにしたことなどで国民に広く敬愛された。

☆1　*La Victoire, op. cit.*, p.18

☆2　*Ibid.*, p. 48.

や高校〔リセ〕と同様、そこもミッション・スクールだったので、「神に従い、現体制を尊重し、政府と教会が我々に与えてくれた教育の機会に感謝する」ことを教えられた。一五〇名の学生と一緒に学ぶフォートヘアで、マンデラは「ここは知的な面でも、社交の面でも水準が高く、私には初めてのことや思いもよらないことだらけ」であることに気づく。パジャマに初めて袖を通し、石鹸で顔を洗い、そして歯磨き粉というものが炉の灰とほとんど変わらぬほど歯を磨けることを知った。それでもやはり田舎で過ごした子どものころの「単純な遊び」が懐かしくはあったが、彼は苦労せず、むしろ喜んで白人が抱いている「進歩した」アフリカ人の枠組みに適応していった。遠いヨーロッパでは世界大戦の嵐が吹き荒れていたこの時期、マンデラは「強烈な英国支持者」だった。夜になると、皆でラジオの周りに集まり、チャーチル★4の演説を再放送するＢＢＣに聴き入っていた。同級生のひとりが、英国人は教化を口実にアフリカ人を抑圧していると指摘したとき、彼はこの意見が「危険すぎるほど過激」であると思ったのである。

　だが実を言えば、白人による抑圧の重圧感を感じる機会がなかったために、彼はそのことをまだ見抜いていなかったのだ。支配する民族との接触が稀だったために、彼は白人の抑圧から守られていたと言える。制度化されたアパルトヘイトは、そのころまだ確立しておらず、むしろ民族の優越性に満ちた植民地意識があらゆる行動を規定していた。例えばカフィールと呼ばれている黒人たちは、白人との差を知り、身のほどをわきまえていれば親切に扱われたのである。ネルソン・マンデラは、植民地の支配者が被支配者に対してまことしやかに抱かせる劣等感とは最初から無縁であった。彼は自分の民族や歴史そして肌の色に誇りをもっていて、*black is beautiful* というスローガンが出る前から彼は黒人の素晴らしさを知っていたが、黒人と白人間の格差のことまでは思いいたっていなかったからである。そしてありのままのこの国に尽くしていこうという気になっていたのである。あらゆることの鍵となる英語の完璧な習得に加えて、彼は土着民の行政と南アフリカ連邦の法律を支配しているオランダ法を学んだ。そして、裁判所を定年退職した通訳官が担当する講義に登録した最初のひとりとなった。当時のアフリカ人にとって、司法公務員の職ほど望まれるものはなかったのである。

しかし、マンデラがフォートヘアの二年生だったとき事件が起き、カフィールのおかれた真の状況を思い知らされた。冬休みの期間を彼は友人のポール・マハバネとトランスカイで過ごした。首都ウムタクに出かけたときのことである。「私たちが郵便局の前に立っていると、六〇代の白人の裁判官がやってきてポールに小銭を渡し、切手を買ってくるよう言いつけたのです。白人が黒人に雑用を頼むのはごく普通のことでしたが、ポールは断ったのです」。侮辱されたと思った裁判官は真っ赤になって怒り、マンデラはおおいに困惑したのである。ずっとのちにいつもの素直さで、ためらうことなくこう告白している。「ポールではなく、私が用事を頼まれていたら切

★3　フランスの高等教育機関を構成する高等専門学校の総称で〈大学校〉を意味する。なかでも文科系の「エコール・ノルマル・シュペリユール」と理科系の「エコール・ポリテクニック」の出身者はエリート中のエリートと見なされている。

★4　チャーチル（Winston Spencer-Churchill, 1874-1965）イギリスの政治家。一九四〇年に首相となる。豊かな文才や画才で知られ、一九五三年度ノーベル文学賞を受賞している。

手を買いに行って、すぐにそんなことは忘れてしまったでしょう」[☆3]。

当初彼が気遣ったのは既成秩序に挑戦することではなく、むしろ最善を尽くしてその状況に同化することだった。それゆえに彼は懸命に勉学に励んだ。卒業証書が「経済的成功のパスポート」になることの確信をもっていたからである。しかしながらこの切手事件のときに、黒人が「毎日のように白人の使い走りをさせられるいわれはない」[☆4]ことを感じ始めたと語っている。

これら些細ではあるが蜂に刺されたようなチクチクする屈辱感は、デスモンド・ツツ大主教の回想録によれば、ほぼ機械的に繰り返されていたようである。「ある店に父と行くたびにレジのうしろにいる女の子――白人でした――が、品位も育ちもよく、学校の校長である父に向かって『ヘイ・ボーイ?』と言ってのけたのでした。へりくだり、さも気弱そうな様子を見せる父親を見て大変苦しんだものです。この種の扱いは、皆の心のなかを蝕んでいたのです」[☆5]。ユダヤ人のジークムント・フロイト[★5]は、通りすがりの反ユダヤ主義者が落とした帽子を素直に拾い上げる父親を見て、同様の情けない思いをしている。人種差別主義のもっとも憎むべきは、おそらく被害者たち自身のなかに秘かに蔓延していく意識にあるのだろう。なぜならば、被害者たちは心ならずも、そして無意識のうちに人種差別主義が彼らに押しつける、人間性を侮辱する行為の共犯者となってしまうからである。デスモンド・ツツが語るには、ある日彼の乗った飛行機が強い乱気流に巻き込まれたそのとき、「操縦席に白人がいないのは本当に不安だ！」[☆6]と思った自分に気づいたそうである。

フォートヘアでのちょっとした対立が、マンデラを、体制擁護の姿勢から脱却せざるを得なくした。学生代表会議の評議員に選出された彼は、学生たちの要求がひとつでも受け入れられなかった場合はボイコットも辞さないと表明した。他の五名の評議員も彼に同意したのだが、学校側の圧力に屈して前言をひるがえしてしまった。納得のいかないマンデラは評議員を辞任した。学長のカー博士は「学内でもとても人望の厚い人物」だった。学長は彼に好意を示しながらも、不服従というこの汚点をあらためるよう求めた。求めに応じなければフォートヘアを退学させられるということだった。だが彼は躊躇なく、自説を曲げることを拒んだ。「こんな些細なわかりづらい原則のために、私は大学生活を棒に振ろうとしているのではないだろうか?」。

初めて耳にしたオペラの音楽は「アンチゴーヌの主題」だったようである。ソポクレスのヒロインのように、いくつもある「わかりづらい原則」のために苦しむのは無駄であることを理解した。寛容なカー博士は、夏の間にもう一度熟考するよう求めた。近縁であり保護者である摂政の家で夏休みを過ごしていた彼は、逡巡する自分の気持ちを吐露したところ、摂政は激怒した。「私の説明を聴こうともせず、けんもほろろに、学長の支持に従い秋にはフォートヘアに戻るよ

☆3 *Ibid.*, p. 66.
☆4 *Ibid.*
☆5 Desmond Tutu, *Il n'y a pas d'avenir sans pardon*, Albin Michel, 2000, p. 38.
★5 ジークムント・フロイト（Sigmund Freud, 1856-1939）はオーストリアの神経病学者で精神分析の創始者。ユダヤ商人の息子として現チェコのプシーボルで生まれた。
☆6 *Ibid.*, p. 249.

うにと言ったのです」。さらには、どのような根拠から頑なこの若者を結婚させる時期だと判断したのかは不明だが、摂政は当人に相談もせずに結婚相手を選んでいたのだった。「控えめな言葉」というきわめて英国的な良識について、彼はその意味を生涯実証し続けることになったのである。そして心ならずも婚約した彼はこう記している。「摂政が私のために選んでくれた女性は、私の夢見た人であると言ったら、私はうそをついたことになるでしょう」。当時の彼には、部族のしきたりから解放されることの方が、白人の政治支配に反抗することよりも重要——そしておそらくもっと気楽——であるように思われた。

青年は家を出て大都市ヨハネスバーグへの逃避を余儀なくされた。だが単独ではなく、父親の厳しい監視から逃れたがっていたジャスティスが一緒だった。種々の出来事のあと、二人はヨハネスバーグの町外れに着いた。マンデラは初めて見た電気による照明に驚いたことを覚えている。一九四一年のこの年、この逃亡者は、平穏な教育機関であるフォートヘアも、期待を裏切ってしまった父親がわりの摂政の宮殿もふたたび訪れることはないと覚悟していた。彼は摂政との絆を断ち切ってしまったが、ずっと以前から、定められた人生を歩むつもりはないと考えていたので逆に大きな満足を覚えた。「無限の可能性が私を待っているように思えたのです」。

ところが、現実は恐ろしいほど逆らい難く、かつ制約されていた。職も資格もたずに、住むところと食べるものを探さなければならなかったのだ。マンデラは金鉱山の採掘現場で警備員として働くことになった。ところが制服を着て、ブーツを履き給料をもらうことに、どうやら大喜びしたようである。「運が自分に微笑んでいる。もし大学の勉強などで貴重な時間を無駄にしていなかったら、いまごろは金持ちになっていただろうと思い始めていました」。この皮肉な話を思い出すたびに、マンデラは自らの若さゆえの単純さに苦笑するのだった。だが、最初の給料は最後の給料でもあった。白人たちが仕切っている鉱山事務所に、この黒人青年が伝統的族長体制と縁を切った逃亡者であることが知れ、即刻鉱山を追い出されたのである。しかしそこには金も職もないが、「砂漠を通って人生を踏み出していく」シャトーブリアン★6のような、勇気あるマンデラがいた。

正義の理想を語るには、法律を十分に知っていなければならない。このとき、彼はこのふたつの理念関係についてはまだ気にとめていなかったが、不公平な法律が存在していることにはただちに気づいたのである。「学生だったころ、法律とは至高のものであり、すべての人に適用されると教えられていました。私はそれを率直に信じていて、その原理に基づいた人生をめざしていたのです」。それゆえ彼は、法と正義の人間である「弁護士」になること以外は考えていなかった。五〇歳になってから最初の波乱万丈な物語を始めることになるこの大の読書家は、のちの獄中生活で判例集に没頭し、知識を深めた。彼が獄中から当局にあてた最初の手紙は、民事責任に関す

★6 シャトーブリアン（François-René de Chateaubriand, 1768-1848）フランスの作家・政治家。駐英大使、外務大臣を歴任。一八一一年にアカデミー・フランセーズ会員となる。ロマン主義文学の先駆者といわれる。主要作品に『キリスト教精髄』『アタラ』『ルネ』など。二二歳で北アメリカを旅し、その後パリに戻る。一八二七年に出版された『アメリカ旅行』には砂漠の記述があるところから、著者はこのような表現を用いたものと思われる。

る論説を入手したいというものであった。ネルソン・マンデラは、法律家に対してもちろん敬意を抱いていた。自身が弁護人席から被告席に移っても、一種スポーツマンシップを伴なった専門家の視点で、彼と対峙する司法関係者に高い評価を与えたり、及第点や落第点をつけたりした。一九五二年に被告席から彼はこんな観察をしている。「判事は公平で道理をわきまえていました」[☆7]。死刑を宣告される恐れのあったリヴォニアの訴訟[★7]のときでさえも、彼は法学博士取得に向けて「前進する」ために、ロンドンの大学に提出する試験課題に着手していた。「確かに看守たちの目には奇妙に映ったらしく、おまえがこれから行く場所には法律の学位は必要ないとからかわれました。でも私は裁判中も勉強を続けていたので、試験を受けたかったのです。頭のなかにはそのことしかありませんでした」[☆8]。はっきり言えば、絞首刑に処される前に弁護士になるのだ！　また収監中ではあっても、自らの独房の扉に弁護士のプレートをとめつけることもできたであろう、と彼は誇らしげに語っている。それほどに、彼は仲間たちの法律相談に応じていたのだ。そしてそのとき、まだ意識的に感じ取ってはいないにもかかわらず、彼はあることを見抜いていた。それは、南アフリカで弁護士になるということが、「平等を大切にするのではなく、逆に拒もうとする腐敗した正義の法体制のもとで活動することを意味していたのです」[☆9]。それでもやはり弁護士席における自分のふるまいには誇りがあったようで、「弁護士としての私は、法廷ではかなり輝いていることができました」[☆10]と彼は書いている。

　なぜこの職業が、彼にとってこれほど絶対的なのだろうか。おそらく父親の人生を打ち砕いた不公平が、息子の人生を大きく転換させたからであろう。マンデラ家の悲劇は、法律を尊重すれば守られるが、その軽視は死を招くということを苛酷な方法で彼に教えたのだ。法律とは、平和的共存によって美化された慣例であり、多数民族の社会に恒常的に潜在している暴力を排除することを可能にするものである。社会全体にとって法律は、マンデラがアマチュアながら優れた才能の一面を見せるボクシングと同じ役割をもつ。つまり法律はボクシングと同様、あらゆる欲動を制御できるのだ。気性からするとマンデラは決して穏やかな男とはいえず、仲間たちは、むしろ彼が怒りっぽく、しばしばボクシングでいうハードパンチャーであると語っている。このことはプラトンが「かんしゃくもちで迅速かつ決断力のある哲学者、これぞ国家の優秀な番人を務めるべく運命づけられた男の必然なのであろう」[☆11]と『国家論』に書いている「大いなる政治的宿命」と一致する。

さしあたって学業は中断、財布は空っぽというありさまで、法学者への道は大変な危機状態だったそのとき、幸運が彼に微笑みかけた。従兄弟の紹介で、ウォルター・シスルの不動産事務所の面接を受けることができたのだった。シスルは南アフリカの歴史で重要な役割を演ずることに

☆7 *Un long chemin*, p. 172.
★7 国家反逆罪で起訴され死刑判決が予想されていたが、一九六四年六月一二日、終身刑を宣告された。
☆8 *Ibid.*, p. 452.
☆9 *Ibid.*, p. 185.
☆10 *Ibid.*,p. 187.
☆11 Platon, *La République*, II XVI.

なるし、のちにマンデラの師とも、人生の助言者ともなる人物である。洗いざらい話したわけではないが、マンデラは、高く評価されている南アフリカ大学に登録して、通信教育で学位をとるためにヨハネスバーグにやって来た、とシスルに説明した。ウォルター・シスルは彼より数年年上の二八歳、色白の顔立ちで、エネルギッシュな男だった。マンデラと同郷のトランスカイ出身であるが、高貴な家系ではなかった。アパルトヘイトの国で生活するこのアウトサイダーは、アフリカ人女性と恋に落ちた白人行政官ヴィクター・ディッキンソンの息子であった。この父親は自らの不自然な行為に責任を取る勇気がなく、数年後に二人の混血児を残して去っていってしまったのである。母親と叔父から、神を恐れ、白人を尊重する環境で育てられたシスルは一六歳で学校を去り、羊の群れの番をしたり、鉱山や銀行で働いたのち数人の仲間と不動産事務所を開いたのだった。

最初の出会いでマンデラは、シスルの話す英語にアフリカ訛りがまったくないのに驚いた。面接後、いま会った男はさぞかし種々の資格保持者に違いないとの予測に反して、実際には資格などなにももっていないと知り驚嘆させられた。学歴もない人間が社会で成功するなどとはとても信じられなかったのである。自分のライバルになることは絶対にないだろうが「もし彼がキングメーカーならば私は王になれるだろうし、トレーナーならばチャンピオンボクサーになれるであろう」[☆12]と、ひとりの男の知的優越性を即座に認め、彼への賛辞を惜しまない。「決断力に優れ、道理をわきまえ、現実的で献身的です。危機的状況にあっても常に冷静でしたし、他人がわめいているときでも無言でいました」。この冷静さを身につけるべきなのだろうが、衝動的気性のマンデラにとっては、おそらく生涯をかけても無理なことなのかもしれない。だからこそ行動の男と思慮の男との対話は、マンデラが思慮分別をもてるようになるまで続けばよかったのだが、そのときを待たずしてシスルは、友であり弟子でもあるマンデラを残して、すでにこの世を去っていたのである。

面接のなかでマンデラは、弁護士をめざしているとシスルに打ち明けた。実はこの不動産事務所は、ウィトキン・サイデルスキーとエイデルマンの経営する、ヨハネスバーグで最大手の法律事務所から黒人客を紹介されていた。シスルは、彼の友人で「とりわけ黒人の教育に関心をもっている」レイザー・サイデルスキーにマンデラを紹介した。大きな希望を胸に、マンデラは提示された住所に急いだ。紹介された法律事務所では、若い白人秘書に迎えられ、彼女は微笑みながら「ここには人種の壁はないのよ」と言った。翌日、彼女は暖かな心遣いで彼専用の新しいカップを用意してくれた。つまり、こうすることでお茶を飲むときに白人たちのカップが使用される恐れがなくなるのである。このようなチクリとした仕打ちは常に存在していた……「それ以後お茶の時間になると、私は事務所にある小さな台所に行き、そこでひとりでお茶を飲んでいました」。それでも彼は、「私を人間として扱った初めての白人」サイデルスキーの姿勢を高く評価している。マンデラは、その法律事務所を経営しているのは三人のユダヤ人であることに気づいた。「ユダヤ人は白人のなかでは人種的・政治的偏見をもたない、と私はつねづね思っていました。

☆12 *Un long chemin*, p. ?〔ママ〕

それはおそらく自分たちが偏見の犠牲者となっていたからでしょう」。

学士号をもたない者は正式の研修生にはなれなかったため、マンデラは、見習いとして使い走りの少年のような仕事を含めなんでもやるうえ、黒人顧客の契約書作成も担当していた。それは不動産取引の際の融資申請書や抵当権の設定業務であった。政治に関してはリベラルとはいえ、商取引の手数料の大半を法律事務所が取ってしまうので、アフリカ人〔黒人〕不動産業者には、パンくずのようなはした金しか残らなかった。無一文に近い状態ながら、マンデラは幸運にもアレクサンドラの黒人居住区に、低家賃で一部屋借りることができた。そこは「一種の篤志家」の家で、彼は日曜日の昼食に招かれていたので、週に一度だけは温かい食事にありつくことができた。彼の給料は月二ポンドという形だけのものであったが、その代わりに法律事務所は、研修生が通常雇用主に支払う謝礼金を特別に免除してくれた。石油ランプを買う余裕がなかったので、ローソクの灯で法学講義の勉強をし、サイデルスキーから古いスーツをもらい、五年間毎日それを着ていたという。「私はドンファンの柄ではなく、女性に対して臆病で不器用でした」と彼は書いているが、その逆を証言する女性も多いことからして、おそらく謙遜しているのだろう。

マンデラは、恩人である養父＝摂政と袂を分かったことを悲しく思っていた。ある日、王や全国の部族長が定期的に訪れるヨハネスバーグに摂政がやってきた。会いたい旨を連絡してきたので、マンデラは喜んでこの老摂政に会いに行き和解したのである。彼は繊細な心遣いで、家出や縁談を断ったことなどには触れなかった。そして一九四二年の冬に他界した。深い愛情と感謝を抱いていたこの摂政の葬儀参列が、マンデラにとってトランスカイへの初帰還となった。「もしかすると、私の失踪が摂政の死を早めたのではないだろうか」[☆13]と彼は書いている。

亡き摂政の息子ジャスティスは長く続いた反抗に終止符を打ち、マンデラとともにトランスカイに赴いて、父親の後継者になることを受け入れた。一方、トランスカイはもはや自分の居場所ではなくなったマンデラはヨハネスバーグに戻った。

あらゆる時代、あらゆる国の支配者を具現化するクレオン王はアンチゴーヌにこう言った。「掟を破り、支配者である私に指図できると言い張るその慢心、かような者をわしは容認するわけにはいかぬ」。南アフリカにおける「非白人」法曹家候補生にとって、政治活動に関与することは、権力に刃向かうことであり、自らの成功の可能性を危うくすることを意味していた。マンデラが事務所で働くことを許しつつも、サイデルスキーは彼に同様の忠告をした。「政治活動にかかわったりすると、業務に差しさわりがでてくるぞ。君は客をひとり残らず失うだろう」。リイデルスキーと仕事をしている白人不動産業者ハンス・ムラーは、さらにはっきりとこう言った。「ねぇ君、富があれば幸福なんだよ。だから頑張らなくちゃいけないのさ、つまり金、金だけが目的なのさ」[☆14]。ふたつの道がこの若者の前に開かれていた。ひとつは、現権力を甘受してうる上流社会への道。もうひとつは、危険を伴なう抵抗という道である。

向学心旺盛なこの下っ端職員は、日々の多くの侮辱を耐え忍ばなければならなかった。白人グ

☆13 *Ibid.*, p. 106.
☆14 *Ibid.*, p. 109.

ループの事務所で働いていたひとりのインド人が、白人専用の社内食堂に入れなかったために、トイレで昼食を摂っていたという時代だったのだ。[☆15] マンデラも、白人の同級生たちが退出しないかぎりは南アフリカ大学図書館の机に向かうことはできなかった。彼が白人の自由主義者、あるいは「左翼」の仲間と一緒にいると、彼が原因で全員がカフェテリアに入ることを拒否された。つまり「改革者一行」はお断りということなのだ。友人のジュリアス・ウォルフソンが文句を言ったのだが、マンデラは「なぁ君、ほっとけよ」と彼を押しとどめた。インド人学生のグループと親しくなり、ある日、うっかりして、そのグループの二人と市電に乗ってしまった。インド人たちは乗車を認められていたのだが、アフリカ人はそうではなかった。車掌がやってきて「カフィールの友人」を降ろすよう告げた。彼らがそれを拒否すると、車掌は警官を呼んだ。不法行為と判断され、翌日裁判所に出頭することになった。〔「白人の」〕法律は白人と黒人の違いをはっきり区別している、ということを私は身をもって体験しました」。こういったことが繰り返され、しかも実効を伴なった侮辱的行為は、いずれは我慢の限度を超えることになる。「『おまえの名は?』と白人警官が聞きました。『マンデラです』『苗字じゃない、名前のほうだ』と言うので『えぇと、ネルソンですが……』と答えました。すると警官は、〔私を子ども扱いし〕諭すように話を続けたのです」[☆16] とこんな具合である。

白人はひとつの民族をそっくり幼稚化してしまう。奴隷扱いを甘受している者から反抗する者まで極端に立場は異なるが、おのおのがこの絶え間ない挑発に、忍従とか慎重な体制批判とか、無力で無言の激しい怒りなど、それぞれのやり方で微妙に異なる反応をした。一九五〇年代の黒人の状況は、白人の自由主義者アラン・パトン★8の小説『光を我等に！』が大成功を収めたことで、世界中に知れ渡った。「あらゆる権利を奪われた大多数のアフリカ人には、反抗よりは忍従の雰囲気が漂っていた。ステファン・クマロ牧師は自分の住んでいる小さな村を離れて〝白人王国〟ヨハネスバーグに行き、そこで恐ろしい物質的・精神的両面の貧困を目の当たりにしている。そのような状況下での宗教は、打ちひしがれた民族の痛みを和らげる阿片なのである。評判の良いある説教師の存在に関して、誰もが『政府はラッキーだと言う。なぜなら説教師の話は人びとの琴線に触れ、彼らをプレトリア〔現体制〕に逆らうよりは神の方向へと導くからである……』飢えた人たちを我慢させ、苦しんでいる人たちを忍従させ、瀕死の人たちを心静かにさせるために、なんという愚かさがこんなふうに人間性を奪うことが可能であり、なんという愚かさがその民族のこれほど多くの人間性を奪ってしまえるのだろうか☆17」。

しかしながらこの従順さは、しばしばうちなる反抗を秘めている。黒人警官たちは、可能なときには見て見ぬふりをした。したがって都市の法律と絶対に妥協しようとしないごくわずかの無

☆15 Desmond Tutu, *op.cit.*, p. 219.

☆16 *Un long chemin*, p. 156.

★8 アラン・パトン（Alan Paton, 1903-1988）南アフリカ人作家。『光を我等に！』（一九四八年）は、南アフリカのアパルトヘイト問題を世界に知らしめるきっかけとなった。一九五三年に「自由党」を結成、一九六八年に解党するまで議長を務め、反アパルトヘイトの立場を貫いた。

☆17 Alan Paton, *Pleure, ô mon pays bien-aimé*, Albin Michel, 1950-Le Livre de Poche, p. 148.

鉄砲な者だけが、監獄暮らしを余儀なくされたのだった。マンデラは、いまだアフリカ名「トラブルメーカー」の本領は発揮しておらず、族長支配体制や多数の黒人ブルジョワ階級のメンバーのように、現行の秩序にかろうじて満足していた。自らの歴史的役割とその意義とを強烈に意識し続けてきたマンデラであるが、この時点では目的に邁進したとは絶対に言えるはずがないし、ヘラクレスの難業[★9]を成就させることになる人物ではあるが、ゆりかごで蛇を二匹絞め殺したことがあるなどと主張することもないはずである。

　一九四三年、マンデラは古い歴史と威厳をもつウィットウォーターズランド大学に入学した。当時の大学は白人用と「非白人」用に区別されていて、「非白人」用のうち「カラード」[★10]専用がケープ州に一校、インド人用がダーバンに一校、そしてアフリカ民族用に一校が存在していた。彼が入学した通称「ウィッツ」と呼ばれている大学はすべての人種を受け入れていて、「理念と政治的信条と討論の新しい世界」[☆18]をマンデラに開いた。彼は一九四九年までこの大学で学ぶことになる。白人学生の多くがヨーロッパで戦争に参加し、人種差別に嫌悪を抱いて戻ってきた。彼らが解放した収容所で、人種差別の結果を目の当たりにしたからである。入学後まもなくしてマンデラは、のちの南アフリカ共和国の共産党事務局長となるジョー・スロヴォと親しくなった。ここでも弁護士をめざして勉学に専念した。ある日、女性や黒人は法律家に向かないという信条をもつハーロ教授が、「君はこれが宿題だと言うのかね」、とマンデラの顔にレポート用紙を投げつけた。真夜中に空腹と極度の疲労に陥ることがあるから、と主張したが無駄だった。マンデラが自分のために残しておいた言い訳が、敵意をもつこの教師を逆に激怒させてしまったのだろうか。

彼が政治行動にかかわりをもつのはこのころからである。

一九四四年、マンデラは自由時間のほとんどをともに過ごす友人ウォルター・シスルの家で出会ったシスルの従姉エヴリン・マセと結婚した。トランスカイ出身の彼女は、黒人女性が理想とする最も魅力的な職業である看護士になるべくヨハネスバーグで勉強を続けていた。エヴリンは、姑たちが理想とする献身的で働き者、そして良き主婦という長所のすべてを備えていたが、政治アレルギーの一面ももち合わせていた。このことが、やがて年月とともに致命的問題点として浮上してくるのだ。そのうえ彼女はマンデラとは違い大変信心深かった。しかし私生活の成功を重要視していたマンデラにとっては、彼女の描く穏やかな幸福と家庭生活の理想は望ましいものであった。それゆえに彼の人生で唯一大きな後悔は、政治活動のために彼女を犠牲にしてしまったことである。「家庭生活はとても好きでした。たとえそれに費やす時間がほとんどなかったとしても」。エヴリンは息子テンビを生み、家族はオルランドの小さな家で幸せな日々を送った。

マンデラが結婚した同郷の女性エヴリンはコサ語以外は上手く話せず、他の民族をよく知らな

★9　ヘラクレスはギリシア神話中最大の英雄。父はゼウス、母はアルクメナであるために、嫉妬に駆られたゼウスの妻ヘラから種々の妨害を受ける。例えば出生後間もなく、ヘラは二匹の蛇を揺りかごに放ったが、ヘラクレスは両手でそれを絞め殺している。また、後年ヘラに発狂させられたヘラクレスは、わが子を火中に投じて惨殺してしまう。その罪を浄めたのちに神託をうかがうと、一二の難業を果たせば不死になろうと告げられる。
★10　先住のアフリカ人と白人を先祖にもつ混血人。
☆18　*Un long chemin*, p. 115.

かった。当時の黒人国民は、時代とともに、特に人種差別の流れに沿って多少とも混じり合った、主要九民族で構成されていた。しかしながらこの人種差別の流れは、国家の安定性を保つために黒人間の反目を最大限に利用していたのである。一九九四年までは英語とアフリカーンス語[★11]だけが公用語に定められていたのだが、実際は十数言語が存在していて、そのなかで最も話されていたのがズールー語だった。未来の虹の国の大統領は幼少時には同郷人、つまりトランスカイのテンブ人としか会ったことがなかった。彼はこう書いている。「子どものころ、部族間の激しい対立関係など感じたことも、目撃したこともありません。のちに白人指導者たちが〔権力を保つために〕対立を煽ったのかもしれません」。一九四二年のある日、彼はある出来事から痛烈な教訓を得ていた。王や首長たちはヨハネスバーグで頻繁に会合を開いていて、マンデラがバストランドの女性摂政を紹介されたときのことである。彼女はこの好青年に興味を抱いたようで、セソト語で話しかけてきた。「女性が私に関心を示しているのに、私にはなにもできなかった」と半世紀後に彼はため息交じりで述懐している。彼は女摂政の前で惨めなほど凍りついたままでいた。このあとのくだりは、彼のプライドを揺るがすものだった。「女摂政はあきれたような様子で私を見て、英語でこう言ったのです。『同胞の言葉も話せずに、いったいあなたはどんな法律家や指導者になるつもりなの?』」この教訓を得て、彼は急いでアフリカの特有言語のいくつかを勉強し始めたのである。

　政治家なら誰でも、いつかはこの言葉の問題に直面する。たとえほとんどの場合その政治家が有権者たちと同じ言語を話すとしても、彼らから理解されるためにはどんな言葉がふさわしいのかという問題である。ペストにも等しい「真実を隠す政治的常套句」は避けなければならないのは当然である。だが筆者は、わざとらしさやデマゴギーを用いて様子見をしているような輩の「ありのままに語る」という言葉を実際にはあまり信用していない。どこにあっても、気取りやコンプレックスを抱くことなく自分自身でいることが肝心なのだ。受けを狙った話法や内容の伴なわない言葉を避けた率直さだけがそれを可能にしている。有権者がそれに騙されることはないのである。時を経て、マンデラは聴衆全員に理解されるようとても丁寧に語りかけるようになったが、演説を日常茶飯事のようなつまらない内容にしてしまったと非難されることもあったであろう。それでも彼は可能なかぎりひとりひとりに自分の言葉で話すことを貫いたのである。

南アフリカの黒人に関して地に足をつけた概念をもっているため、この理想主義者が純粋主義に陥ることはあり得ない。彼は黒人たちの弱点と限界を熟知していて、こう指摘する。「多くの人たちが、南アフリカ社会の理想的なヴィジョンを描いてきました。私も基本的にはそれらに同意しますが、実際にはアフリカ人同士でも終始お互いを平等に扱うわけではなかったのです」[☆19]。彼は、非合法活動中に使用人に変装していたとき、自分が「しばしば下級の者として見下されている」ことに気づいた。筆者はこの蔑視が、白人から受けるものより彼にはずっと辛かったに違いないと思う。

★11　オランダ語を基礎にしてフランス語、マレー語、現地の言語等を融合して形成されたゲルマン系言語。
☆19　*Ibid.*, p. 338.

どんな組織に目を向けるべきであろうか。選択肢は共産党かANC〔アフリカ民族会議〕かであった。SACP〔南アフリカ共産党〕は、中央ヨーロッパやイギリスからやってきたひと握りのユダヤ人移民によって創設された。一九二四年、クレムリン〔ソヴィエト共産党〕の意向と、民族に関するバクー会議[12]に応じて、SACPは「黒人の大衆を組織する」ことを決定した。三年後コミンテルン[13]はその目標を次のように定めた。「労働者と農民の政府を樹立する段階における、土着民の独立共和国」。見込みのないこの展望を実現しようとして、共産党は英語、ズールー語、コサ語、ソト語、ツワナ語による隔週の刊行物「南アフリカの労働者」を発行した。だが本質的には「西洋の刊行物」に変わりはない。同様に一九四九年に共産党禁止令が出された前日の全国実行委員会の構成メンバー一二名は、白人六、インド人三、混血一、そして黒人はわずか二名だった。

英語の略号ANCとして我々にも馴染みのある「アフリカ民族会議」は長い歴史をもっている。黒人大衆の組織として初めてその姿を現わしたのは一九〇九年にさかのぼる。この年、国内のあらゆる地域からブルームフォンテインにやってきたアフリカ人たちは、自分たちのおかれた状況や問題点を話し合う会合を初めて開いた。短命に終わってしまう「黒人代表者会議」は彼らの一部が創設したのだが、労働者のプチブルに属しているために、彼らが主として要求したのは選挙権をもつケープタウンの「非白人」が享受している「特権」の拡大であった。

一九一二年一月に創設された南アフリカ原住民民族会議（SANNC）は、一九二三年に前述のアフリカ民族会議となった。この組織はアフリカ民族主義の初めての意思表示として特筆すべきであり、同大陸で初めてのアフリカ人政党でもある。一方「南アフリカ連合」〔一九三三年に与党の国民党と野党の南アフリカ党が合体して結成された〕の発起人のひとりであるズールー人弁護士ピクレー・カ・セメは、結成翌日に声明文を出し、「この連合では、我々は立法にも行政にも発言権がない」という確認をしている。事実この合体運動は「キリスト教布教団およびアメリカの黒人に強い影響を受けている者たちで組織された黒人プチブル」の一部を結集したものであった。彼ら小学校教師、牧師、弁護士たちは対話と言葉〔の効力〕を信じており、「彼らの節度や忍耐は限りないものので、すべてが白人の信仰心の根源をなす公平感、つまりキリスト教のようなものである」[☆20]。アフリカ民族会議も長いあいだ権力とのあからさまな対決を避け、その行動も道義的抗議に規制をしていた。英国文化の形式に影響を受けたその運動は、王族やアフリカ首長領の代表者たちを、上院を模倣したような組織に召集するにまでいたっている。第一次世界大戦が勃発したとき、アフリカ民族会議は王室への忠誠を表明した。そして敗戦国ドイツの植民地の帰属問題が提起されると、アフリカ民族会議は「アフリカにおける大英帝国の拡大は、大半の土着民族の変わらぬ願いである」［ママ］と表明したのである。

ネルソン・マンデラは、アフリカ民族会議にも、英王室にも魅力を感じなかった。なぜなら、

★12　コミンテルン第二回大会で「民族・植民地問題テーゼ」が採択されたのち、一九二〇年九月にはバクー（現アゼルバイジャンの首都）で「東方民族大会」が開催された。

★13　第三インターナショナルの別名で、一九一九年に創立。一九四三年に解散するまで、全世界に共産主義政党を結成し、共産主義の思想を普及させ、多くの共産主義活動家を育成した。

☆20　Pierre Haski, *L'Afrique blanche*, Seuil, 1987, p. 42.

もうおわかりかと思うが、彼は誰かと出会い、その人物にほれ込むと、とりあえず助言者になってもらうという個人的関係を重視していたのだから。対白人権力闘争に身を投じている黒人たちにとっては、この頭の切れるエネルギッシュな若いアマチュアボクサーなら、極上の新兵になるだろうと感じたのであろう。職場の同僚で、サイデルスキーの従兄ナット・ブレグマンとは相性が良かった。この男は「肌の色の違いなどまるで考えていない」ようだった。彼のようにカラー・ブラインド〔人種差別のない〕という形容詞に値する者はそう多くはいない。マンデラによればナットは「初めての白人の友人でした」。常に服装に気を配るがゆえ、よそいきの格好をしていないことを気にするこの若い黒人を、ナットは共産党の主催するお祭り的パーティーに何度も連れて行った。新参者は「虹の国家」構想の何十年も前に、どちらかと言うとだらしない服装の多民族社会を目にしてたいそう驚いた。白人、黒人、インド人そして混血の人びとが「肌の色の違いにまるで頓着のないような、はつらつとしたグループ」を構成していたのだ。

共産党活動家である陽気な男と最初に出会ったことは大きな意味をもつ。のちにエリート政治局員や彼らの教条主義を嘆くとき、頭をよぎるのはナットのことであった。マンデラが共産党員と袂を分かつことに難色を示したり、彼らを非難することを頑として拒む原因は彼らとの出会いにある。彼の敵対者たちは、イデオロギーの自己満足と切り捨てるであろうが、彼にとっては自分に最初に手を差し伸べてくれた人たちに対して誠実であることがなによりも大切なことなのである。しかしながらテンブ族の首長の息子は、自分がアフリカ人であることを強く意識していたために、ヨーロッパにもたらされたマルキシズムにすぐに感化されることはなかった。自分の活動の場はそこではないことを、彼は直感的に感じたのだった。彼の仕事仲間のひとり、ガウル・ラデベは若いにもかかわらずＡＮＣの古参活動家であった。マンデラは彼の知識、強い信念、そして組織に尽くすゆるぎない忠誠心を高く評価している。「私が最も強い印象を受けたのは、彼が解放闘争に完全に身を投じていたことです。革命のことしか頭にないように見えました」。ガウルはマンデラに政治教育をしたり、イデオロギー育成のために本を貸したり、もちろん法律学の最終試験に欠かせない書物も貸している。さらにはマンデラに〔口述試験の〕相手をさせたり、ちょっとした即興講義をさせたりもした。この間、二人は事務所でサンドウィッチで昼食をすませた。以上が毎日数回の勉強会に出ることで、どんなふうにしてマンデラが「法律学を学んだ」かの説明である。

　ガウルの数歳年上の兄アントン・レンデベが、ＡＮＣの創立者のひとりが経営する法律事務所で働いていた。ガウルの紹介でマンデラはレンデベと面識をもった。この若きズールー人のインテリはナタール州の無学な農民の息子で、オレンジ自由州で小学校の教師をしていた。根っからの反順応主義者で、「シェイクスピアの作品はすべて一足の靴の価値もない」と公言しているのだが、そのなかの長い台詞を朗誦したりもする。ロマンチストであり反順応主義者でもあるレンデベは、アフリカ大陸の輝かしい過去を賞賛し、「世界の国々のなかに誕生する偉大で自由な新しいアフリカ」のことを語った。マンデラは彼に強い感化を受けた。一方、ウォルター・シスルはマンデラをＡＮＣに入党させようとして、ＡＮＣは「南アフリカに変化をもたらすための手段であり、黒人の希望と野心を預かる組織である」と断言した。この目標は、長いあいだ夢物語と思われていた。だが、この一九四〇年代初頭には「インターナショナル」で歌われているように、世界がその礎を変えようとしていた。夢物語が期待に変わったのである。アメリカ人たちは反植民地主義を表明し、「太西洋憲章」[★14]は隷属した民族に希望ある将来の展望を掲げた。「西洋には、この憲章を中身に欠ける約束事ととらえる者もいましたが、私たちアフリカ人はそうではありませんでした[☆21]」。

ネルソン・マンデラが活動家として参加したころのANCは、新議長アルフレッド・クマ博士の体制のもとに革新の火蓋が切って落とされようとしていた。トランスカイ出身で、少年時代は羊の群れの番をしたこともあったがその後は成功を収め、アメリカ人女性と結婚し、裕福な医者になったクマ博士は大キャンペーンを開始して会員を募った。すると、ANCにもう期待していなかった若者たちが関心を示し始めたのである。

マンデラ自身はクマ博士に特に魅力を感じていたわけではなかった。「大衆組織にはふさわしくない高慢さ」を感じただけではなく、この医者は自らの医療行為や収入のほうに重きをおいていたのだ。この事実はやがて彼を闘争仲間から遠ざけるのである。結局のところクマ博士は「英国式の仰々しい」やり方を見せびらかしていたと言える。彼は委員会や代表団そして代理人を増やし、白人支配階級に丁重な手紙を繰り返し送ったが、白人がそれに反応する気配はなかった。マンデラはこう語っている。「私のなかにも、英国植民地主義の温情にほだされ、白人たちから『文化的で進歩的で洗練されている』とほめられて嬉しく思う部分がありました」と。

解放闘争がクリケットの試合とは異なるものであるということを、イギリスびいきの何人かの

「進歩的な人びと」に納得させるには、ある程度の時間が必要だった。民衆の側にも同種のむずかしさがあり、それは白人への劣等感に起因していた。「南アフリカの黒人の多くは、白人支配を変えようとする企てはすべて無謀であり、失敗するに決まっていると思い込んでいました。なぜなら白人はとても聡明で力が強かったからです[☆22]」。しかし、台頭する世代はアンクル・トム[★15]の子孫ではなかったのだ。一九四三年、アントン・レンデベに率いられたウォルター・シスル、ネルソン・マンデラら若手のグループがクマ博士宅を訪れ、ANC内に「青年同盟」結成および彼らにはさらに重要な、大衆運動を起こすことを提案した。クマ博士は青年同盟の結成を承諾したが、大衆運動という戦術には「時期尚早」という判断を下した。こうしてブルームフォンテインで開かれたANC年次総会で青年同盟の設立が認可され、レンデベが議長に選出され、ウォルター・シスル、ネルソン・マンデラそしてオリヴァー・タンボが執行委員として名を連ねた。この執行委員トリオについては後述するが、マンデラはフォートヘア在学中から親交を深めてきたオリヴァーの、その職務能力と「冷静にかつ論理的に相手の主張を論破できる弁論術、まさに法廷

★14　一九四一年八月一四日に発表された、イギリス・アメリカ両国の世界政治に対する原則の共同宣言。
☆21　*Un long chemin*, p. 118.
☆22　*Ibid.*, p. 167.
★15　アメリカの女流作家ストー夫人の小説『アンクル・トムの小屋』（一八五二年刊）の主人公トムは善良な黒人奴隷である。やさしい主人のもとで一時は幸福に暮らすが、主人の死でふたたび売られ、悪魔のような奴隷商人の手に落ち、鞭と責め苦で非業の死を遂げる。奴隷制度擁護論者から激しい攻撃を受けたノンフィクション小説。

で役立つ種類の知性」[☆23]に敬服していた。

ＡＮＣ内の若手急進派が、感動的なマニフェスト第一号を発表した。「南アフリカは、現在ある問題に取り組んでいる。手短かに言えば、白人と黒人の出会いが、日常的な紛争を生じさせた」というものであり、正確なと言うよりは仰々しい意見が述べられている。有史以前から、清書する前には下書きが必要ではあるが、マニフェストの文言に、夢物語と思われていた「一人一票」の原則を勝ち取ることが明確に提起されている点は特筆すべきであろう。この原則は二〇〇万人の白人が八〇〇万人の黒人を「楽々と支配し」、国土の八七％を所有しているという事実を告発しているのだ。すなわち、「国を愛するすべての若者から発せられた連帯の叫び」は、憎悪と追放というナショナリズムを拒絶しているということなのである。アフリカ人は、「文明を全人類の共通遺産とみなし、その進歩のために自らの権利を要求している」と考えている。青年同盟の若者たちは、先輩らの順応主義に反発し、「信託統治」を断固拒絶した。どうしたらカフィールを幸福にできるかを熟知していると主張する白人のレトリックに、青年同盟の若者たちは、西洋人は「保護者の称号と役割を横取りした」と反論し、圧政下で暮らしてきたアフリカの若者が「圧制」に終止符を打つように呼びかけるのは時間の問題だと明言した。「ＡＮＣに本当の意味での民族的な性格をもたせる」べきときであり、「運動全体に統制がなく、方向性が明確に定められていないことをあらためる」[☆24]べきときであった。しかし彼らは新旧交代のときがきていることを、年長者たちにははっきり言えなかったのである。

青年同盟の若者たちはどのような戦略を考えたのであろうか。まず彼らは、先輩たちが封印した闘争の枠組みから脱すること、そして意味のない議論や実現性の薄い願いは捨てて、具体的な結果をうることを望んだのである。まさに行動に移すときであった。大衆運動と統一というふたつの用語がマンデラの心から離れなかった。このようにして、一九四六年にリーフで七万人の鉱山労働者を動員したにもかかわらず鎮圧されてしまったストライキは、マンデラによれば「私に大きな影響を与えました」ということになる。このストライキは炭鉱労働者組合の書記で、共産党とANCのメンバーであるJ・B・マークスが組織したものであった。マンデラはコミュニストたちの動員力に敬服したが、イデオロギーはまったく共有せず、機会あるたびにそのことを明言している。

白人権力に対する大衆運動の案をクマ博士に話したところ、彼は激高し「刑務所に入るような危険は絶対に犯したくない」と言ったという。ANCはこの臆病な議長を排除する必要に迫られ、組織の若者たちが彼に最後通告を突きつけた。議長退任の件はブルームフォンテインの会議で決定し、彼らは後任として即刻モロカ博士と連絡を取った。彼も医者であったがANCの会員ではなかった。それでも過渡的段階では格好の議長になると思われた。書記長には、つねづね「政治こそ私の人生だ」と語っているウォルター・シスルが就任した。アマチュアの時代は終わったのである。マンデラはトランスヴァール地方のANC執行委員になったのだが、ブルームフォンテ

☆23 *Ibid.*, p. 182.
☆24 Nelson Mandela, *The Struggle is my Life*, documents et discours, Pathfinder, p. 37.

インの〔重要な〕会議には参加できなかった。雇用主は非常に寛大ではあったが、彼にとって重要な二日間の休暇を許可しなかったのである。「もしも会議に出席したら、仕事を失っていたでしょうからそれはできませんでした」。

マンデラは〔闘争参加の〕旗を掲げた。したがって、この若き法律家が国家の不公平な法律を糾弾することが誰の目にも明らかになったのである。もちろん彼はまだ非合法活動には身を投じていないが、本職で成功する道は永久に断念していた。権力というものは、反逆に転じる挑発行為を許すはずはないからだ。マンデラはさらに政治活動に時間を割くようになり、会合や議論への参加が増加した。一九四七年四月のイギリス王ジョージ六世とその家族の南アフリカ訪問は、この国のおかれた曖昧な状況を明らかにするものであった。特別列車で全国を駆けめぐる君主には、黒人の誰とも握手をする予定は組まれておらず、それゆえANCは式典をボイコットするよう指令を出している。ところが、大多数のアフリカ人はイギリス君主を暖かくもてなしたため、未来の女王エリザベスはすばらしい思い出を刻むことになる。ANCがそれほどの力をもっていなかったのは確かだ。さらには冷戦という一般的背景のもとで、共通の利害のためにコミュニストたちと手を結び、彼らと同じほど危険なカフィールを、一部の白人たちは手荒なやり方で命令に従わせようとしていたのだ。

一九四八年の南アフリカ連邦総選挙は勢力関係の具体化を担ったものであった。たとえアフリカ黒人に選挙権はなくとも、白人党派間の対立は、非植民地化の流れを理解していない南アフリカという国の将来を部分的に決定づけることになる。第二次大戦中に英国の全面的支持を得た信望の厚いスマッツ将軍の率いる連合党が、勢力を盛り返してきた国民党と票を争った。国民党はダニエル・マランに率いられ、公然とナチス・ドイツを支持していた。マンデラによれば、国民党とは「何十年ものあいだ自分たちを下等扱いしてきたのは英国人であり、アフリカーナー[★16]文化の繁栄と誇りを脅かしてきたのはアフリカ人である、と信じている連中の、英国人とアフリカ人に対する対決姿勢を生命力としている党」なのである。結果的にはこの民族主義的政党が勝利を収めた。党首マランは、すでに一九四四年一月二五日に南アフリカの国会で、「アパルトヘイト〔原義は「隔てること」〕」という言葉を初めて口にしていたのだった。その日、彼は「アパルトヘイトの原則を誠実に維持することで、白人種とキリスト教文明の安全を保障」したいと明言していた。彼の党は選挙に勝ったのであり、党首マランは以後、邪魔をされることなく自らの計画を実行したのである。こうして南アフリカは、人種差別を組織的かつ綿密な方法で体系化するという、世界で唯一の国家となるのである。

「至高の神々と一緒においでの正義の女神が、そのような掟を人間の世にお造りになったわけではありません[☆25]」、とアンチゴーヌはクレオンの不当な命令に対して叫んでいる。これほど明らか

★16　南アフリカに居住する白人を指す。オランダ系移民を主体に、フランスのユグノー、ドイツ系のプロテスタントなど、宗教的自由を求めてアフリカ南部に入植したプロテスタント教徒が合流して形成された民族集団。主な宗教は改革派（カルヴァン派）に属するオランダ改革派教会である。

☆25　Sophocle, *Théâtre complet*, trad. H.Pignarre, Garnier-Flammarion, 1964, p. 79.

は一三年前から「最終解決」[★17]のことを知っているはずの国際社会から容認されるなどということは、まったくもって信じられないことである。寛大であるが少々無分別なところのあるズールー人作家ルイス・ヌコシは、この制度が強化されればされるほど、やがては消滅するだろうと考えていた。そしてこれから先は「重要な一〇年間」あるいは「希望と無限の可能性の時代」[☆26]になると考えたのだった。

人種的隔離に関する基本的文書はアフリカ人の居住地を定めた一九一三年の「原住民土地法」にさかのぼる。この法案の目的は、一九二二年の政府調査委員会報告書に明確に述べられていた。つまり「アフリカ人は、白人の必要に応ずる目的以外で町に立ち入ることは許可されてはならない、そしてその目的が完了した場合にはすみやかにそこから立ち去らねばならない」[☆27]というものである。この法案は翌一九二三年の「都市地域法」で実現された。これによりアフリカ人は鉱山の宿舎か、白人都市から離れた黒人指定居住地区に追いやられたのである。アフリカーナー民族主義者たちの勝利は、法の極端な増加やあらゆる種類の規則をもたらした。「法は不知を許さず」という諺があるが、無数の星のように存在する人種差別の法律を見分けるにはどうしたらよいのであろうか。人種交流を目的とした南アフリカ研究所は、その無数の法律を小さな活字で五〇〇頁の本にまとめようとしたが、法律が年々増え続けたため徒労に終わっている。一九八〇年にヨハネスバーグのある日刊紙が調査したところでは「黒人を監視したり、管理するためだけの法律は一二〇〇頁近く」挙げられた。

この気違いじみた法律制定は、はるか昔に起因しており、あえて言うなら神〔の名において〕が原因である。ジョゼフ・ド・メストル[★18]というフランス革命の大物反対論者が、すばらしい比喩を用いて、国家とはすべからく船であり「その錨は神の手の中にある」と書いた。カルヴァンと宗教改革の所産であるボーア人〔アフリカーナーに同じ〕の国家は、宗教的信念のなかにアパルトヘイトを定着させた。創造主がそれぞれの民族に授けた可能性に応じて、バランスのとれた発展を保障することが神意に沿うことである、と国家は考えたのである。オランダ・プロテスタント教会によれば、おのおのの人種は神の創造であり、固有の特性に従って進歩しなければならないそうである。このような状況では、混血はすべて、神に言わせれば罪なのだ。悲惨な苦痛という結果を伴なった一九世紀末のアングロ・ボーア戦争〔南アフリカ戦争〕は、独自のアイデンティティを宣言することでアフリカーナー共同体の結束を図った。そのためには明白な事実の提示が不可欠だったのである。それは「文化的アイデンティティを生み出すために、言語・宗教・歴史が密接に交じり合っている。そのアイデンティティの最も大切な特質のひとつは、白人と黒人の関係を管理するために用意された厳格な法律の下で、白人の黒人に対する絶対的優越感が確保されている

★17　第二次世界大戦時のユダヤ人大虐殺をナチスはこう呼んだ。
☆26　*Mandela*, p. 35.
☆27　P. Haski, *op.cit.*, p. 36.
★18　ジョゼフ・ド・メストル（Joseph de Maistre, 1753-1821）フランスの政治家・作家・哲学者。フランス革命に対する厳しい批判で知られる保守主義者。

こと[☆28]」であった。

ナチスの人種差別に対する勝利が、反人種差別を宣言したまさにそのときに、なぜ南アフリカの白人はやみくもにこの優越性を主張したのであろうか。おそらく世界大戦の直後に近代化の影響を受けて、ボーア文化の基盤が揺らいだからであろう。紛争をきっかけとする工業化そして都市の急激な成長は、首長の息子であるマンデラが生まれたときから甘受してきた伝統的秩序を崩壊させるものだった。かつてアフリカーナー共同体は「グレート・トレック[★19]」を建国神話と称し、幌馬車の回る車輪とともに見知らぬ地方に移住するというこの叙事詩に大いなるロマンを覚えたのである。だが一九四八年になると、かつて人を奮い立たせたこの神話には、包囲された人たちの追い詰められた精神状態だけが残っていた。グレート・トレックは、槍で武装した黒人たちの襲撃から身を守るために幌馬車で円陣を組まねばならなかった。「ピエットの手は、銃をぎゅっと握り締めた。彼が憎んでいるカフィール、殺すに値する数百人がそこにいる。彼ら全員が戦利品の家畜のようだった[☆29]」。聖書に親しんでいるアフリカーナーたちの目には、自分たちが商売と金を支配する黄金の小牛像[★20]に脅かされているように映ったのである。大混乱に陥っている農村文明においてその支配的地位に危機感を抱く少数派〔白人〕が自信を取り戻すためには、早急に手がかりを探し出す必要があったのだ。我々フランス人はアルジェリア入植時代に、これと似通った現象を体験している。アフリカーナーのアイデンティティは、いまや国家のアイデンティティと混同されている。このとき以来「繰り返される命題は、もはや英語を話す人たちに対してアフリカーナーのアイデンティティを守るのではなく、大多数のアフリカ人から脅かされている白人民衆の不安なのである」[☆30]。のちに首相となるヘンドリック・フルブールトは歯に衣を着せずにこう言ってのけた。「南アフリカは白人の国であるから、支配者が存続すべきである」。

「黒い脅威」に立ち向かうために、民族主義者たちは文化の古いモデルを誇張することで刷新しようとした。彼らは一八八〇年代にポール・クリュガーが生み出したアフリカーナー民族主義(*Afrikanerdom*)の概念を引っ張り出し、歴史の宗教的解釈、つまり一種のキリスト教国家に基づいた社会の構想を思い描いた。一六六五年以来同国に根を下ろしているオランダ・プロテスタント教会は、アフリカーナーの四分の三をひとつにまとめ、「神の命令、つまり神の声は変わっていない」と繰り返した。社会の秩序を維持するために、世俗裁判権は神の命令を適応させることになる。

プロテスタントのオプス=デイ会のような「アフリカーナー兄弟同盟[★21]」は、白人主義のイデオロギーをはっきり認めた支持者たちを結集した。その会員数は一九五二年には三五〇〇名を数え、

☆28 Paul Coquerel, *L'Afrique du Sud des Afrikaners*, Complexe, 1992, p. 84.
★19 一八三五〜四〇年にかけて、イギリスの支配を嫌うアフリカーナーが牛車に家財を積み込み内陸部へ移動した。その過程において、多くの先住黒人諸民族の命が奪われた。
☆29 Stuart Cloete, *Le Grand Trek*, Arthaud, 1948.
★20 ヘブライ人が崇拝した金銭・金力の象徴。
☆30 P. Coquerel, *op. cit.*, p. 65.
★21 一九一八年に結成されたアフリカーナーたちの秘密結社で、政治・経済の利益増大をめざした。

プロテスタント教会の牧師三五〇名をはじめとして首相のヨハネス・ストリドムや彼の閣僚の大多数が含まれていた。統一国民党定款の第一一条をいま読んでみると、驚くばかりである。「いずれは国をあげて白人種の自殺にも等しい、平等の政策を我々は取り入れるべきか、それとも、それぞれの人種の特性や未来が保護され維持されるアパルトヘイトの路線に身を投ずるべきかである」。ポール・コクレルが『アフリカーナーの南アフリカ』に書いているように、白人たちは「自らのアイデンティティを失ってしまうという病的恐怖心」☆31にこれ以上耐えることはできなかったのであろう。カフィールと呼ばれている黒人は、その語が侮蔑的意味をもっているにもかかわらず、公式には、もはや未開人でも下等な者でもなかったのだ。彼らは「異なっている」とされたが、結局のところ、それが彼らに役立つことはほとんどなかった。この体制の理論的リーダーであるヘンドリック・フルブールトがこう記している。「学校はバンツー族に、彼らは貧しい生活をするような宿命にあるということを教え込まねばならない。実際には使い道がないのに、彼らに数学を教えてなにになるというのか。教育システムとは、人生においてその人間に与えられる可能性を考慮して、ひとりひとりを育成すべきものである」☆32。この観点からすれば、事態は容易に理解できる。つまり、戦後の経済成長が国際資本の流入を助成したために、この国は猛烈なスピードで豊かになり、そして金鉱や農場では極度の人手不足に陥っていたのである。

アパルトヘイトの主文の要点は、それが一〇年以内に実施されることにある。最初の法律は人種間の婚姻を禁ずるもので、総選挙に勝利した翌年の一九四九年に可決された。ついで異人種間の性的関係を違法とした「背徳法」。ナチスはこの恋の犯罪に *Rassenschande*（人種の汚れ）という用語を考え出していた。実行犯であることを裁判官が強く要求したために、逮捕された犯罪者の数は非常に多く、かなり人目を引くものであった。逮捕された恋人たちには七年の懲役が科せられるが、もし被告が相手は自分と同じ人種グループに属していることを「良識的に思考」できる場合には、この法律は情状酌量を可能としていた。結局、政府は「一部白人の邪悪な本能からアフリカ人少女たちを守る[☆33]」ことを目的にしていると主張した。アフリカーナーたちの「キリスト教徒の人種差別」には、一種本能的で遺伝的無分別というものがあり、それはときとして常軌を逸した状況を引き起こした。例えば、「白人信者の多くが、彼らの黒人召使いの傍らで聖体拝領を授かることを拒絶した。たとえアパルトヘイトがそのことを禁じていなくとも[☆34]」。

残るは、神が混ざり合うことを禁じているこれら「人種グループ」についてきちんと定義することであった。一九五〇年の「住民登録法」は、南アフリカ人すべての人種区分を義務づけている。一九五二年には成人アフリカ人全員に身分証明書の携帯が義務づけられた[★22]。それは奴隷化の烙印であり、絶えざる侮辱にほかならなかったのである。翌年の「隔離施設留保法」は、交通機関と公共の場所における隔離を定め、さらに「バンツー教育法」は、黒人に固有の教育プログラ

☆31 *Ibid.*, p. 67.
☆32 Cité par Desmond Tutu, *op. cit.*, p. 22.
☆33 P. Haski, *op. cit.*, p. 67.
☆34 Desmond Tutu, *op. cit.*, p. 183.
★22 一九五二年四月二六日に成立した「原住民法」による。

ムを強いた。一九五四年の「集団居住地法」では、白人地区と宣言された地域に暮らす黒人住民を移動させ、これによってヨハネスバーグにおけるソフィアタウン取り壊しを可能にした。ネルソン・マンデラは、六万人の住民による抵抗運動を指揮した主たるひとりだった。この運動は警察によってただちに鎮圧されはしたが、その後の抵抗運動の種をまいたものと言えよう。白人居住区に近いために迷惑をかけていたとされ追い出された住民たちは、そこから二〇キロメートル以上離れた場所に追いやられた。「都市の健全化計画などというものではなかった。これらの地区には何年もの間に、アフリカ抵抗運動組織の中枢が拠点をおいていたので彼らの立ち退きは不可欠であり、国家は譲歩できなかったのだ[☆35]」。

自分たちの大きなもくろみを追求しつつ、民族主義者たちは一九五七年にふたつの原則を立てた。第一に、平等の仕事ならば黒人は白人の代わりをすることはできない。そして第二は、黒人が白人を上回る階級的地位を占めることは絶対にできない、というものである。一九五八年、ストレイダム亡きあと、ヘンドリック・フルブールトが首相に任命された。彼はオランダ人牧師の息子に生まれ、教師を務めたのち、ある新聞社の部長となるが、なによりナチスに共感を示したことで有名である。彼は率先して完璧なまでにアパルトヘイトを推進していく。例えば彼はバンツースタン[★23]という、プレトリア[★24]に従属する小さな黒人国家の設立を発表した。この設立によってそこの住民は労働力の必要に応じて居住地が割り当てられたり、移動させられたりするため真の発展の可能性が限られてしまうのである。さらに海外でひんしゅくを買うことのないように、これら強制移動を連邦制度のように偽装したのだった。P・W・ボタは、アパルトヘイトが崩壊する数年前に次のように断言した。「スイスとユーゴスラヴィアは協力援助と協調の糸口を見出した」[★25]。

南アフリカにおける人種差別の法律の全容は、住民を厳重な監視下におくように考えられた*ban*と呼ばれる「活動禁止処分」の登場で完成された。この措置は、理由などなく法務大臣の簡単な命令だけで実行できたのである。これが適用された者は、いかなる政治活動もできなくなり、さらにこれを破ったものは逮捕され、訴訟の手続きを経ずに投獄されたのである。これについてマンデラは「これは、明らかに限定された窮屈な生活をさせて、ひとりの人間を政治活動から引き離そうとする戦術でした」と話している。このように彼が対象となった「活動禁止処分」のひとつは、「政治的会合だけではなく、あらゆる種類の会合や集会が含まれていました。例えば私は息子の誕生パーティーにも出席できませんでしたし、一度に二人以上の人間と話すことも禁じ

☆35 Tom Lodge, *cité par* P. Haski, *op. cit.*, p. 71.

★23 一九五九年、国会は種族別に分離した八つのバンツースタン（正式名はホームランドという自治区）を設ける「バンツー自治促進法」を採択した。これまでの日常生活における差別を「小アパルトヘイト」と呼び、これ以後推進される領土的分離を「大アパルトヘイト」と呼ぶ。

★24 南アフリカ共和国は三都市に首都を置いている。プレトリア（行政府）、ケープタウン（立法府）とブルームフォンテイン（司法府）である。

★25 スイスとユーゴスラヴィアは異なる言語を話す部族をひとつにまとめ、連邦国家を構成し、そこで彼らは調和のとれた生活をしている。ただし、ユーゴスラヴィアに関してはコソヴォ戦争のように、不幸な状況となった。

られたのです」[☆36]。マンデラはこの処分で「一種の心理的な閉所恐怖症」を引き起こし、抑圧者が「外部ではなく、自分のなかにいる」ことに気づかされたと書き加えている。南アフリカの人種差別に対して、この分野における新案特許を与えてもよいかもしれない。それほど活動禁止処分は、恐るべき効力をもった法案であった。

リンネは植物と動物を分類したが[★26]、人間を分類する意図で法を適用させるというのは、まったく馬鹿げているし滑稽である。だからこそ「栄光のアーリア人種[★27]」をもっているナチスのように、主義と妥協する必要があったのだ。例えば、強力な円の代理人である日本人実業家は「名誉白人」なのである。中国人を両親にもつ南アフリカ人は「非ヨーロッパ人」であるが、一時滞在の中国人は「ヨーロッパ人」というように。マンデラは、カラードは身分証明書を常時携帯しなくてもよいという理由で、アフリカ人よりはカラードに分類されることを願う男の裁判で弁護人を務めたことがあるという。「判事は私が提出した証拠には目もくれず、依頼人をじっと見て、無愛想な声で、うしろ向きになるよう言ったのです。ひどく下がった彼の肩を確認したあと、判事は訴えを認めました。当時の白人当局の見解では、なで肩はカラードの体格的特長であるとされていたのです。この依頼人の人生はこのようなことで決定されたのでした」[☆37]。

ひとたび下等に位置づけられたが最後、実際に、あらゆる生き方が限定される。例えば住む権利のある地区、通うことが許される学校、従事できる仕事、結婚相手として許される者、さらには埋葬墓地までも。分類の誤りにより、自らを悲観した自殺者も出た。この分類は、「非白色人種」が使用人であろうが、大学教授あるいは聖職者であっても、人種一覧表のポジションになんら変化はなく、取り消しのできないものであった。特殊な規約に見られる侮辱の極みは指摘するに値する。例えば南アフリカ・ラジオ局の黒人職員は、白人たちから「重大な過ち」を犯したと見なされた場合には、ふたつの処罰のどちらかを選ばなければならなかった。それは生計手段を失うか、それとも革製の細長いあの恐ろしい鞭で、決められた回数を打たれるかであった。屈辱よりも貧困のほうがましだと考えた人間もいたのだ。黒人に対する侮辱は、陰険な形でさらに増大していった。例えば報道関係でも「アパルトヘイトに反対表明していたいくつかの新聞社でさえ、編集室や食堂、トイレなどでアパルトヘイトを間接的なやり方で実施していたのです[☆38]」。

一九七〇年代の終わりに、ある世界的新聞の第一面に、南アフリカのユビュ親父の最も見事な快挙のひとつ[★28]という論評でひとつの事例が掲載された。ケープタウンの上流地区に暮らす白人女性リタ・フォフリングは、ある治療を受けていたところ、肌が黒くなるという症状を呈した。突

☆36 *Un long chemin*, p. 176.
★26 リンネ（Carl von Linné, 1707-1778）スウェーデンの博物学者。植物の分類において種という概念を初めて用い、生物の分類体系を世界で最初に提案したことで知られている。
★27 ナチスが白人の純粋種として想定したアーリア人種。
☆37 *Ibid.*, p. 186.
☆38 Desmond Tutu, *op. cit.*, p. 215.
★28 アルフレッド・ジャリの戯曲『ユビュ王』のなかで、ユビュ親父は愚かな言動を繰り返す。著者は、南アフリカの白人の愚かな言動を「南アフリカのユビュ親父」と喩えている。

然、彼女はカラードに分類され、生活は一変する。「らい病に侵されてしまったようでした」と彼女は言っている。憤慨した夫と息子は彼女の元を去る。彼女は白人専用のバスに乗せてもらえず、絶え間ない差別に気づく。「現在、私は最悪の局面下でアパルトヘイトを経験しています」と彼女は証言している。同じ時期にドイツ連邦共和国で、ドイツ人ジャーナリストが髪を染め、メイキャップをしてトルコ人になりすまし、ある企業に雇われた。その目的はただひとつ、ドイツに暮らす移民たちが日常生活で受けている扱いを、一般読者に明らかにすることであった。体験しなければ想像し難い状況があるのだ。

　過度の単純化には用心すべきである。なぜなら白人のすべてが人種差別主義者なのではなく、彼らのなかには自由主義者から共産主義者まで、道徳的で勇気のある人物もいるのだから。マンデラは「初めての白人の友」ネットと出会って以来、ときには互いの行く道がすれ違うことがあっても、白人には常に敬意を表してきた。例えば英国国教会の尊敬すべきスコット牧師を「アフリカ人の法律の大いなる擁護者」と評している。政府がヨハネスバーグ近郊に居を構えている不法占拠者の追い出しを決定した日に、不法占拠者キャンプの代表が当局に手紙形式でスコット牧師の支援を願い出た。「謙虚な」スコット牧師は、その代表にこう答えた。「支援するからには、私もあなた方の一員でなければならない[☆39]」。そして彼はそのキャンプに住み込んだのである。白人の自由主義者は、イデオロギーの鎧で守られている共産主義者よりは話がわかるかもしれないが、彼ら白人の自由主義者はブリンク、クツィエ[★29]あるいはガーディナーといった「青っちょろい平和主義者」や「裏切りの作家」を忌み嫌う社会のただ中にいる共産主義者よりもずっと嫌われている。我々もアルジェリア問題では「尊敬された教授」や「鞄の運び屋[★30]」に対しての憎悪を体験している。黒人までもが、白人自由主義者は表に現われない下心をもっていると疑ったのである。このような状況で「カフィールの友人」であることを表明するのには、並々ならぬ勇気が必要なのである。

黒人の大多数は、白人に対する憎悪や白人から受ける憎悪を実感をもって受けとめることはなかった。マンデラはこう断言している。「私はアフリカ民族主義の超革新的な性格に親しみを覚えていました。私は人種差別を憎みましたが、白人を憎んだわけではありません」。彼はユーモアたっぷりに語っている。私は「白人を海に放り込む」のではなく、「白人が自主的に蒸気船に乗り込んで、この国から出て行ってくれることを願っていました[☆40]」。この冗談は、白人が理解し

☆39 *Un long chemin*, p. 131.

★29 ブリンク（André Brink, 1935-）はアフリカーナー作家・詩人。一九五九―一九六一年パリ大学留学中にアパルトヘイト反対の意識を強め、以後一貫してアパルトヘイト政策に強く反対した。邦訳『白く乾いた季節』は一九八九年にマーロン・ブランド主演で映画化されている。クツィエ（Kobie Coetsee, 1931-2000）はアフリカーナー弁護士、政治家で国民党員。一九八五年にオレンジ自由州の国民党党首となる。一九八七年にはボタ大統領と獄中のネルソン・マンデラとの非公式会談を演出した。その後も司法大臣としてマンデラ解放の条件交渉や各種悪法の撤廃に尽力した。

★30 「尊敬された教授」とはアラブ人に好意的な左翼のインテリを意味し、「鞄の運び屋」とは、アルジェリア独立戦争当時の「民族解放戦線」を支援するための資金や食料、あるいは武器や爆発物なども鞄に入れて秘かに運んだフランス人を指す。

☆40 *Ibid.*, p. 139.

ようとしない不公平の存在を、彼らに納得させることが不可能であることへの彼のもどかしさをよく表現している。それでも彼は、「青年同盟」の仲間のほとんどがそうである排他的なアフリカ民族主義を断念した。彼は不信感を抱いてインド人を見ることや、共産党とその「輸入されたヨーロッパのイデオロギー」になにかにつけ敵意を表わすことをやめた。

この一九五〇年代初頭に、彼はついに弁護士になるための全課程を修了した。サイデルスキーの事務所を辞め、いくつかの白人の法律事務所と共同で仕事をしたあと、オリヴァー・タンボとこの国の歴史上初めてのアフリカ人による法律事務所を開いたのである。彼らは、次々に事務所を訪れる抑圧の犠牲者である弱者を守ろうとした。例えば、何世紀も前から暮らしている猫の額ほどの土地を追われた家族や、アフリカ・ビールを作ってきたのにそれを禁止された老婆など。二人の弁護士は、こういう人たち全員の言葉に注意深く耳を傾け、有効な手立てを模索し、実行に努めた。「毎日のように、私たちは普通のアフリカ人が日々の生活で味わわされる無数の屈辱を見たり聞いたりしたのです[☆41]」。

包囲され責めたてられたときには、相手と直接向き合い、自分の主張を隠さないことが重要である。ヨハネスバーグ中心部にある、古くて趣のあるビルの一室に開業した法律事務所の窓には、二人の指導者の名が大きな文字で記されていた。このビルには、ANCとその事務局長ウォルター・シスルの部屋もあった。白人同業者は、窓のあの大きな文字に不快感を覚えたかもしれないが、天才アマチュアボクサーとしての経験で鍛えられた彼の体調は万全だったので、マンデラはいっこうに気にかける様子はなかった。このことは、ヘビー級元世界チャンピオンのアメリカ黒人ジョー・ルイスが *noble art*〔ボクシング〕で――現代ならサッカーであろう――名士・名声にたどり着く方法を示したように、共同体におけるマンデラのイメージにとっては素晴らしいことであった。常にダンディーで、身なりに気を配るネルソン・マンデラのために、億万長者ハリー・オッペンハイマーの服を仕立てている人気の仕立て屋アルフレッド・カーンが、特別に考案したアフリカの紋章を施したブレザーを縫い上げた。マンデラには、自らに宿っている能力があらゆる障害を取り除き、反対者を説得できると考えてしまう傾向があり、それも少し強すぎるかもしれない。だが、彼には「王様の流儀」が感じられ、それで自らの貴族的雰囲気を打ち消さずとも一般大衆の共感を得ているのである。ある日のこと、彼はある活動家の息子に自分は「南アフリカで最初の黒人大統領[☆42]」になる宿命を背負っているような気がすると述べている。

ＡＮＣ内部で、彼は次第に頭角を現わし始めた。当時この組織は、新政権が「非白人」に与え始めた大攻撃に最も効果的な反撃をするためにはどの方針に従うべきか迷っていた。昔ふうの請願書や抗議文は役にたたないことは判明していたが、正反対の戦略、つまり暴力や一斉蜂起に訴えたら間違いなく命取りになるであろう。アフリカ人は「数」という彼らのもつ唯一の切り札をどのように切るべきであろうか。いつの日か投票所での勝利、すなわち「一人一票[★31]」の原則が確

☆41　*Ibid.*, p. 183.
☆42　*Mandela*, p. 68.
★31　黒人一三〇〇万人に選挙権があれば、白人三〇〇万人が支配する社会を覆せる。

実に実行されるにしても、その大勝利の時期を早めるにはどうしたらよいのだろう。

一九五一年一二月のANC全国総会で事務局長ウォルター・シスルは、「全国的な不服従運動」という計画を提案した。これは、その三年前にダーバンに住むインド人たちが悪辣な法律に対して起こした行動から思いついたものであった。マンデラは回想録のなかで、「我々の見解では、例えばインドにおけるガンディーの非暴力抵抗運動に範をとった大衆運動のときがきていた」と断言している。この一九五〇年代初頭に、イギリスの植民地だった祖国の解放を獲得したマハトマ・ガンディーの名声は、南アフリカでは絶大なものであった。インドで「インディアン・オピニオン」紙を主幹している息子のマニラル・ガンディーは、SAIC〔南アフリカ・インド人会議〕の幹部のひとりでもあった。彼は、倫理的には他のいかなる方法よりも勝っているサチャグラハ、つまり非暴力抵抗運動という戦術は何人たりとも修正してはならない、受け継ぐべきものとして擁護した。彼にとって、それはある意味では、少なくとも戦術であると同時に精神的修練とも言えるのである。

ネルソン・マンデラはガンディーをこのうえなく称賛していたが、やみくもに彼を真似るのではなく、そこからなにかの着想を得ようとしたのだった。彼自身が裸足のマハトマの禁欲主義と似ても似つかないというのも事実である。「ガンディーは自分の衣類を脱いだが、君は自分の衣服が好きなんだ」と友人のファティマ・ミーアが皮肉まじりに彼に言った。マンデラが当初、インド人共同体への協力に反対していたのは、黒人よりもはるかに組織化されたインド人にANCを掌握されやしないかと恐れていたからであろうか。それとも南アフリカに滞在していたガンディーが、アフリカ人よりも同胞のインド人のことをはるかに気遣っていたことが気になっていたからであろうか。しかし協力が大多数の願いであると判明したとき、マンデラはそれを受け入れたのだった。つまり、組織への忠実さをなによりもまず優先させたのである。教条主義と無縁の彼はガンディーの考えとは異なり、サチャグラハを「たいへん重要なことなので、たとえそれが自滅にいたるものであっても貫くべきである」とは考えなかった。彼は「〔非暴力の〕消極的抵抗」という表現の形容詞に我慢ができなかったのだ。「青年同盟」もこれと同じ見解だった。つまり、大衆によるデモを組織した場合も、「青年同盟」は非暴力を教義にはしないし、その戦術は偉大なインド人の戦術をそっくり真似たものにはならないだろう、という見通しである。

当時のマンデラは、偉大なる民族の一員であるという誇りに立脚したアフリカ・ナショナリズムや黒人社会の抒情的高ぶりに接して、予想される大きな闘いに備えて〔黒人社会を〕理論武装させるのには無理があることを理解していた。「私は何を支持するかということより、何と闘うのかということを常に意識していました[☆43]」。マルキストの友人たちとの議論を通して、彼はマルクス主義哲学に無知であることをはっきり自覚していたのである。そして物事を決して曖昧にしない彼は、「マルクスとエンゲルス、レーニン、スターリン、毛沢東などの著作」を購入した。読みすぎて消化不良を起こしたことには同情しよう。そして階級のない社会という理念には強く引かれたものの、『資本論』には「うんざり」させられたと認めている。それでもいくつかの基本

☆43 *Un long chemin*, p. 148.

的論点には共感を覚えた。例えば剰余価値★32の理論は鉱山の搾取に関する明快な説明であるように思えた。共産党に入党するつもりなど毛頭ないが、旅の道連れになることを願い、共産主義に対するこれまでの憎悪を捨てた。

マルキシズムに転向するのには時期が悪かった。一九五〇年、政府〔国民党〕は、政治的対立のすべてを未然に防止する「共産主義弾圧法」を発布した。今後は「共産主義の目標を追い求める」者は懲役一〇年を科される恐れがあり、しかも拡大解釈をも可能としていたのだ。それによればスターリン主義者であれ、自由主義者、アフリカ人、インド人または混血であれ、すべての反対者はいずれ赤い星〔共産主義者の象徴〕を上着の襟につけることになるだろう。オリヴァー・タンボは幻想を抱くことなくこう言い切った。「今日は共産党だが、明日は労働組合の番かもしれないし、SAICかAPO〔AZARO・アザニア人民機構〕かANCかもしれない」。政府は強硬路線を続け、その結果、五月一日のデモ行進では警官隊の発砲により一八名の死者を出している。

不服従運動の第一段階は「公然挑戦キャンペーン」と名づけられ、一九五二年六月三〇日に開始され、インド人と黒人が共同して率いたと思われる。★33その四日前にダーバン入りをしたマンデラは、一万人の群衆を前にして演説した。〔これほど多くの群衆に向かって話すという〕心ときめく経験で得た好結果は、彼に新たな見地をもたらすことになった。彼は演説上手ではなかったが、群衆は、彼の打ち解けた、そしてわかりやすい話しぶりを評価したのである。そして数日後、一斉検挙で逮捕され、マーシャル・スクェアと呼ばれる警察署の汚い部屋で二晩を過ごした。これもまた初めての体験だった。彼は看守の暴力も受けている。それというのも仲間のひとりが声を張り上げたとして看守が手荒に扱い、怪我の治療もせずに放置したことにマンデラが抗議をすると、看守は彼の向こうずねを蹴ったのである。肉体的に乱暴な扱いを受けたのは初めてのことだった。

政府はこの不服従運動を「抗議の一形態ではなく犯罪」とみなしていたのだ。とりわけ「非白人」共同体の分離と対立の政策が破綻していることを裏づける、インド人とアフリカ人の共同戦線が政府を不安に陥れていたのだった。そして挑発や威嚇が何度も繰り返された。例えば警察はＡＮＣ内部にスパイを送り込んでいたのである。初めて拘留されたとき、マンデラは監房仲間に奇妙な二人がいることに気づいた。ひとりはセーターを着て絹のマフラーを巻いていた。「誰がこんなふうに着飾って監獄へ行くのだろうか」。もうひとりは明らかに実行部隊の一員だった。黒人共同体のまさに内部で、このような何人かの偽活動家がこの運動を激しく非難したり、共産党員の影響とＡＮＣ内部のインド人支配とを同時に非難したりしていたのだ。

こうして、ついに政府は体制打倒の指導者たちの逮捕に踏み切ったのだった。共産主義弾圧法違反の容疑でＡＮＣ幹部――議長のモロカ博士、事務局長ウォルター・シスルそしてネルソン・マンデラ――が、インド人リーダーらとともに逮捕された。一九五二年九月、二一人の被告がヨハネスバーグで裁かれた。この公判は被告人たちの決意を示すための、このうえもない機会だった。裁判所には黒人や白人自由主義者など大人数のデモ隊が押し寄せ、被告人たちを歓呼の声で

★32　資本家が支払った労働力の価値（賃金）以上に労働者によって生産された価値。
★33　マンデラの手記によれば六月二六日となっている（*Un long chemin*, p. 160 参照）。

迎えるという好調な滑り出しであった。しかしこの大勝利は、モロカ博士の臆病な振舞いで台なしになってしまった。博士は、根深い反共産主義の姿勢と〔共産主義者と疑われた場合の〕快適な生活が送れなくなる不安から仲間との連帯を断ち、単独で弁護士を雇ったのである。ＡＮＣ最高議長として不服従運動を全国的に強く推進してきたリーダーが、黒人と白人間の平等は幻想であると〔裁判で〕断言する始末であった。

この機会にマンデラは政治における自らの第一の信条を形成することになった。彼はモロカ博士を「組織や大衆よりも、自分個人の利益を優先させるという大罪を犯した[☆44]」と糾弾した。この致命的誤りの轍を、マンデラが踏むことは決してないであろう。公正な司法官が、微妙な差をつけて適用せざるを得ない「共産主義弾圧法」の条文によって被告全員が有罪の宣告を受けた。判事によれば、マンデラたちは「共産主義として一般に知られている思想」ではなく、「法に定められた共産主義」を実践したのだという。同じ判事は、被告人たちが不服従運動への参加者に対して「平和的に行動し、いかなる暴力も行使しない」よう指示してきた点を酌量してくれた。被告人たちは九ヵ月の重労働の刑を言い渡されたが、二年の執行猶予がついた。政府が期待していた刑に比べると、審判は驚くほど「寛大」だった。

不服従運動が攻撃した法律は少しも変化することはなかった。だがこの想定された失敗は、結果的に大きな成功を得た。役に立たない最高議長と絶縁することでＡＮＣの結束が強化され、会員数も一〇万人に膨れ上がったからである。この体験からマンデラはいくつかの教訓を得ている。そのひとつが、運動が長期化すると弱体化してしまうことであり、いつ不服従運動を中止するのか心得ておくべきだということである。この成功により、無一文のANCには専従の活動家が必要とされた。いずれにせよ、そのときから刑務所はマンデラの運命に、切っても切れない存在となった。それゆえに「不服従運動以後、刑務所に入ることは、アフリカ人にとって名誉ある行為と見られるようになった」[☆45]のである。それまでの結果が理にかなっていたので、彼は自らの使命に全身で打ち込む必要を感じ始めた。「私は弁護士としての業務を続けながら運動を取りまとめようとしたのですが、これはすべきではありませんでした。私たちはまだまだアマチュアの集団だったのです」。

多人種の住むヨハネスバーグの一郭に位置し、町の中心にも近い、つまり政府にとってはなんとも我慢のならないソフィアタウンから住人が強制退去されるときに、マンデラは自らの政治的見解の修正を余儀なくされた。住人に抵抗を呼びかける際にANCは「自らを犠牲にして目的達成を」という不用意なスローガンを打ち出してしまったうえに、ある演説で感情に押し流され、黒人は「実力行使への心構えが必要となるだろう」と言ってしまい、マンデラはANC指導部から叱責を受けてしまう。組織の方針を守るために、彼は最初の意見〔非暴力主義〕に立ち戻った。しかし、それでもなお力を行使することを考えていた。そしてついに堪忍袋の緒が切れたのだ！「きつい心の持ち主だもの、ひどい目にあわされて黙って引き下がるようなおひとではありませ

☆44　*Ibid.*, p. 171.
☆45　*Ibid.*, p. 172.

ん」とエウリピデス作『メデー』のなかで、乳母は女主人について語っている。

第2幕　スパルタカス

ご主人様？　なにを言ってるんだ。黒人にはもうご主人様なんていないさ。
スパルタカスが自らを自由の身にした場所はローマだけじゃないんだ。

ラマルチーヌ『トゥーサン・ルヴェルチュール』★1

悲劇の第2幕は、出廷を待つあの黒人指導者たちの小グループで幕が開く。不意に彼らのひとり、ズールー族の労働者の息子でナタール州ANCの書記を務めるマサバラタ・イェングワが、毛布を身にまとい、丸めた新聞紙を槍に見立てて「汝の敵を冷酷にも殺してしまう残忍な者よ」とシャーカの栄誉を称える一節を語りながら、行ったり来たりしだした。インスピレーション豊かなこの吟遊詩人[★2]の周囲でどよめきが沸き起こった。平素はあれほど物静かなルツーリ首長が、ひどく興奮して「シャーカがここにいるぞ!」と叫びながら立ち上がった。それから彼は、この英雄の栄光を歌い踊り始めたのである。シャーカは、ナポレオンと同じく軍隊の技術と編成そのものを同時に変革した男である。すべては「敵を三日月状に包囲し、体と体をぶつけ合う戦いで壊滅させる隊形」に基礎をおくのである。このことは数のうえの優位を想定している。それでシャーカも *impin* という名の年齢別連隊を組織し、この種の戦闘訓練を数ヵ月間続けた。

この理想的戦術は、二世紀にわたる白人への従属を経て、黒人たちに行動を起こさせるものなのであろうか。「一瞬のうちに、そこにはコサ族もズールー族も、インド人もアフリカ人も、右翼も左翼も、宗教家も政治活動家もなくなりました。私たちは皆、自分たちに共通する歴史や文化、国、民衆への愛で結ばれた民族主義者でした。この瞬間に、私たちの心の奥底で、何かが、私たちを互いに結びつける強くて本質的な何かが動き出したのです」。この「何か」は我々も同様に体験している。それは我々の国歌ラ・マルセイエーズを聞いたときの感動である。

なぜ弁護士マンデラは、抑圧に終止符を打つためには弁護士の長衣を脱ぎ捨てて、剣を手にすべきという判断にいたったのだろうか。白人による抑圧の深刻化に起因するという明白な理由とは別に、私はもっと深い動機を感じ取っている。それは人間の尊厳の鼓動であり、非人間的行為に対する絶え間ない *non possumus*[★3]〔もう耐えられない〕なのである。自由、平等、博愛の三文字は、建造物の壁面に描かれるよりも前に、我々の心のなかに刻まれていたではないか。

かつてのANCはへりくだって丁重に要求をしていたが、いまや白人の言いなりになる怯えた

★1　トゥーサン・ルヴェルチュール（Toussaint Louverture, 1743-1803）はハイチ独立運動の黒人指導者。奴隷として生まれたが、御者、獣医、家令としてラテン語やフランス語、数学の知識をもち、奴隷解放と独立のための闘争に身を投じた。一七八九年、介入してきたイギリス軍を打ち破り、事実上全島を黒人の手中に収めた。しかし、島の再征服を図るナポレオンの奸計によって一八〇二年に逮捕され、翌〇三年に獄死した。『瞑想詩集』（一八二〇）で知られるフランスの詩人・政治家ラマルチーヌ（Alphonse de Lamartine, 1790-1869）は史劇『トゥーサン・ルヴェルチュール』（一八五〇）を書いた。

★2　シャーカ（Chaka）はズールー王国の王。ズールー族の軍事組織を改め、従来の投槍に代えて、手に持ったまま闘う短槍を採用し、強力な軍事国家をつくり上げた（『世界大百科事典』平凡社、参照）。

★3　フランス大革命時の標語「自由・平等・博愛」を市役所、公・私立小・中学校の施設、および公益事業を受け入れているすべての建造物の壁面上部に刻むことを義務づけるための議員立法案（国民議会官報第二八一九号）によれば、実施されたのは一八八〇年七月一四日の革命記念祭以降である。

村長の集まりではなかった。一九五二年の年次総会で、臆病なモロカ博士に代わってアルバート・ルツーリ首長がリーダーを担うことになった。キリスト教再臨派の宣教師の息子に生まれ、教師の経験もあるこの部族高官は「大柄でがっしりした体格、濃い褐色の肌、屈託のない笑顔、奥深い自信と謙虚な雰囲気」をもっていた。恵まれた「限りない忍耐力と不屈の精神力」で、彼は次の段階、つまりすでにＡＮＣの解散が計画されていたにもかかわらず、冷静かつ大胆な闘いを推し進めた。

年次総会では、秘密裏にもう一件別の決定がなされた。それはＡＮＣとＳＡＩＣの指導者たちが常時連絡できるような地下組織を作ることであり、ネルソン・マンデラはこの「Ｍ計画」の遂行責任者を任された。今度は組織の非合法闘争指令の責任者としてゲリラ兵になったのである。マンデラは国内のいたるところで黒人活動家やインド人たちと秘密の会合をもった。軍人養成計画に関して、彼は下士官訓練〔実践〕と人民大学〔理論〕を抱き合わせたものを考えていた。マンデラの脳裏には自らの使命のことしかなかったようである。トレーニングで体を鍛え、ダイエットにも取り組んだ。少なくとも私の知る限りでは、刑務所に入ってもいないのに「少ない食事量でも生きていられるように、痩せていなければならない」[☆1]と考え、さらには刑務所で出されるスープに慣れようと努力した唯一の政治家である。刑務所に入る前の、このダイエットのエピソードは、自分のおやつを我慢して母親の健康の回復を神に祈っている子どもみたいで、いじらしいものを感じる。私はわがヒーローのなかになにか子どもじみたものを見出すのだが、あの老人のもつ驚くほどの若々しさの秘密はおそらくそこにあると確信している。

マンデラは、その後すべてを政治に捧げる。それは活動でも仕事でもなく、民衆の利益のための激しい情熱なのである。「政治とは運命である」とナポレオンは言った。この言葉が個人的な輝かしい政治的冒険ではなく、すべての人びととの運命に関することであるのなら、ナポレオンの言うとおりである。政治とは単なる職業ではなく、天職であり、他者の権利を認めることにささげられた生き方なのである。「人間は公民である動物であり、共同生活をしている蜂や他の動物たちより社会的である。利益は全員が共有できるものでなければならず、そうでなければもはや公民とは言えない」とアリストテレスは著書『政治学』で述べている。いずれにしても、全員への奉仕というこの誓いが我々には重要であり、失敗とか成功とか、政治指導者としての名声とか下部組織の活動家として無名の人生を送るとかはたいしたことではない。実際には、政治の道を選んだ者は、常に失敗に対しての覚悟を決めているのである。

政治を優先させることで、マンデラの家庭は徐々に蝕まれていった。オーランドの「マッチ箱のような小さな家」に帰宅するのは毎晩深夜のことだった。夫婦は一九四七年に生後数ヵ月の女児を亡くすという試練を受けていた。「エヴリンは気も狂わんばかりに悲しみ、私はその悲しみを和らげようとすることで私自身の悲しみを静めていたのです」。妻は、いつも留守がちな夫に次第に耐えられなくなった。そしてすべての宗教が軒を並べる南アフリカにあっては勢力のある「エホバの証人」という宗派とかかわるようになってしまった。「当時の生活になんらかの不満が

☆— *Un long chemin*, p. 249.

あったからなのか、私にはわかりません」と彼は書いている。信用できない言い訳を聞いているかのように、彼女からは型どおりの言葉が返ってくる。彼女は、政治がひとりの男をこれほど熱中させるという事実を信じようとしなかった。つまり彼女を欺き、ほかの女性と会っていたに違いないと思ったのである。夫婦は二人の息子の教育方針で対立した。長男のテンビは、すでにANCの少年組織「パイオニア」の一員だった。ところが次男のマハトも含めて「彼女は子どもたちが信心深くなることを望み、私は子どもたちが政治に関心をもつべきだと考えました」と二人の考えは真っ向から対立した。状況はこれ以上耐えられないものとなり、離婚手続きがとられ始めた。

共産主義者やインド人への反感を捨てた活動家マンデラは、その後アパルトヘイトに反対するすべての人たちと手を結ぶ。彼は、ある白人共産党員が起草した「自由憲章」の手直しに参画した。一九五五年六月二六日、大勢の代議員が集まったANC人民会議がスウェト近郊の運動場で開催され、「自由憲章」の内容が承認された。当時のマンデラは活動禁止令の期間中のために会議には出席できなかったが、その起草には深くかかわっていた。「自由憲章」はこう宣言している。「南アフリカは、黒人と白人の別を問わず、そこに暮らすすべての人間のものであり、いかなる政府も、国民の意思に基づくものでない限り、権力を正当化することはできない」。熱い討論を経てANCの承認を得た「自由憲章」は、政府に対して、またイデオロギーに対しても申し分のない内容である。「アフリカーナー政府が、とりわけ人権に基づいた権力を認めさせようとしているまさにこのときに、ANCはなによりもまず、人種差別主義を否定する宣言書を採択する」[☆2]。この宣言書および意向表明は、読んでみると繰り返しが多いものの、我々には闘争の基本原則が再確認されているように思える。来たるべき訴訟の口頭弁論で、この宣言書は、人種に対する白人の狂信的行為と憎悪に対抗する存在として、ANCが最初から活動していた証拠となるのである。

誰でも急に地下潜行者になれるものではない。仲間の共産主義者たちが光から闇に移行する訓練をずっと前から受けているのに反し、「M計画」の実施を主張する活動家たちは、リーダーを始めとして、まったく経験がなかったのである。マンデラはこう認めている。「政府の冷酷非情さが襲いかかってきたとき、私たちの準備は整っていなかったのです」。一九五六年一二月五日の朝早く、この「冷酷非情」は反抗的弁護士宅のドアを激しく叩いた。驚いて飛び起きた子どもたちを落ち着かせるマンデラに、警官たちは逮捕状を突きつけた。それをちらりとみると「フーフフェラート——反逆罪——という文字が飛び込んできました」。法律家として、彼はそれが何を意味するのかわかっていたのである。そしていつもの控え目な表現で、その場面をこう思い起こしている。「自分は正しいことをしているとわかっていても、子どもたちの目の前で逮捕されるのは愉快なことではありませんでした」。ヨハネスバーグにある赤レンガ造りの刑務所、マーシャル・スクエアには、四年前の不服従運動で逮捕されたときに何日か泊められたことがあった。その刑務所で仲間の何人かと再会した。その夜のうちに一斉検挙が行なわれ、ANCと同盟関係

☆2 *La Victoire*, p. 95.

にある組織の黒人と白人の主要責任者一四四名が監禁された。

ヨハネスバーグでは、留置人は、砦と呼ばれている市の中心部に位置するうらぶれた建物に移された。着くや否や中庭に連れ出され、衣服を脱がされて裸のままで壁に向かって整列させられた。こうして一時間以上も寒風にさらされ震えていたのである。「牧師、大学教授、医師、弁護士、実業家、年配の人たちなど、普通なら敬意をもって扱われている人たちなのです」。この場面の描写で、マンデラはある些細な満足感を吐露しているが、本人はおそらく気づいていないであろう。「見栄えする肉体や印象的体格が指導者になるための必須条件だとしたら、ここには資格のありそうな者はほとんど見当たりませんでした」。彼はその条件を満たしていたし、それを誇りに思っていたのだ。一五日間にわたり、全国各地で抗議集会やデモが相次ぎ、デモ参加者のプラカードには「我々は指導者たちとともにある」の文字が読み取れた。

事態は明白だった。すなわち弁護士マンデラが、縛り首に値する極悪人となったのである。彼の最初の要求は、法廷内に設置された檻を撤去させることであった。ある弁護人によれば、裁判官は被告人たちを「野獣として」法廷において檻に入れることを主張したのである。この中世の慣行は――今日でも奇妙なことにイタリアに残っている――彼には理解し難いことのようであった。「その象徴的な光景に加え、弁護士たちは檻の中に入れなかったので、私たちは弁護団との連絡が絶たれてしまいました」。檻は撤去され、訴訟は開始可能となったものの、軍隊の厳しい監視のもとで裁判が始められた。幸いにも被告人たちは拘禁されていなかったので、毎朝裁判所に出頭した。マンデラがこの時期を非常につらい思い出にしているようには見えない。というのも皆でじっくり話し合った会議や裁判所近くで一緒に食べた昼食のこと、起訴に抵抗するために考えられた巧みな駆引きなどを感慨をこめて思い起こしているからである。この起訴は不服従運動、ソフィアタウン強制退去反対運動、そして「自由憲章」の主題を対象にしたものであった。

申し分のない弁護団が弁護を担当した。そのなかにはマンデラの終生の友となるブラム・フィッシャーや才能豊かなヴァーノン・ベランジェがいた。検事は「恐るべきオズワルド・ピロー。彼は法務大臣と国防大臣を務めたことがあり、猛烈なアパルトヘイト信奉者。この筋金入りの反共主義者は、かつてヒトラーを『当代最高の偉人』と形容したことがあるのです」。ネルソン・マンデラとその仲間たちは「暴力で現政権を倒し、共産主義政府を樹立する目的という理由で国家反逆罪と国家に対する陰謀罪」で起訴された。起訴はとりわけ「自由憲章」の表現が「共産主義的内容」であることの立証を主眼としていた。

ネルソン・マンデラは、ケープタウン大学政治学部長のアンドレ・マレー教授という専門家の提出した「立証」を、まるで法律家がいたずらでもしているかのように無に帰した方法を語っている。弁護士ベランジェはマレー教授に、多少人間主義的で、かすかに社会主義的傾向をもついくつかの文書を読み上げ、それが共産主義者の書いたものかどうか彼に質問した。彼はそれを肯定したが、化けの皮はすぐにはがれた。実は、これは南アフリカの前首相ダニエル・マランと米国の大統領リンカーンの文書を引用したものであった。とどめの一撃として、弁護士が別の文書を読んだところ、マレー教授は即座に「疑問の余地なく共産主義的だ」と断定した。ところが、これはマレー教授自身が書いた文書の一説だったのである！　教授は呆然として退席し、弁護団は「起訴条項に意義を申し立てるための詳細な論証」を開始した。

　一九五八年一〇月一三日、検察側が突然起訴を取り下げると発表した。「国の狡猾な手口に慣れていた私たちは、心底喜べませんでした」[☆3]と、マンデラは記している。そして一ヵ月後に彼は、九一名の被告のうちANCのメンバー三〇人だけの訴訟が進められ、残りの被告人たちはあらためて起訴されることを知った。新しい主席検察官は、単なる憶測にすぎない「共産主義」には触れずに、本当の目的に向かって裁判を進めた。その目的とは、検察官によれば、彼らの文書や演説は「暴力によって国家を転覆させるという結果を必然的に引き起こす」と結論づけることであった。言い換えればこの訴訟の目的はただひとつ、カープア〔イタリアの都市〕の剣闘士の武装蜂起を指して歴史が名づけた「奴隷戦争」を未然に防ぐことであった。双方の陣営では攻撃手段の備えに余念がなかった。黒人を裁く白人裁判官という立場で攻撃するだけでは満足せずに、白人裁判官は自らが法と秩序の擁護者であり、そして被告人たちが正当な手続きを踏んで敗訴することを願ったのである。事実、起訴状には一八〇〇〇語が費やされていた。法律過多は不公平の極み(*Summum jus, summa injuria*) とローマ人は言ったが、法律万能主義が圧倒的な力をもつがゆえに、不公平は限界に達したのである。

　不公平はアパルトヘイトの国では当然のこととして存在するのだが、この国はアングロサクソン流の法律形式主義の天国でもあった。実際に、ほぼ毎回単調な審問に終始した予備審問の段階だけで一九五七年が終わってしまった。さしあたっては被告人たちが高等裁判所に提訴されるか否かを知る必要があったが、闘いは一九五九年半ばまで続くことになる。マンデラ自身は、これら予期せぬ進行状況にうんざりだったが、それでも熱心に訴訟手続きに取り組み、その争点を推し量り、仲間たちにこう説明した。「この訴訟は法律上の単純な紛争とは桁違いに複雑であると彼らに話しました。（中略）力関係による決着、そして道理にかなった見解とそうでない見解の対立を意味していたのです」。

争いの核心は確かにそこにあると筆者も考えている。デズモンド・ツツがのちに「アパルトヘイトの時代には、南アフリカの白人たちは、合法的なことは必然的に道理にかなっているものとたいていの場合考えていたのです。だから、不公平な法律に従う必要はないと私たちが言ったとき、彼らは激怒したのです」☆4と書いたように、黒人を支配するという願望が白人の根底にあればあるほど、形式の整った完璧な証拠を彼らに提示する必要があった。「この裁判は、たとえ何百万ポンドかかろうとも最後までやる。どんなに長引いてもかまわない」と法務大臣は言ったのである。南アフリカ共和国★4は、ほぼすべての国民に事実上の独裁を及ぼしているのに、世界の目からは法治国家であると証明することに固執していた。ちょうど旧ソ連のスターリン体制が世界で最も民主的であったように、ヨハネスバーグの裁判は、想像可能な限りの細部にこだわった。法

☆3　*Ibid.*, p. 173.

☆4　Desmond Tutu, *op. cit.*, p. 220.

★4　アングロ・ボーア戦争（本幕★10・一一五頁参照）後、イギリスはボーア人との和解を図り、一九一〇年にケープ、ナタール、トランスバール、オレンジ自由の四州からなる南アフリカ連邦が成立した。同連邦はその後、人種差別政策をイギリスから非難されたのを機に、一九六一年五月、イギリス連邦を脱退し共和制に移行した。

廷での被告人たちは、うわべは保護されていた。白人である判事たちの全員が権力の命に従ったわけではないとしても、ときとして彼らは自らも不公平極まりないと感じている法律を不承不承適用したのである。いずれにしても、結論を下すのは判事ではあるまい。結論は法廷を包囲する軍隊と警察をもつ政府側が握っているのだ。

大事を迎え、対抗する準備が始まった。総選挙——とは言っても三〇〇万人の白人が一三〇〇万人の黒人を排除した選挙である——は一九五八年四月に行なわれた。野党の参謀本部は「国民党は去れ！」というかなり楽観的スローガンを掲げて、三日間のストライキを宣言した。このストは失敗で、指導部は初日の夕方にストの中止を決めた。新しい体験のひとつひとつがマンデラにとっては熟考のテーマとなり、今回の初日からの中止は小さな失敗であって、もし三日目まで続けていたら大失敗になっていたであろうことに気づいた。さらに、人びとが職場に入るのを妨害するピケ戦術に疑問を抱き、解放のための組織であるＡＮＣは「監獄ではなく、心のよりどころであるべきです」と考え、そういう手段を好まない彼はピケを拒否した。ただし彼の考えは、多数の利益のため、場合によっては少数の反対派に譲歩を強いることもありうる、というニュアンスを含ませている。彼は幻想を抱いてはいないので、純粋主義が彼の重大な欠点となったことは一度もない。それゆえにいつの日か自分の同志たちと闘わねばならないことを予感したかもしれない。

重刑が科せられる可能性のあるこの被告は、予審の最中に「マンデラ・アンド・タンボ法律事務所は開店休業になる」ことを確認した。しかし、この重苦しい状況に突然、一条の光が射し込むことになる。エヴリンとの離婚はすでに数ヵ月前に成立していて、二人はなんのトラブルもなく別れていた。予審が休廷中のある日、マンデラが車でヨハネスバーグの黒人用病院の前を通ったときのことである。「ひとりのきれいな若い女性がバスを待っているのを、私は視界の隅にとらえました」。その女性の美しさに驚いて、Uターンしようかと思ったほどだった。数週間後、タンボの執務室に入っていくと、偶然そこに彼女がいた。彼女の名はノムザモ・ウィニフレッド・マディキゼラだが、皆からウィニーと呼ばれていた。病院に勤めていて、黒人女性で初めてのソーシャルワーカーだそうである。マンデラは黒人にも料理を出すインド料理のレストランに彼女を招き、昼食をともにした。「ひと目見たときに、何かわからないけれど恋のようなものが生まれました。ウィニー・ノムザモを見た瞬間に、私はこの人を妻にしたいと思ったのです」。それが何であるか彼にはわからなかったのかもしれないが、それは「一目ぼれ」と言われているものなのだ。

洗礼名のノムザモは「闘う女性」を意味する。ウィニフレッドというファーストネームは、「まばゆいばかりの好戦的アマゾネス」が最適な意味であろう。祖父はトランスカイに移り住んだナタールの有力な首長だった。彼女に夢中ではいるものの、彼女がバラ色の人生を期待しないように、マンデラは自分のおかれている状況を隠さずに、誠実に話した。法律事務所は倒産、弁護士は刑務所行きが見込まれていた。そのうえで結婚の諾否を彼女に尋ねたのである。彼女は一瞬のためらいも見せなかった。闘争は彼女の得意な領域だし、武勇は彼女の特長のひとつであり、なんといっても彼を愛していたのだ。マンデラの回想録には、この告白の嬉しさが昨日の出来事のように描かれている。「ウィニーのもつ活力、情熱、若さ、勇気、粘り強さ、輝く目――これらを初めて会った瞬間に私は感じ取っていたのです」。結婚式は六月に花嫁の故郷で挙げることになったので、花婿はなにはともあれ当地の警察署に出頭し、到着を報告した。花嫁の父はこの結婚を手放しで祝福したわけではなかった。挨拶のなかで、父親は娘に、彼女はすでに闘争と結婚している男と結婚するのだと言った。そして最後にこう締めくくった。「お前の夫が魔法使いなら、お前は魔女になれ」。

驚くべき予感である。ギリシア悲劇の「闘う女性」は、コロスが「お前の性格はきつく、話し方は横柄だ」と評したクリュタイムネストラ[★5]とアンチゴーヌの中間に位置する。ウィニーを常に尊敬しているマンデラとしては、彼女がのちに何をしようとも決して非難することはないであろう。一九五八年二月にウィニーは女児を出産し、「お前はこの世に何をもたらしたか？」という意味のゼニナと名づけた。この名前は何かをもたらすだけではないことに父親は気づいた。それにふさわしい生き方を要求する名前だった。「トラブルメーカー」も「闘う女」も、その名に値するよう努力を重ねているのだ。貴族が伝統を尊重するように、アフリカ人は慣習を重んじるのである。

結婚式の翌日、マンデラは裁判所に戻った。逮捕されてから二年八ヵ月を経た一九五八年八月三日に、ようやく本裁判が始まった。原告は文書等の抜書きを頼りに、ＡＮＣが破壊行為を企てたことを懸命に立証しようとした。治安局が潜入させた黒人刑事たちの作成した集会の報告書を多数、証拠物件としたのだが、まともな訓練を受けていない刑事たちゆえに、集会の内容が理解できていないという体たらくであった。彼らの間の抜けた言動は、被告人たちの間で笑いと冗談の種になった。検察官はトランスヴァールＡＮＣ幹部の演説を盗み撮りしたテープを自信たっぷりに再生した。マンデラ自身も経験があるが、そのときは演説者がたまたま大げさに表現しただけなのである。「諸君が規律に従い、組織から暴力を禁止された場合には、暴力をふるってはならない。しかし、暴力の行使を命じられたならば、暴力的になるべきである」。弁護側は、俎上に上がったこの表現は規律の重要性を訴えたにすぎないと強く主張し、裁判官はこの論拠に賛意を示した。そうこうするうちに、手ごわい検事のピローが急死した。それからは、「原告の攻撃性と効力にかげりが見えました」。ところが中庸の人マンデラは、彼の死を喜ぶことはなく逆に悲しんだ。なぜならピローは「国民党政府の仕事はしていても　ボーア人と同じような人種差別の感情をもたない、思いやりのある白人で、私たちのことを話すときには丁寧に『アフリカ人』と呼んだ」[☆5]人物だからである。

一九六〇年三月に、やっと被告人たちの証言が始まった。優秀な黒人医師ウィルソン・コンコ博士の証言は、きわめて良い印象を与えた。それで、博士と同じズールーランド生まれの誠実な司法官ケネディー判事は、ズールーランドがこの優れた「土着民」を輩出したことへの誇りを隠

★5　レダの娘として生まれ、トロイ戦争に勝利したアガメムノンの不義の妻。夫と、彼がトロイから連れ帰ったカサンドラの二人を殺害するが、最後は自分の息子オレステスに殺されてしまう。

☆5　*Un long chemin*, p. 283.

そうともせずに、小声で「シンジャロ・ティナ・マズールー〔我々ズールー族はこうなんだ〕！」とささやいた。ここでもまた、この奇妙な国の曖昧な部分が浮き彫りになっている。この国では聖書は間違った助言をし、悪魔は神の友人である。そしてこの国では、『光を我等に！』に書かれているように、「裁判官は、現社会が不完全であることを口実にして法の解釈を変えてはならない。（中略）適用されているはずの現行法が存在するのだから、その法を尊守させるのが裁判官の神聖不可欠な務めなのだ☆6」という理由で、熱意ある司法官たちも不公平を支持しているのだ。ANC議長のルツーリ首長が続いて証言台に立った。彼の威厳に満ちた誠実な態度は、法廷に深い感銘を与えた。首長への反対尋問は三週間にも及んだ。マンデラがこう記している。「敬虔なキリスト教徒であるルツーリは、ANCがどれほど誠実に人類間の調和を願ってきたかを語るには、うってつけの人物でした」。ルツーリ首長は、人間が本来備えている優しさを信頼していた。それで、人間や国家は攻撃されたときに、自らを守るための暴力の行使は許される、と途中で評しながらも、南アフリカの白人層の意識が変化する可能性を主張した。ようやくネルソン・マンデラに「三年にわたって発言を封じられ、活動を禁じられ、国内流刑に処されたあと」、証言が許された。仲間の皆と同じようにマンデラは、ANCが非暴力の方針を選択したことを断言した。しかし、口には出さなかったものの、アフリカーナーの償いという点では、ルツーリ首長のキリスト教的楽観論を共有するものではないことを、我々は知っている。彼は自分が共産主義者ではないことも話した。これは真実であるのだが、生来の気高さから、共産党活動家との連帯を絶つことは拒否した。「共産主義者たちが我々にもたらした並外れた支援のことを、私はためらうことなく再度主張しました」[☆7]。

出来事を先取りしてみよう。幾多の波乱を経て、反逆罪裁判は一九六一年三月二九日に判決の日を迎えた。法廷は、「アフリカ民族会議〔ANC〕」が現政権を「徹底的に異なる国家形態」に置き換えようとしたこと、およびそのために「非合法的手段」を行使したことを好意的に評価したうえで、原告の主たる主張は採り上げなかった。「本法廷に提出されたすべての証拠に基づくならば、アフリカ民族会議が、国家に対する直接的な暴力行為に民衆を加担させるため、準備もしくは訓練をし、暴力によって国家を転覆させようとする方針を保持もしくは採用していたと結論づけることは本法廷では不可能である」。マンデラは、裁判所が「アフリカ人の主張を公平に聞いてくれる、南アフリカで唯一の場所」であることに気づいた。それはその通りなのだが、実際には正義と矛盾することがずっと以前からしばしば起きているのが現実である。正義の声がついに発せられたちょうどそのときに、政府の一方的決定で被告人たち全員が刑務所にとどめられ、「妥当で公正な」今回の無罪判決が下された法廷の場にはいなかったのである。南アフリカが熱く燃えたのは、まさにこのときだった。

話はさかのぼるが、一九五九年に白人政権は種族別に分離された八つのバンツースタン〔自治区〕を設ける「バンツー自治促進法」を制定して、あきれるほど無分別に紛争の原因を作った。

☆6　Alan Paton, *op. cit.*, p. 311.
☆7　*Ibid.*, p. 306.

「誰も故意に悪意を抱くわけではない」とはデカルトの言葉である。アフリカーナーたちが人口の七〇%を占める黒人を、国土のわずか一三%に押し込めることを決めたとき、彼らは、これが黒人のためになることは明白であり、自分たちにはまったく悪意はないと思っていたのだ。オランダ改革派教会は、町はすべて背徳と堕落の場所であるという理由で、この措置を支持した。首相のヘンドリック・フルブールトは、バンツースタンを設けることで黒人は幸福になるのだから、二度と反乱を起こそうとは考えまいと大変真面目な口調で語った。我々には政敵の立場は非常に不合理で非論理的に見えるが、しばしば善意で支えられているということを私は政治生活から学んできた。しかし現実は明白であり、バンツースタンの創設はアフリカ人からは即刻、欺瞞による二重の略奪[★6]であると受け取られた。

調和のとれた「別々の発展」を保障するどころか、バンツースタンによって樹立された「大アパルトヘイト」は、この国を戦火と流血の場に変えてしまった。農村地域は混乱状態に陥り、怒ったデモ参加者が政府の手先を殺害したほどだった。政府は残虐な手法で鎮圧に乗り出し、逮捕者や虐待による犠牲者の数は無数にのぼり、それはとりわけテンブランドとズールーランドに集中した。セククネランドでは住民が税金の支払いを拒否し、公然の不服従となった。トランスカイでは民衆の怒りの矛先が、マンデラの甥K・D・マタンジマに向けられていた。マタンジマは政府と手を組んでいる男で、マンデラとの結婚を快く見ていなかったウィニーの父親から支持されていた。父親と夫が敵味方に分かれてしまったウィニーであるが、彼女は一瞬の迷いも見せずにANCに加わった。そして「パス法」反対の女性デモに参加して逮捕され、留置所生活を初体験している。ほんのささいな移動のときでも黒人に要求されるこの屈辱的通行証は、そもそも彼らの怒りのなかでは無視できないものであった。

マンデラはこうつけ加えている。「国じゅうがかなり陰気な雰囲気でした。政府はANCを活動禁止にすると脅し、何人かの閣僚は、近々素手で叩き潰してやると発言したのです」[☆8]。実際、団結した行動がかつてないほど求められていたときに、アフリカ民族会議は分裂騒ぎを起こしている。マンデラも一時〔ANC内部の〕「アフリカニストたち」の主張に賛意を示したこともあったが、彼らのアフリカ性への情熱はあまりにも強く、白人を拒絶するほどだったことから、その後袂を分かったのである。この時期ガーナではエンクルマ首相が「アフリカの個性」を称揚していた。イタリア統一という目標を自らに与えたカヴール[★7]が「イタリアはひとりで切り抜ける」と言ったように、アフリカも独自の方法で自由になるべきであるとして、アフリカ人と同一の目的をもたない共産主義者を、アフリカはまるでペストのように警戒した。

自分たちの望む民族排他主義をANC内部で優先させることができなかった「アフリカニストたち」は、一九五九年四月に新しい政治組織「パン・アフリカニスト会議（PAC）」を発足させ

★6　白人地区からアフリカ人の自由を取り上げると同時に、政府が勝手に決めたアフリカ人地域での独立をも奪おうとするもの。

☆8　*Un long chemin*, p. 287.

★7　カヴール（Camillo Benso, Contedi Cavour, 1810-1861）はイタリアの政治家。イタリア統一を達成し、イタリア王国の初代首相となった。

た。議長のロバート・ソブクウェはマンデラより六歳年下の三五歳で、昔からマンデラを高く評価し、理解していた。農民を先祖にもつ優秀な学者で、『マクベス』をズールー語に訳したこともあり、仲間うちでは「プロフ〔教授〕」と呼ばれていた。彼は「特権的立場を占めている集団が、あえてそれを手放すことはあり得ない」と考え、白人が黒人の立場を本気で理解することはできないという強い確信を抱いていた。新組織のマニフェストは非常に明確だった。「アフリカ人民は、祖国の国境内に他国民がいることを許容しない」[☆9]。このころ、マンデラの生活スタイルに関する個人的非難が降り注いだ。例えば、彼と友人たちが「グラウンドに行って黒人民衆のために闘うのではなく、ヨハネスバーグの多人種パーティーに参加し、白人女性とダンスをしていた」等々。この不満の種の裏には「階級批判」が潜んでいるようだ。つまり、首長の息子は「ブルジョワ」あるいは「インテリ」すぎて、大衆運動のリーダーにはなれないということであろうか。当時ヨーロッパの大学では、毛沢東主義の学生たちが、自分たちが特権をもって出生したことを許してもらうために最善を尽くして民衆に溶け込もうとし、なかには労働者や農民になった者もいたほどである。

白人政権は、激しさを増す敵方の不和を楽しそうに眺めていた。新しい組織〔PAC〕は、その反共主義の姿勢によりアメリカ政府から評価された。PACは支持者も多いし、闘争を続ける勇気も十分にもち合わせていたので、マンデラはこの点に敬意を表した。ところがどうであろう、新組織には無視できない多くの欠陥があったのだ。それでマンデラは彼ら極右派を、当然のことであるが、その政策と扇動策が脆弱であると非難し、「素人芸」とか「日和見主義」と批判している。アフリカニストたちは、反省のない熱狂のなかで高揚を続け、次のように宣言した。「一九六〇年に第一段階を達成し、一九六三年には自由と独立に向けた最終段階に入る」。明文化されてはいないが、政治生活においては、簡単には気づかないけれども大切な法則がある。それは、異なるイデオロギーや駆引きを個人的反感に変えさせないことである。この点でマンデラは傑出している。なぜなら彼は「教授」と良い関係を保っていたし、同様にバンツースタン支持者の甥と仲たがいするのを避けたのだから。

黒人を分断したことが、いずれは起きるであろう悲劇的事件を早めることになった。PACは、ANCがパス反対運動を実行する日の一〇日前に独自のパス反対デモを行ない、ANCを出し抜こうとしたのだ。そのときに、不用意にもPACは「国内のすべての市町村でパスを〔役所に〕返し、大勢で威嚇する」よう呼びかけてしまった。この呼びかけへの反応はほとんど見られなかったようであるが、ヨハネスバーグの南約五五キロメートルにある居住区シャープヴィルはPACの支持者が大勢を占めていた。一九六〇年三月二一日の昼下がり、一〇〇〇〇人のデモ参加者が警察署に押しかけた。署内にいた七五人の警官はパニック状態に陥りデモ隊に発砲を始め、デモ隊がおびえて逃げ出しても銃撃をやめなかった。あとには六十の死体が転がっていて、負傷者の数は四〇〇人を超えた。そのなかには何十人もの女性や子どもたちが含まれていた。

シャープヴィルの大虐殺は、南アフリカの現代史に決定的な転換期をもたらした。世界中を震

☆9　*Mandela*, p. 121.

撼させ、白人指導者たちが甘い言葉と空手形で黒人を騙している南アフリカの現状を世界に認識させたのである。主要な同盟国であるアメリカ国務省でさえも、アメリカの黒人を激怒させたこの殺戮に抗議したほどだった。反アパルトヘイトの活動家マンデラにとっては、このような雰囲気のなかでＡＮＣ以上の闘いを見せつけたＰＡＣとの連帯を絶つことは考えられなかった。ＡＮＣは蚊帳の外におかれる危険性も出てきた。マンデラと共産主義者ジョー・スロヴォを含む指導者の何人かが夜を徹して対策を協議した。「いずれにしても、シャープヴィル事件を認知し、怒りと悲しみを表わす手段を民衆に与えねばならないことは我々にもわかっていました[☆10]」。支配力を取り戻すためには華々しい行動が絶対に必要であった。

　当初マンデラは、政府が譲歩すると考えていたようである。それで、アンソニー・サンプソンにこの楽観論を打ち明けた[☆11]。三月二八日、今後はパスの不携帯で逮捕することはない、と警察が発表した。「追悼と抗議の日」では、ルツーリ首長を始めＡＮＣの指導者たちが公然と自分たちのパスを燃やした。国家に対する前代未聞のこの反抗は、写真に収められ世界中を駆けめぐった。数十万人のアフリカ人が指導者たちの行動に従い、各地で暴動が発生し、ケープタウンでは五万人の群衆が集結した。政府は非常事態を宣言し、戒厳令を敷いた。三月三〇日、乱暴に玄関の戸を叩く音でマンデラはまたもや起こされた。それがなにを意味するのか彼はわかっていた。地元の警察署の薄暗いジメジメする狭い小部屋に押し込まれた「逮捕者たち」は、一晩中立っていなければならなかった。食事も与えられず、翌日の晩にやっと何枚かの毛布が支給されたが、それらは蚤・虱のたぐいがたかったものだった。真夜中近くに、驚いたことに彼らは開いている刑務所の正門まで連れて行かれた。彼らは非常事態宣言の数時間前に逮捕され、なんの法的根拠もなく拘置されていたのだ。ところで、道理を欠いた国家といえども法を尊重するものである。したがって彼らは釈放されるべきであった。だが、彼らがいったん門から出されて二歩も進まないうちに、待ち構えていた警官たちが再逮捕したのである。「非常事態規則によって与えられた権限により、お前たちを逮捕する」。

そして彼らは、反逆罪裁判が続行されているプレトリアに移送された。拘留のいかんにかかわらず、彼らは裁判所に出廷しなければならないのだから、今後は完全に政府の意のままになる囚人にとって、裁判所への出廷はほとんど無意味であった。裁判が再開され、証言途中だったルツーリ首長が欠席していたので裁判官はその理由をたずねた。前夜に逮捕された首長は、高齢であることや威厳に満ちた物腰にもかかわらず、チンピラ警官から暴行を受けていたのである。この事実を知ったマンデラは激怒した。「深い威厳にあふれた稀有な人物。心臓を病んでいる敬虔なクリスチャンの首長が、靴の紐を結ぶ役も務まらないような男たちに家畜並みに扱われたのです」[12]。全国であらゆる人種、あらゆる反アパルトヘイト組織の男女二千人以上が拘留された。人びとが暴力や戦闘計画を企てているなどと考えるのは論外であった。しかし政府は恐れを抱き、

☆10 *Ibid.*, p. 190.
☆11 *Ibid.*, p. 131.
☆12 *Un long chemin*, p. 294.

潰しにかかった。四月八日、ANCとPACは非合法団体という宣告を受け、この状態はその後三〇年間続くことになる。ANCの運動に加担した場合には一〇年の懲役刑が科された。軍隊は警戒態勢を強化して全国の戦略拠点に部隊を派遣し、予備役軍人が召集された。

アパルトヘイトに対して反乱を起こした彼らは、地下牢で奴隷のように扱われた。五人ずつが一組にされて、間口二メートル、奥行き三メートルの「非常に不潔で、照明は暗く、換気はさらに悪い」監房に押し込まれたのである。人間の尊厳を常に最優先させるマンデラは、彼らのスポークスマンとしてもう少しましな生活環境を要求した。刑務所内での微妙な人種差別は、どこよりもおそらくはるかにばかげている。例えば、インド人には普通の食事に一〇〇グラムのパンとスプーン半分の砂糖が追加されていた。肌の色の理論というばかげた人種差別を強調するかのように、白人の囚人には白パンと白砂糖が、カラードには赤砂糖と黒パンが出された。アフリカ人全員がこの粗食に不満を抱き、法廷で訴えた。なぜなら英国人は法律ですべてを解決しようとするからである。

ネルソン・マンデラは、刑務所内ではおおむね権利が認められることを確認した。人間性は譲渡できないし、侵すべからざるものなのだから。全体主義体制とは異なり、南アフリカ政府はどんなに粗暴であっても、表向きは例の法律を適用した。さらに一歩進んだ白人もいた。事実、ベッカー判事の夫人は「他人が何を欲しがっているかということに敏感な人でした」。そして彼女は非常事態の期間中、募金運動をして被告団に差し入れをしてくれた。奇妙な状況はほかにも見られる。例えばマンデラは週末にヨハネスバーグに行くことが許されていた。[☆13] 国家の重罪人が、実際には、かつて経営していた法律事務所の残務整理をする権利と職務さえも手に入れたのである。〔共同経営者だった〕オリヴァー・タンボは南アフリカを密出国したが、そのことによる罰則がその事務所を購入したマンデラに科されることは当然ないのである。こうして毎週末、この囚人は冷めたオートミールの粥をほうり捨て、ふたたび三つ揃いの背広姿の立派な弁護士に変身した。つまり南アフリカでは、カフカとクールトリーヌ[★8]が同居していたのである。

囚人たちは一九六〇年の状況に関して、ある種の楽観主義を抱いていた。その年、ヨーロッパが支配する植民地と保護領に解放の風が吹き、それは加速度的に大旋風となった。「アフリカ！」は興奮状態となったアフリカ大陸の結集の叫びとなり、アンソニー・サンプソンが指摘しているように、新生児にはエンクルマとケンヤッタ[★9]に敬意を表して、クワメあるいはジョモという名がつけられた。[☆14] 一九六〇年のクリスマスに誕生した二人目の娘に マンデラとウィニーは尊敬するコサ族の詩人の娘の名ジンジスワをつけ、ジンジという愛称のファーストネームとなった。そのころ、大いなる希望の兆しがロンドンからやってきた。英国首相のハロルド・マクミランはアパ

☆13 *Mandela*, p. 127.

★8 カフカ（Frantz Kafka, 1883-1924）はチェコ生まれのユダヤ系作家。『審判』や『城』で権力の残酷な不合理を描いた。クールトリーヌ（Georges Courteline, 1858-1929）はフランス人劇作家。官吏や軍人を風刺した喜劇を得意とした。マンデラは政治犯であるにもかかわらず、弁護士としての活動が許されていたという不合理。一方で彼は時には獄中、時には自由の身というクールトリーヌの描いた状況のような滑稽さも併せもつ。南アフリカでは、カフカの残酷で不合理な世界とクールトリーヌの滑稽な世界とが同居していた。

ルトヘイトの敵対者に共感を抱き、「新しい動向」のことを語ったり「なまけものの河馬がやっと目覚めた」ことに初めて気づいたようなふうをした。アフリカ訪問の際に彼はアフリカーナー人の支配する南アフリカ共和国を訪れ、慎重な配慮をしながらも、彼がこの国の政治について考えていることを彼らに広く訴えた。

裁判官を前にして、マンデラは自らの思考や自らの構想の動機と新たな確信を堂々と説明した。彼の政治家としての大きさが、このときほど際立ったことはなかった。彼はなぜ多人種主義者になったのかを述べ、人民民主主義のような階級のない社会を夢見たが、この南アフリカでは実現の可能性はほとんどないと打ち明けた。弁護人の「あなたは共産主義者でしたか？」という質問に対して、それが党に所属していたり、マルクス・エンゲルスやレーニン、スターリンの理論に賛同しているという意味ならば、自分は共産主義者ではないと答えている。[☆15]その通りなのだが、当時の党中央委員会委員ベン・チュロックが語っているように「党員ではないにしても、彼は我々ととても近いところにいた」。いずれにしても「南アフリカに付きまとっている共産主義というまったく特別な妄想は、質問の意味をゆがめているのです[☆16]」。被告は自分が闘っている政府に、少しも手心を加えたりはしなかった。というのも彼にとっては純然たる「ファシズム」に関することであり、政府は「何百万人のアフリカ人を虐殺することをためらわないでしょう」ということだからである。残念ながら彼の見識は正しかった！　最小限言えることは、彼が自分の主義・主張を隠してまで裁判官と妥協しようとしなかったことである。法廷では「自由の戦士」がおのおのの弁護を自分たちで務めた。彼や仲間たちが、いかに多くの法的可能性を駆使して、戒厳令が事実上解除されるまで審理を長引かせようとしたかを、彼の回想録のなかに読み取るべきであろう。被告のひとりひとりが自分以外の被告を証人として出廷させたので、全員が次々に行列をなして証人席に立ち、裁判は永遠に続くように思えた。「この戦略はかなり喜劇的な様相を呈しました」[☆17]とは、さらりと皮肉るマンデラの指摘である。

ついに裁判官たちの判決が下された。ANCが共産主義者の組織であることも、暴力行為を前面に押し出した組織であることも、検察側は立証できなかったというのが裁判官たちの見解だった。「彼らは自分たちの偏見、自分たちの教育、そして自分たちの育ってきた環境を乗り越えてくれました。人間には、ふだんは埋もれたり隠れたりしている善良さというものがあって、それが思いがけないときに表に出てくるものなのです」[☆18]とマンデラは記している。「善良さ」なのだ

★9　クワメ・エンクルマ（Kwame Nkrumah, 1909-1972）はガーナの政治家で汎アフリカ主義の指導者。一九四七年イギリスから帰国後、統一ゴールドコースト会議書記長。一九四九年即時独立を主張し、会議人民党CPPを結成。五二年に首相となり、五七年にガーナの独立を宣言した。六〇年四月ガーナ共和国初代大統領に就任し救世主（Osagyefo）と呼ばれた。ジョモ・ケンヤッタ（Jomo Kenyatta, 1893-1978）は一九四四年に結成されたケニア・アフリカ人同盟の党首として活発な民族運動を展開。一九六三年六月、首相に指名され、同年一二月にイギリスから独立すると、翌六四年から七八年までケニア共和国初代大統領に就任した。

☆14　*Ibid*., p. 135.

☆15　*Ibid*., p. 137.

☆16　*Un long chemin*, p. 300.

☆17　*Ibid*.

ろうか、それともただ単に彼らの正常な考え方と職業意識に関することなのであろうか。ずっとのちに真相究明と和解に向けた委員会が開かれたとき、五人の高位の判事が「アパルトヘイトおよびその実施方法は、本質的に人権を著しく侵害するものであった」[☆19]と認めることになる。彼らがそのときにやっと気づいた事実をどう信ずべきであろうか。いずれにしても己れの正当性に固執するゆえに事実を認めず恥をかいた白人政権は、この判決から教訓を引き出した。「テロリストを保護したり、囚人たちにある程度の権利を認めたりするような微妙な法律の条文を〔白人政権は〕尊重しなくなったのです[☆20]」。この予想外の判決が出て仲間たちがお祭り騒ぎに興じているときに、マンデラは自宅には戻らず「慣れないベッドで不安な一夜」を過ごした。車の音を耳にするたびに、警察が逮捕に来たのではと飛び起きた。翌朝から彼は非合法活動に移行し、南アフリカの黒人はこのような生活にたやすく順応できるのだと、ユーモアを交えて得意げであった。というのも、アパルトヘイトのもとでは黒人はなにひとつ信用できず、「生涯を地下で過ごすのとさほど差はなかった」からである。彼の日常生活は変化したが、逮捕の恐怖と先の見えない不安は残った。「私は夜行性の動物になりました。日中は隠れ家に身をひそめ、暗くなると任務を果たすために外に出たのです」。

フランスのレジスタンス運動参加者と同じように、警察に追われる男の生活が始まった。絶えず居場所を変え、寝泊りは偶然見つけた場所がほとんどだった。「恋の供寝、ああその話はもうよそう。俺はどこか知らない地べたで寝ているんだから」とソポクレス作『アイアス』のなかで、トロイを包囲しているひとりが言った。だがこの冒険の生活には「私はいたるところに姿を現わし、当局を怒らせ、民衆を喜ばせたのでした」と当の闇の兵士自身が得意としている「演技」という側面もあるのだ。ヨハネスバーグで、マンデラが長いコートに帽子というお抱え運転手に扮していたある日のこと、ひとりの黒人警官が彼に近づいてきた。もうこれまでと覚悟したのだが、なんとその警官は彼に手錠をかけようとはせず、にこやかに微笑みながらＡＮＣの活動家が相手を確認しあうときに用いる、親指を上げる仕草をしたのだった。このような危険な二重の役割を演じてくれたのはこの警官だけではなかった。彼の同僚のひとりは「警察の手入れがあるから、水曜日の夜はアレクサンドラにいないようにマディバ〔マンデラの氏族名〕に伝えなさい[☆21]」などと警察の動向を定期的にウィニーに教えてくれた。

「マディバ」は地下活動の時間を、主として五月二九日に予定された「在宅ストライキ」の計画作成に費やした。実際には、職場でなにもしないという方法は取れないが、政府と対決するために労働者たちは自宅にとどまることはできたはずであった。政府は経済面で大きな打撃をこうむるこのストを恐れ、指導者たちの逮捕と一二日間の拘留で応酬した。ＰＡＣは非暴力活動に真っ向から反対し、全力をあげてストを妨害してＡＮＣに立ちはだかった。「批判するのは自由だし、

☆18 Desmond Tutu, *op. cit.*, p. 22.
☆19 *Un long chemin*, p. 318.
☆20 *Ibid.*, p. 323.
☆21 *Ibid.*, p. 325.

それならこちらも受け入れが可能ですが、ストを失敗させるために、民衆に仕事に行くように勧めるのは、敵の利益に直接貢献することになります[22]」。在宅ストの初日に、おびただしい数の「非白人」労働者が、生活手段を失う危険を冒して、仕事にいくのを拒んだ。ダーバンではインド人労働者が工場に行かず、ケープ州でも、カラードの労働者が自宅にとどまり、ヨハネスバーグでは勤め人の半数が在宅ストに参加した。しかしながらこの素晴らしい果敢な集団行動は、多くの逮捕者を出したためにすみやかな方針転換を余儀なくされた。マンデラはANCの指導者たちの意見を聞いたうえで、在宅スト二日目に突入後すぐにスト中止令を出した。気心の知れたジャーナリストたちとは秘密裏に会い、在宅ストは「大成功」だったと強調した。ストは続かなかったが、そのほぼ完全な失敗はそれだけでも素晴らしい成果であり、政治学者トム・ロッジをして「予想だにしなかった参加者数[23]」と言わせている。しかし真の問題は別のところにある。つまり在宅ストというこの方法は袋小路であることが判明したのだ。この数年前の不服従運動も同様に最初の盛り上がりが次第に薄くなり、終了日を待たずに中止せざるを得なかった。同じことを三度も体験するのでは意味がない。「政府がもし、私たちの非暴力闘争を武力で押しつぶそうとするのなら、私たちは戦術を考え直すしかありません[24]」とマンデラは語っている。実際には、かなり以前から彼は「考え直した戦術」を胸に秘めていた。

数世紀にも及ぶ従属やプロテスタント教会、そしてアングロ・サクソン人の自由主義的思考によって特徴づけられた精神構造においては、暴力に頼るという決断は容易なことではなかった。おそらくマンデラは数週間の地下生活を通してずっと武力闘争の是非を考えていたのであろう。

ウィニーによれば、当時の彼は深い沈思黙考の状態にあり、彼女の問いかけにもろくに返事をしなかったという。闇の軍隊を創設することは、どうやら実現の可能性が薄かった。白人軍の戦車やヘリコプターにどう立ち向かえばよいのか。あのスパルタカスでさえも軍隊に戦いを挑むことを躊躇したに違いない。武力闘争は必然的にテロリズム、つまり罪なき市民、女性そしておそらく子どもたちの死を招いてきた。裁判を通してマンデラは、ANCが非暴力の組織であると主張してきたのではなかったのか。彼は法学者らしい詭弁でこう弁解している。「非暴力はANCにとって不可侵の原則であり、戦術によって変更できるようなものではなかったのです。しかし私はまったくその逆を考えていました。私にとって非暴力は、それが効果をなくしたなら捨て去るべき戦術でした[☆25]」。

一九六一年六月の秘密会議で、彼は武力闘争に移ることを提案した。ところが非合法組織である共産党の書記で、ANC執行部の有力メンバーのひとりでもあるモーゼス・コタネが猛烈に反対した。彼は道徳的論拠をあげてマンデラに抵抗したものの、この道徳的論拠は「明るい未来」構築のために〔暴力を含む〕すべてを正当化する政党ではほとんど用いられていなかった。しかし

☆22 *Mandela*, p. 148.
☆23 *Un long chemin*, p. 326.
☆24 *Ibid.*
☆25 *Ibid.*, p. 328.

効果だけを重視する立場で、コタネは、政府側の動きに動揺し冷静さを失っているとマンデラを非難し、「想像力を働かせ、固い決意でいるならば古いやり方にもまだ可能性が残されている。暴力は大量虐殺される結果を生むだけだ」と主張した。マンデラはウォルター・シスルが助け舟を出してくれなかったことに少々腹を立てたが、その後モーゼスと二人だけで一日をかけて話し合うことができた。マンデラは「野獣の攻撃を素手でかわすことはできない」というアフリカのことわざを用いてモーゼスを説得し、この問題をANC全国執行委員会に提案することをやっと了承させたのだった。暴力に反対の立場をとるルツーリ首長を前にして、マンデラは武力闘争支持のために熱弁をふるった。いまがそのときであり、これ以上遅らせると運動をリードできずに、運動に追従することになってしまうと力説したのだ。ルツーリは宗教に根ざした自らの平和主義と、目的達成のために最大限役立ちたいという思いのはざまで苦しみ、長いあいだ逡巡した。

この間の主たる部分は、アンドレ・ブリンクがその著書『恐怖の行為』のなかでひとりの「テロリスト」と、逃走する彼に宿を提供する「寛大な」若い女性との対話として説明されている。

「――なぜ暴力が有効な解決策であるとお考えになるのか、私には理解できません。

――正義について語り続ければ、常に暴力を排除できると思っているのですか？

――目的のためには手段を正当化する、などと言うつもりはないですよね？

――ないですよ。貴女の考えを軽視するつもりもありませんよ。

――政府が暴力を行使したら、暴力で対抗すべきだなんてことも言わないでくださいな。あなたが暴力に訴えたら、政府と同じ誤りを犯すことにならないのですか？

――〔アフリカ熱帯地方の森林の〕『火入れ』と、消えるのを防ぐための『迎え火』には違いがあると言ったらわかっていただけますか？　と彼は私に尋ねた。
――問題は現実からかけ離れている比喩にあります。火はあくまで火であり、人間は別物です。だから、たとえあなたが妨害目的で爆弾を使ったとしても、その爆弾で人びとを殺したことに相違ないのです☆26」。

「人びとを殺す」結果を招くであろうことは、マンデラもわかっていた。すでに一九五二年に、「インド流」の平和的展開が絵空事であることや、南アフリカのガンジーたらん者はひとりとしていないであろうことを理解したときに、彼はウォルター・シスルに武装闘争を検討している旨を話していた。チャーチルの言葉に重きをなすものがある。それは「血と汗、そして涙を覚悟するだけではいけない」という言葉である。この点に関してマンデラの考えは終始一貫している。偉大な政治家というものは自らの信念の結果――それがどんなに辛いものであっても――から逃げようとはしない。なぜなら自分が分別のある情熱家であり、ごまかしのない策略家、反世間的態度を見せない現実主義者であることを十分に自覚しているからである。

　夜明けになって、ルツーリはＡＮＣが三〇年前から維持してきた綱領を覆すことに同意した。出席者のひとりが、このような状況下で組織の責任者が続けられるかと果敢にも首長に詰め寄ると、彼は怒って「私が単なる平和主義者だと思う白人がいたら、ためしに私の鶏を盗んでみるが

☆26　André Brink, *Un acte de terreur*, Stock, 1991, I, p. 542.

いい。とんでもないことになるぞ！」と言い返した。しかし彼は防護幕を張るのを忘れなかった。つまり、活動の中心は合法的駆引きを維持し、軍事活動を専門とする組織は別に作り、その行動はANCの主たる活動にはならないことを明言したのである。暴力行為は、抑圧者である国家に対してのみ向けられるのだ。マンデラの提案は「非白人」による秘密集会にかけられたが、ガンジー主義を捨てきれないインド人たちから強いためらいの声が上がった。しかし武装闘争は国内のみならず国際的情勢でも見られたので、闘争の強化には有利に働いた。現在の状況よりも武装闘争のほうがましであると考えるカフィールが次第にその数を増していった。全国各地で個人や小さな組織が武器を要求し始めた。

政治面での国際情勢は、この選択に危険という判断を下さなかった。白人政権は孤立状態に追い込まれた。それゆえに英国首相ハロルド・マクミランはロンドンに亡命中のオリヴァー・タンボの行動にますます神経をとがらせていた。フルブールトがプレトリアにおける黒人高等弁務官の就任を拒否したあと、一九六一年三月に南アフリカは英連邦から離脱した。アパルトヘイトのこの国は、少なくとも道義上は――なぜなら経済活動は継続していたから――国際的に孤立したことになった。軍事レベルでは比較にならないが、武装闘争は政府に深刻な問題を投げかけることとなった。

マンデラは地下軍隊の組織と指揮をまかされた。この軍隊は、アフリカ人が投槍で白人の銃に立ち向かう勇気があったことからウムコント・ウェ・シズウェ *Umkhonto we Sizwe*「民族の槍」と名づけられた。新任の指揮官は自分の奇妙な昇進を自覚していた。「兵士の経験も、戦闘に参加したことも、敵に発砲したこともない私にこの任務が与えられたのです」[☆27]。それはたいした問題ではあるまい。なぜなら優れた役者はあらゆる役柄を演じられなければならないのだから。それで彼はたちまちのうちに難なくスパルタカスの鎧の中に滑り込んでいった〔兵士になった〕。この部隊はあらゆる共同体から兵士を受け入れた。実際、総司令官マンデラはただちに、古い友人である白人共産主義者ジョー・スロヴォと、第二次大戦中のヨーロッパ戦線で破壊工作活動に従事した経験をもつ専門家ジャック・ホジソンを仲間に引き入れた。

隠れ家にインタヴューに来た友人のジャーナリストに語ったような「政府を苦境に陥れる」戦術を探し求めて、この新米ゲリラ兵はかつて自らが法律を学ぶ際に注いだような、なんでも吸収しようとする熱意を注いだ。彼は信頼できる資料を大量に集め、最大の関心事のひとつである、いかにしてゲリラ部隊を構成し、訓練し、現場でゲリラ戦を行使するかを学ぶための理論的解釈に取り組んだ。そのためにアングロ・ボーア戦争時[★10]のボーア人将軍たちの回想録や毛沢東、チェ・ゲバラ、カストロの著作を読み、多くの書き込みをしている。同時代人の著書にとどまらず、プロシアの将軍グラウゼヴィッツの著作さえも読み、「戦争は異なる手段による外交の継続であ

☆27 *Un long chemin*, p. 331.

★10 一九世紀末から二〇世紀初頭にかけて南アフリカの支配をめぐってイギリス人とボーア人の間で行なわれた帝国主義戦争。第一次戦争（一八八〇―八一）と第二次戦争（一八九九―一九〇二）がある。イギリス側が勝利を収め、一八五二年に建国されたボーア人のトランスバール共和国と一八五四年に建国されたオレンジ自由国はイギリス直轄植民地となった。

る」という論点に強く魅かれるものを感じた。このようにして彼はまさしく理論から銃へと進んで行ったのである。メナヘム・ベギンの書いた本がとりわけ興味深かったようで、「山も森もない、南アフリカによく似た状況の国」でもゲリラ戦は可能であるという教訓をその書物から得ている。ついで、軍の施設の地図やこの国の運輸体制およびその弱点などの資料も集めた。

彼は自分の指揮下にある、「行動が制限された未熟な」軍隊に適した戦いの形式についてじっくり考えた。正面からの攻撃はもちろん不可能であり、ゲリラ戦には確かにまだ早すぎる。その点、破壊工作なら、人的被害を最小限に食いとめられるのは明らかであるし、政府を妨害することにもなる。そのうえ「のちのちの人種間の和解という面からも、それが一番望ましい」形だったのである。この文章が結果論と言われようとも、ネルソン・マンデラは自らの見識の高さやもって生まれた誠実さ、そして物腰のすべてに漂う気品にふさわしい気遣いで、人種間の和解の可能性を考慮していたと私は思っている。最終的に彼は軍事施設と電話線を対象にした「選別した奇襲攻撃」を仕掛けることを決定した。この攻撃による混乱は、外国資本を引き上げさせるという利点があった。彼の組織したＭＫ（「民族の槍」の略語）に、全国規模の最高司令部と局地的標的を選ぶ任務を負った地域指揮権が備わった。

実習を怠ることのできないこの優秀な学生は、ホジソンが「ボールペン内部」にニトログリセリンを仕込んだ時限爆弾を作成したことを知ると、危険も顧みずに、点火装置の具合を自ら確認しようとしたほどである。頻繁に隠れ家を替えていた彼はあるとき、ある医者の家に潜伏していた。夜は使用人の部屋で眠り、日中は来訪者があるとすばやく庭師を装った。また一九六一年一〇月、彼は「ヨハネスバーグ北部の牧歌的な田舎町」リヴォニアの改修中の農場に身をおいた。使用人が着る青いサロペットに身を包み、警備員と思われていた。正体にまったく気づいていないアフリカ人の左官たちから「ボーイ」と呼ばれ、彼らに命じられて使い走りをしたり、瓦礫を片づけたりもした。なかには彼を奴隷扱いする者もいたそうである。人種的軽蔑を受けたあとで、今度は社会的軽蔑を受けたわけであるが、これまた耐え難いことであった。デザイナーで、民主主義者会議の活動家であるアーサー・ゴールドライフが地下潜行者〔マンデラ〕のダミーとして家族で母屋に住むことになった。だが危険を冒したのはマンデラのほうだった。というのもウィニーと子どもたちが慎重に慎重を重ねて移動し、彼に会いにきたからである。彼はしばしの幸福感に浸ることができたが、来訪者のほとんどは闘争の同志たちであった。彼は「共産党員の優秀な理論家」の白人マイケル・ハーメルと二週間にわたり夜を徹して議論を交わした。日中では白人が黒人召使と親しく話すのが不自然に映るからである。

ある日のこと、ラジオを聴いていたマンデラはルツーリ首長にノーベル平和賞が授与されたことを知った。西欧が首長の闘いを華々しく認めたことで、マンデラは心底喜んだ。ところがこの栄誉のタイミングがあまり良くなかった。ルツーリ首長がオスロから帰国した翌日、MKが予告どおりに発電所や官庁の建物などいたるところで手製爆弾を爆発させたのである。非暴力主義者として著名なルツーリにとって、これはまことに不幸な偶然の一致だった。しかもストックホルムで評価された直後と重なってしまうとは！　だが予告した一二月一六日を変更することは絶対に不可能であった。なぜならば、南アフリカの白人たちがブロッド・リヴァーの戦いで、ズールー族の偉大な指導者ディンガネを打ち破ったことを祝うのがこの日だからである。アフリカ人の血で染まったこの川は、白人たちにとっては「神が自分たちの味方であることが示された」証拠である。それゆえに彼らから固定観念を取り除く絶好の日なのだった。爆発と同じころに、何千枚ものビラが国中でばらまかれた。「どの国の生き方にも、屈するか、闘うか、どちらかを選ぶしかないときがある。いま、南アフリカにそのときがきた」。幼稚な手製爆弾は、犠牲者を出すことなくあちこちで炸裂した。ただ、爆弾を仕掛けた隊員のひとりが操作ミスで死亡している。これは奴隷戦争の最初の死者である。政府はこの一連のテロ行為を、憎むべき犯罪であると非難したが、同時に、この爆発はお笑い種で取るに足らないものと嘲笑した。日ごろより彼らはカフィールについて、悪事はもちろんのこと、何事もきちんとできないというレッテルを貼っていた。しかしながら、この事件を上層部が重視していることは、反撃の激しさによく現われている。保安局はＭＫ隊員を逮捕する方針を定めた。「体制側は自分たちが生き残るためには最大の脅威と思われるこの武装闘争を、どんな手段を用いても根絶するという意思を我々に示したのです」。それでも白人は「自分たちが火山の上に座っていることを意識したのです[☆28]」。

　すでに見てきたように、マンデラは敵が平和的転換を図ったり、武装対決を回避したりという可能性に関して幻想を抱いていなかった。ところがノーベル平和賞の受賞者にとって、これは由々しき事態であった。ルツーリと隠れ家で会ったとき、彼はマンデラに激しい非難を浴びせた。それは「民族の槍」結成において自分の意見を求めなかったからだという。ルツーリはダーバンでの議論や平和主義の放棄、そして自分の鶏を盗む泥棒に対して武器を手に対峙するという自らの覚悟を忘れていた。ストックホルムで得た栄誉はかつての信念を彼から奪い取り、武装闘争をかつてないほど憎むべきものとマンデラに表明した。ルツーリはこれまで武装闘争を受け入れたことはなかったし、その後も考えを変えようとはしなかった。

外部援助をもつことが最も大切であり、それゆえにマンデラの存在がますます重きを成しているANCは、一九六二年二月にアジスアベバの汎アフリカ主義会議で自らの立場を介護するためにマンデラを派遣した。こうして彼は新たに独立した国々からMKのための資金や武器を集めることができたのである。初めて外国に出た彼が最も驚いたのは、タンガニーカ〔現タンザニア〕に寄航したときに目にした束の間の光景だった。「ホテルのベランダでは、黒人と白人の混じった集団が和やかに談笑しているのが目に付きました。人間の壁のない公共の場所に入るのは私には初めてでした。自分の国ではお尋ね者となっている逃亡者ですが、肩から抑圧の重荷が下ろされたような気がしました」[☆29]。

ルツーリ首長と会ったあと、今度はアフリカ解放の重要人物〔タンザニアの〕ジュリアス・ニエレレと会談した。「穏やかに話す思慮深い男」ニエレレも、最良のときがくるまで武装闘争を延期することをマンデラに勧めた。だが、ここでも彼の気持ちが揺らぐことはなかった。エチオピアの総会では、逃亡中の仮面をかなぐり捨てて、本物のネルソン・マンデラとしてエチオピア皇

☆28 *Ibid.*, p. 345.
☆29 *Ibid.*, p. 350.

帝の次に演説した。マンデラは運動に対して援助を約束してくれた国々に謝意を表し、「平和的な闘争の機会がことごとく閉ざされてしまった」事情を説明して、MK誕生のいきさつを述べた。最後に、自分は南アフリカに戻るという決意を表明したところ、大きな喝采が湧き起こった。だが、それはおそらく聴衆のなかにまぎれているプレトリア〔現政権〕への情報提供者の強い関心事でもあったのだ。

この演説のあと、マンデラはアフリカ諸国の歴訪に着手した。行く先々で黒人闘争が知られていることを確認し、嬉しさもひとしおであった。人びとは共感を表わし、国家元首たちは訪問中に協力資金を手渡してくれた。彼は地に足をしっかりとつけて「アフリカ文明の発祥地」エジプトを、ついでチュニジアとモロッコを訪れた。モロッコではアルジェリアの国境近くから、双眼鏡で作戦行動中のフランス軍兵士たちを見かけた。「正直なところ、南アフリカ国防軍の軍服を見たような気がしました」。モロッコ駐在アルジェリア使節団代表のムスタファ博士の言葉が、武装闘争というマンデラの選択をさらに強固なものとした。「彼は私たちに、ゲリラ戦の目的は軍事的な勝利をうることではなく、敵を倒すであろう政治的・経済的な力を解放することにある、と説明したのです」[☆30]。これはまさに南アフリカで展開されつつある事柄を如実に表わしている。その後マンデラはオリヴァー・タンボを伴なってマリ、セネガル、ギニア――「私たちはギニア大統領セクー・トーレには感銘を受けました。彼は質素な家に住み、クリーニングに出したほうがよさそうなスーツを着ていました」――そしてシエラ・レオネへと旅を続けた。今回の旅程には、束の間の滞在ではあるが、ロンドンが含まれていた。「長いあいだ話に聞いていたこの国を見たかったのです」。旅の最後にふたたびエチオピアを訪れ、予定通りに軍事訓練を受けた。彼は真摯に訓練に取り組み、射撃や迫撃砲の扱い方、そして破壊活動のテクニックを習得した。彼が一番楽しめた訓練は耐久行進だった。なぜなら「うっそうとした森や砂漠のような高原などのとても美しい風景」を目の当たりにできたからである。毎日午後四時からは、ひとりの大佐が彼に「軍事知識」を講義した。マンデラはユーモアを交えてこんな話をしている。ある晩のこと、大佐と夕食をともにしながら、解放軍の特徴に関する学識ある話を聞いていた。「解放軍においては、一番下っ端の兵士とでも完全な平等を基礎に振る舞わねばならない」。そのときひとりの軍曹がやってきたため、二人の会話が中断された。「大佐は明らかなさげすみの態で軍曹を見てこう返事をしたのです。『大切な人と話をしているのが見えないのか？　さっさと出て行け！』そして先ほどと同じ諭すような口調で話を続けたのです」。

専門的知識は多少身についたものの、部下を統率する方法に関する助言はそれほど役立ちそうもなかった。こうして地下潜行者マンデラは、ＭＫの白人隊員と一緒に南アフリカに戻ることになった。「私は運転手に扮してハンドルを握り、ヨハネスバーグへと出発しました」。夜中に国境を越えた彼は、祖国の空気を大きく吸い込んだ。ふたたび追われる身となったが、「自分の生まれた運命の地に戻ってきたという大きな安堵感」[☆31]を感じたのだった。亡命という安全策を放棄し

☆30　*Ibid.*, p. 360.
☆31　*Ibid.*, p. 373.

たことで不安を覚えたのかもしれない。だが彼は決心したのだ。イスメーヌが姉のアンチゴーヌに語った台詞が思い起こされる。「お行きなさい。だってお姉さまがそう決めたのだから。ただこれだけは知っておいてね、あとさきを考えてはいらっしゃらないようだけど、お姉さまは私たちみんなにとって当然大切なお人なのよ」。マンデラは支援者になってくれそうな人たちとのコンタクトを増やして、自らの軍隊の仕上げに専心した。軍の指導者というこの新しい任務でも、彼は相変わらず芝居っ気たっぷりだった。例えばひげ面にカーキ色のズボンとワイシャツ姿で地域の司令官たちの前に現われ、彼らに「サラーム！」と言いながら軍隊式のお辞儀をしたりした。彼の部下のひとりロニー・カスリルは、「〔作業会議での〕マンデラは完全にリーダーとして振舞い、絶対に微笑むことはなかった」と回顧している。また破壊活動の責任者ビリー・ネイヤーは、この分野に関するマンデラの豊富な知識に大変強い印象を抱いている。だが、これら破壊活動の知識をマンデラが行使することはなかった。そして闇の将軍はその活動に終止符を打つ。

第3幕　プロメテウス

恐るべき人。あなたは恐るべき人だ。恐るべき経験をめざして進む。
だからこそあなたの名声が天にそそり立つのを見よう★1。

エウリピデス『バッカイ』

劇芸術と同時に誕生した約束事では、悲劇の各幕が同一の長さであることが要求されている。そうでなければ、我らのヒーローの逮捕で開かれるこの幕はほかのどの幕よりもはるかに長くなるであろう。彼は二七年間の獄中生活を送ることになったのだから。この幽閉者は、永遠に続く苦しみの時間も勇気と忍耐で乗り越えられることを証明してみせた。大多数の同志についても同じであり、くじけた者はきわめて稀であった。ネルソン王の悲劇を扱うこの幕が最も重要であるのは当然のことながらも、ほかにもこれとは別の理由がある。それは、マンデラが「火渡りを成した〔試練に耐えた〕男」として獄中生活を終え、新生南アフリカの化身に変貌するからである。こうしてトゥーサン・ルヴェルチュール、〔トルコの父と称された〕アタチュルク、リンカーン、チャーチル、ド・ゴールやガンディーといった、偉大なリーダーの何人かと肩を並べることになるのだ。

一九六二年八月五日の日曜日、ダーバンからヨハネスバーグの隠れ家に戻る車に乗ったとき、ネルソン・マンデラは陽気だった。その前夜、彼は地方司令部の部下を招集し指示を与えた後、彼らにとって意義のあるアフリカ旅行の概要を語ったのである。「当面の間、MKは破壊活動に専念するが、望むような効果が得られなかった場合には、おそらくゲリラ戦へ移行することになるだろうと説明したのです」[☆1]。お尋ね者のマンデラではあるが過剰な用心はせず、シンパである報道カメラマン宅で催されたパーティー――そこに招かれていた何人かとは面識がなかった――に参加した。隠れ家に戻る旅なのに変装すらしていなかったのだ。彼の副官がハンドルを握り、二人は破壊活動の話題に夢中になっていた。そのとき突然「白人がいっぱい乗った」フォードV8が二人の乗った車の右側を追い越し、停止するよう合図した。その瞬間、マンデラは逃亡生活が終わったことを理解した。偽名を告げると、警官は苦笑してこう言った。「いや、あんたはネルソン・マンデラで、そっちはセシル・ウィリアムズだ。二人とも逮捕する」。

彼は裏切られたのだろうか？　それは永遠の謎であろうが、逮捕の四日後に「サンデー・タイムス」紙が「共産党員が疑わしい」とする見出し記事で関与を示唆した。共産党員のジョー・スロヴォは「特定はできなかったが、我々の仲間にユダの匂いがする」と明言した。四半世紀ののち、「ニューヨーク・タイムス」紙はCIA元職員の証言を載せた。それは、CIAが地下潜行者マンデラの詳細な移動状況をプレトリア〔政府〕に知らせていたと断言する内容だった。CIAの黄金伝説[★2]はのちにイラクや別の場所でその限界を露呈することになったのだが、マンデラはCIA関与説をあまり信じていない。すでに述べたように、あまり用心することもなく多くの人

★1　逸身喜一郎訳より引用。『ギリシア悲劇全集』第九巻、岩波書店、一九九二年、六一頁。
☆1　*Un long chemin*, p. 375.
★2　一三世紀に書かれた聖者の伝記集成。価値の高いものとして黄金の名がついた。著者は初期のCIAにダブらせている。

に会っていた男の逃亡を終わらせるのに、南アフリカ人はアメリカ人の手を借りる必要はまったくなかったのだから。

思いがけず自由を失った事実を、マンデラは一種唖然とした状態で受け入れた。「捕らえられ、閉じ込められるという現実に対して心の準備ができていなかったことに気づいたのです」と拘置所で過ごした最初の晩のことを記している。翌日、護送車で移送された留置人たちがヨハネスバーグの郊外まで来ると、警察の大がかりな護衛団が待ち受けていた。これは当局が見事な獲物を捕らえたことを意味するものだった。独房に入れられたマンデラは、壁越しに聞き覚えのある咳を耳にした。ウォルター・シスルも逮捕されていたのだ。二人の友は互いに励ましあった。翌日、マンデラは平静さを取り戻したが、裁判を好意的に傍聴しているように思われる人が「ヘビを前にしたマングースのように裁判官を睨みつけている」マンデラを目にしている。ところが裁判所は、一年以上も神出鬼没を続けたお尋ね者の弁護士を、礼を尽くして迎えたのである。マンデラは回想録のなかで裁判官や弁護士たちに触れ「彼らが居心地の悪い思いをしているのは、私が落ちぶれた同僚だからではなく、私が普通の人間で、自分の信念ゆえに罰せられようとしているからなのです」[☆2]という認識を示している。自らの訴訟をガラス張りにしてその不当性を広く問い、「断絶の弁護」[★3]と呼ばれているものを推し進めていく彼の戦術には確固たるものがあった。

最初の起訴事実は、労働者のストライキを扇動し許可なく国を離れたという比較的穏やかなものであった。アフリカーナーたちは、破壊活動が器物破損だけでも極刑になる可能性を含んだ法案を前の月に採択していたのであるが、マンデラの「軍事的」役割を知らないのは明らかだった。

マンデラは傍聴人のなかに「やつれ、暗い顔つきの」ウィニーの姿を認めた。同志であり、妻である彼女にとって苦難の日々が始まるのであった。しかしマンデラが記しているように、彼女を勇気づけるような微笑を投げかけることはできなかった。

マンデラがふたたび護送車に乗ろうとしたとき、数百人ものアフリカ人が「力は我らのもの」と叫んだ。彼の逮捕は各新聞のトップで報じられていたのである。数日後、ウィニーは「トランスヴァール・インド人青年会議」の年次総会に招かれ開会の挨拶をしている。「新聞各紙はウィニーの美しさと雄弁を書き立てました」。政治やショービジネスの世界で知られる素晴らしいカップルたちのように、有名になることを約束されたカップルがここに誕生したのである。ほどなくマンデラはプレトリアに移送されたが、まだ単なる被疑者だったので、それを考慮した扱いを受けた。外部からの情報で励まされ、自らの弁護の準備に着手した。その情報とは、ANCの地下組織が「マンデラが投獄されたら、我々全員が鎖につながれたと同じである」と書かれたチラシをばら撒いたというものである。マンデラ伝説が動き出したのだ。彼の伝記の著者アンソニー・サンプソンは「このチラシは、妥協を相容れない男、民衆の団結をひとりで象徴する闘う男というアウトローの新しいイメージを表わしていた」と指摘している。そして同じく非合法組織である共産党の機関紙「アフリカン・コミュニスト」は一九六二年一〇月に「南アフリカに、新

☆2 *Ibid*, p. 380.

★3 「断絶の弁護」とは、白人政権に対して対立や断絶の思いを表明することで自らの弁護を導くことを意味する。

しいタイプの指導者が頭角を現わした。彼は自由を勝ち取る闘いにおいて、人民闘争の統一やすべてのアフリカ人、全国のすべての団体、共産党員と非共産党員間の統一を推し進めることで、この並々ならぬ役割を成功させた」[☆3]と書いた。これは歴史に残る判断であろう。

審問は一九六二年一〇月一五日の月曜日に古いユダヤ教会堂で始まった。起訴された反逆の指導者という役柄にふさわしく、マンデラはコサ族の伝統的な豹皮のマントを着て登場した。法廷に入ると、彼は右手のこぶしを突き上げて「アマンドラ〔我らに力を〕!」と叫んだ。傍聴人のなかに、ビーズの髪飾りをつけ、コサ族の長いスカートで正装した美しいウィニーがいた。開廷が告げられ、被告は弁護士時代からの知り合いである検事のボッシュ氏と裁判官のファンヘールデン氏に会釈した。立場の違いこそあれ、彼らは同業者なのである。マンデラが明確にしたかったことは、これから始まる裁判で裁かれるのは彼ではなく国家であるということであった。

古典劇の世界では、主人公が意思を表明するために長いモノローグで、一種精神的自伝のように自らの過去を想起させるのだが、マンデラにそのときが訪れたのは一週間後だった。彼はこう切り出した。「何十年も前のことですが、子どもだったころのトランスカイの村で、部族の長老たちは、白人がやってくる前の古き良き時代の話を聞かせてくれたものです」。弁論のなかで、彼は起訴人たちが正常であると考えている状況の基本的な非論理性を指摘して、優秀な法律家の一面を覗かせた。「民衆も私自身も採択に参加したことのない法律に反する行為をするように民衆を扇動したとして私は起訴されています。なぜこの法廷で私が白人裁判官の前に立ち、白人検事と向き合わされ、被告席で白人廷吏に付き添われなければならないのでしょう? この国の歴史で、自分と同じ血、同じ肉をもつ同胞によって裁かれるという栄誉に浴したアフリカ人がひとりもいないのはなぜでしょう」。公共の秩序が堕落したそのときに、彼は民衆を不服従に導いたのである。「私の場合がそうであるように、普通の生活を営む権利を奪われてアウトローの生活を送らざるを得ないこともあります。政府が法律という理由だけで、その人間をアウトローに仕立ててしまうのです[☆4]」。さらに現状については「考える力のあるアフリカ人は、一生の間ずっと、片手には良心、片手には法律という葛藤にさいなまれることになるのです」。

一般論からは外れた論証で、被告人は返事があってしかるべきとする首相にあてた書簡について説明した。それは、すべてのアフリカ人の国民的合意を首相に求めるもので、受け入れられない場合はストライキも辞さないという内容だった。マンデラはフルブールト首相の「国民の大多数の死活にかかわる問題を提起した文書に返答しないのは恥ずべき」であったという公式確認を得たかったのである。私は公式原則を立てるという〔彼の〕願望をここに見る。いかなる幻想も抱くことなく、彼は社会で生活するうえでの基本的規範をなんとしても念押ししたかったのだ。というのも非統治者は統治者に理解される権利を有し、根拠のあるなしにかかわらずその不満に対しては論拠のある返答を得られるべきなのだから。いかに公正な権力でも、その決定事項を選挙民に説明する義務がある。それが民主主義と言われるものなのだ。

☆3 *Mandela*, p. 174.

☆4 N. Mandela, *L'Apartheid*, préface de Breyten Breytenbach,Editions de Minuit,1985

マンデラの弁明は深い感銘を与えた。「君を刑務所に送るよう法廷に求めなければならないことに胸が痛むよ」と言ったのは、この被告人のもつ類稀な重要性を認識したボッシュ検察官である。しかしながら強者の論理が常に優先され、マンデラの弁明がマスメディアで取り上げられることはなかった。法務大臣ジョン・ヴォルスターが被告人たちに「討論の場」を与えることを禁じたためである。訴訟の終わりに裁判官は――率直になのか、下心あってなのかは疑問であるが――この裁判に期待するものはなにもないと念を押した。「我々は異常かつ苛酷な条件の下で生きている。法と秩序が守られないとしたら無政府主義が支配するであろう。法廷は政治に関与するのではなく、秩序の維持に専念するだけである[☆5]」。真相はこれ以上明らかにならないであろう。まるでラビッシュ[★4]の喜劇に登場する警官が「見るものはなにもないよ。立ちどまらないで行きなさい」と無下に言うのと同じである。ネルソン・マンデラは民衆を扇動してストを行なったとして三年の強制労働、許可なく出国したとしてそれも加刑され、懲役二年の判決を下された。

ただちに「巨大で不気味な赤レンガの」プレトリア刑務所に移送されたマンデラは、あの見事な豹皮のマントを剝ぎ取られていた。つまらない争いのように見えるが、そのとき象徴的な形で重要な争いが始まったのだ。彼はアフリカ人囚人用の半ズボンではなく、長ズボンを要求したのである。その要求が受け入れられるまで三年を要した。布地の半ズボン姿で、自然光が入らず、時計もない独房に一日の二三時間を閉じ込められ、完全な隔離状態で数週間を過ごした。「隔離房に入れられひとりでいるよりは、ムチ打ち一二回の罰のほうを選んだ男たちを何人か知っています。だから私の房内に虫のいることが嬉しかったのです[☆6]」とマンデラは書いている。スピッツバーグの牢獄でクモを飼い馴らしたというシルヴィオ・ペリコ[★5]の時代からなにひとつ変化していないように思える。さて抗議の末に、他の囚人たちと中庭で会うことが許されたマンデラは、刑務所で長く暮らした経験から、彼にとってそこは「人間の性格の試金石のような場所です。拘置という圧力のもとで、心の強さを見せる者もいれば、見かけ倒しの者もいました」[☆7]。彼はライバルであるPACの指導者で「一九六三年の解放!」という有名なスローガンを考え出したロバート・ソブクウェと話すことができた。すでに一九六三年になっていたが、予言外れの指導者をからかっている場合ではなかった。

五月のある晩、看守がマンデラの独房にやってきて、身のまわりのものをまとめるよう命じた。仲間二人と鎖につながれ、窓のない護送車に放り込まれた。車はケープタウンに向かって夜通し走り続け、翌日の夕方に着いた。「鎖でつながれた男たちが、走る車の中でトイレ代わりのバケツに用を足すのは至難のわざでした」とは、いかに苛酷な状況にあってもユーモアを絶やさない

☆5　*Ibid.*, p. 53.
★4　ラビッシュ（Eugène Labiche, 1815-1888）はフランス人喜劇作家。辛らつな風刺をファルス調の笑いで表現するヴォードヴィルの代表的作家。
☆6　*Un long chemin*, pp. 402-403.
★5　シルヴィオ・ペリコ（Silvio Pellico, 1789-1854）はイタリア人作家。急進的な立憲自由主義を掲げ一九世紀前半にイタリアで興った革命的秘密結社カルボナリの幹部。著書に『獄中記』など。
☆7　*Ibid.*, p. 550.

マンデラのしたたかな評である。ケープタウンで、男たちは監獄島に向けて船に乗った。コサ族の人びとは、ケープタウン沖合いに浮かぶ、風に打たれた細長い岩の突起したこの島をエシクィティニと呼んでいる。一八二〇年代、英国軍はこの島にコサ族軍の総大将マカナを監禁したのであった。脱出しようとしたマカナは水死したという。マンデラは自分が闘いの延長線上にいることを理解していたし、そう思うことで自らをさらに鼓舞した。島の小さな港から刑務所に向かうときにくぐり抜けた門の柱に貼ってあった「ロベン島。ここで我々は誇りをもって任務に就いている」というアフリカーナーのスローガンをおそらく彼は目にしたであろう。

　建物の外観はお世辞にも魅力的とは言えなかった。以下はある看守がここに配属されてほどなく描写したものである。「刑務所の建物が濃霧から姿を現わすと、子どものころに見た農家の牛小屋のようなとてつもなく低い建物がいくつも雑然と並んでいる。さらに灯台ほどの高さで、よく目立つ四つの監視塔がその上にそびえ立っている。正門の前には四つの車輪をもつ大砲が、これ見よがしに据えられている。第二次大戦で使用したもので、海に向かって突き出ていて、白いペンキで塗られた低い石垣がその周りを囲んでいる」[☆8]。ここはかつてハンセン病患者の療養所、ついで精神病者の隔離施設となり、いわば不幸を一身に背負った場所なのである。シャープヴィル事件のあと、逮捕者の数があとを絶たず、受刑者の収容場所に苦慮した政府がこの島を流刑地にしたのである。ここには相当凶暴な看守が配属されていて、すぐに暴力を振るったり、銃を手にした飲んだくれもいた。

　出迎えがあったのは恐怖心を植えつけるためだった。白人の看守たちが桟橋でこう叫んだ。

「おまえたちはここで死ぬ！」。そしてアフリカーンス語で家畜を前進させるときの叫び声「ハーク！　ハーク！〔動け！〕」で彼らを追い立てた。看守たちは到着したばかりの彼らに走ることを強要しようとした。マンデフは横にいた囚人に、ここで言いなりになると彼らの思うつぼだから拒否すべきだとささやいた。〔それを耳にした〕看守のひとりがこう叫んだ。「おい、ふざけるなよ。殺されたいのか？　ここでなにが起ころうと、お前たちの母親にも、女房にも、子どもにもまったく伝わらないんだぞ。これが最後の忠告だ。ハーク！」。

ロベン島には約一〇〇〇人が収容されていて、全員アフリカ人だった。徒刑囚に最初に与えられたのは、埋設したパイプを土で覆う作業だった。マンデラが小高い丘をよじ登ると、そこから「原始の趣を残す美しい島の一部」を一望できた。しかし、じっくり眺めている時間はほとんどなかった。強制労働の名の通り、少しでも作業のペースが鈍ると看守が「コム・アーン（働け）！　ハーン・アーン（休むな）！」と怒鳴りつけるからである。「看守は馬や牛同様に私たちをこき使ったのです」[☆9]。

このような扱いを受けた男たちは、ANCやPACあるいはインド人会議の指導者たちであり、それぞれのコミュニティの知的・精神的エリートであった。例えば共産党の幹部のひとりはアフリカーンス語の教師を経験し、アフリカーンス語だけでなくその祖語であるオランダ語も堪能だ

☆8　James Gregory, *op. cit.*, p. 20.
☆9　*Un long chemin*, p. 415.

った。「彼は看守たちに向かって、もったいぶった仰々しい調子でよく話しかけていましたが、相手はおそらく理解できなかったでしょう」。無作法な扱いを繰り返す看守のひとりに、この元教師は「自分たちの言葉もまともに話せない無知な奴！」という言葉を投げつけた。マンデラも自分を殴ろうとしたひとりにこう言った。「私は虐待される心構えができていない。君は法律にのっとって行動すべきだ」。この島での最初の逗留は数週間続いたが、マンデラは最後まで原則を貫く姿勢を崩すことはなかった。「看守たちの振舞いは、囚人たちが彼らに示す態度で決まるのです[☆10]」。人間として扱うべきという要求を、なんとしても強く主張する彼は、ある日、食事が出されていないことに気づいた。扉を強く叩くと看守が駆けつけた。「看守、食事がまだだぞ。すると『俺をバース〔旦那様〕と呼べ』と看守が怒鳴ったのです。私は空腹のままその晩を過ごしました[☆11]」。

幸いにも、刑務所には何人かの人間味のある役人もまぎれ込んでいた。カラード〔混血〕の看守がマンデラにウィニーの近況を教えてくれたり、大きな危険を冒してサンドイッチとタバコを留置仲間に差し入れてくれた。マンデラと彼の仲間たちは、ＰＡＣの若い活動家が多数拘禁されていることを知った。「おじさん、どの組織に属しているんですか？」と彼らのひとりが聞いてきた。マンデラの答えが「彼らを落胆させたようです」。なぜならＰＡＣの組織は、国外逃亡中のマンデラがＰＡＣに加わったと彼らに思わせていたからである。例によってマンデラはこのような出来事から教訓を引き出している。「政治においては、民衆の無知を絶対に過小評価してはならないのです[☆12]」。ここでもまた、彼の言が正しいと私の個人的体験から思うのである。

一九六三年七月のある朝、かつてリヴォニアの農場で「使用人頭」をしていた男と刑務所の廊下ですれ違ったとき、マンデラは田舎のあの隠れ家が当局に発見されたことを悟った。このことは当局が、秘密軍隊指揮官としての彼の活動情報をすでに摑んでいることを明確に意味していた。二日後に呼び出されて所長室に行くと、そこにはＭＫ参謀本部のメンバーの何人かがいた。全員が「破壊工作」の容疑で起訴され、裁かれることになっていた。この不慮の出来事の顚末は以下の通りである。七月一一日、数頭の警察犬を連れた武装警官数十人が農場に踏み込んだ。武器は見つからなかったが、数百枚の文書が押収された。そのなかには「南アフリカでゲリラ戦を戦うためのマイブィエ作戦」の計画書も含まれていた。大量検挙はＭＫ最高司令部をそっくりそのまま持ち去ったことになる。「いずれにしても、農場がもっと早く発見されなかったのは不思議なくらいです」とは哲学者マンデラの弁である。

　五年の刑期のうち彼が務めたのはわずか九ヵ月だった。だが彼が刑期を終えたことを示すものはなにひとつない。彼の刑期と釈放の間で〔国家権力の準備する〕絞首台が頭をもたげているのが見える。破壊活動家たちを弁護するブラム・フィッシャーは、極刑の判決がマンデラに下される公算が大きいことを彼らに隠さなかった。その晩のこと、さも親切そうなひとりの看守が独房の扉

☆10　*Mandela*, p. 182.
☆11　*Un long chemin*, p. 420.
☆12　*Ibid.*, pp. 419-420.

を叩き、こう言った。「マンデラ、眠れなくても心配するな。もうすぐ長い長い眠りにつくんだから」。一九六三年一〇月九日、「国家対ＭＫ全国最高司令部その他の訴訟」がプレトリアで開かれた。この訴訟は「リヴォニア裁判」という名称で歴史に残ることになる。大勢の群衆が裁判所を取り囲み、武装警官があふれていた。というのも、聖職者を装ったゴールドライフとハロルド・ウォルテがまんまと脱獄に成功するという映画もどきの脱走劇が数週間前にあったからである。「政府は恥をかき、私たちはおおいに士気を高めたのです」と、常に真顔で冗談を言うマンデラが注釈している。死の危険を背負いながらも、彼はこれから相手にする法律家たちに関して、本職としての自らの判断を下さずにはいられなかった。このことは私に、マンデラが芝居のキャスティングとその演出家の力量とを評価している役者であるかのように思わせる。例えばマンデラ自身が「裁判の演劇的側面」と評している裁判官クァルトゥズ・デ・ヴェットは「たっぷりとした赤い法服をまとい、冷静な表情」で「愚かな言動を容赦しない」が「政府の言いなりになるような裁判官ではありませんでした」。検察官のパーシー・ユトール博士は「小柄で髪が薄く、めかし込んでいて、怒ったり興奮したりすると金切り声を上げました」。彼には「芝居がかった大げさな物腰のくせがありますが、それほど明瞭ではありません」。

起訴状には二〇〇以上の破壊活動で共謀したということが強調されていて、検察側は被告人たちの意図することを黙示録的★6一覧表に作成した。それによれば彼らは「訓練された数千人のゲリラ兵」に武装させ、精鋭部隊が蜂起したのちに外国の軍隊による武力侵攻を計画し、その結果として起こる混乱に乗じて「ＡＮＣと共産党の主導する臨時革命政府」を樹立しようとした。ＭＫ

の能力への、このおもねりの評価に指揮官マンデラは苦笑せざるを得なかったであろう。だがブラム・フィッシャーはかなり悲観的で、何人かは死刑の判決を下されると思っていた。

それからの三ヵ月間に、政府側は一七三人の証人を呼び、数千点の証拠資料を添付した書類を提出した。政府側証人の切り札ブルーノ・ムトロはダーバン生まれのズールー族で、MKナタール地方司令部の責任者だったことがある。彼は「破壊工作の専門家」であるが、何も知らずに起こした自らの行為が、実は共産党の誘導によるものだったことを理解したときに組織を離れたと述べ、マンデラが「立派な共産主義者であるべきだと我々に言った」とはっきり証言した。マンデラは彼独特の控え目な表現でこう注釈している。「これほど多くの人たちを、しかも大半はまったく罪のない人たちを裏切るのは、私には許し難いことに思えました」。一方でユーモラスな才能は、ときとして絶望に解毒効果をもたらす。マンデラと仲間たちは治安局の愚鈍な男スヴァネプルに監視されていた。この男はマンデラたちから馬鹿にされていると思っていた。あるとき彼らはメモをそっと順繰りに手渡すという、学生がよく使ういたずらをこの男に仕掛けてみたのだ。メモを取り上げた彼はそれを読もうと部屋を出て行った。怒り狂って戻ってきた彼の手には「スヴァネプルって、男前じゃないか?」と書いたメモが握られていた。

共同予審被告人たちや友人の弁護士グループとの討議の間にも、法律的能力や平静さそして生

★6　黙示録は新約聖書の最後の一書。この世の終末などの予言的内容が象徴的表現で描かれている。検察側は被告たちの意図がこの世の終末をもたらすことにある、としている。

来の威厳でマンデラは頭角を現わし続けていた。四六歳で彼は能力の絶頂期を迎えたのである。共同被告人のひとりジョエル・ジョフェがそれを認めている。「彼は我々のリーダーとして、当然ながら集団から抜きん出た存在である。人を引きつける個性、如才なさ、スケールの大きさ、冷静さ、駆引き、強い確信という特性のすべてを備えていると私は思う」[☆13]。一九六三年四月二〇日にマンデラが二度目の長い声明文を読み上げたのは、まさしく悲劇のヒーローとしてである。仲間の協力を得て念入りに書き上げた声明文であった。彼の伝記によると、ロンドンのオブザーバー誌の特派員が、裁判所のホールに入ってくるマンデラを見て微笑んだことに深い感銘を受け、「思わず」こぶしを上げて応え「我々を取り囲んでいた警官をビクっとさせた」[☆14]と描写されている。活動家ではない、見知らぬ特派員のこの無意識的仕草は、マンデラのイメージが当時すでに強烈な印象を与えていたことを雄弁に物語っている。ここでもまた演劇の参照が不可欠となる。というのも、後年マンデラは弁護士という自らの特別な法的資格を毅然として主張するロマン派的ヒーローとして登場したときのことを語っているが、そのさまがエルナニ[★7]に似つかわしいからである。

「私は立ち上がり、法廷を向いて声明文をゆっくり読み始めました。

「私は被告第一号です。

「私は法律学の学士号をもち、ヨハネスバーグで長年オリヴァー・タンボ氏と共同で弁護士事務所を開業してきました。現在は受刑者として五年の刑に服しています……私はウムコント・ウエ・シズウェ（民族の槍）の結成に参加した人間のひとりであること、そして一九六二年八月に逮捕されるまで同組織で指導的な役割を果たしてきたことを認めます……」。

さらにエピローグでは、大勝利を語る役者の声が聞こえてくるようである。「声明が終わると、私はそのまま座りました。傍聴席の方を振り向きはしませんでしたが、全員の視線が私に向けられているのを感じていました。静寂が何十分も続いたような気がしました。しかし、実際には三〇秒も続かなかったのでしょう。それから、深いため息にも似た声が聞こえ、ひとりの女性のすすり泣きがそのあとに続いたのです[☆15]」。

声明は四時間に及んでいた。フィデル・カストロの著書を注意深く読んでいたマンデラの発言の長さは、手本にしたカストロにひけを取らなかった。被告の声明をとめる権利のない検察官ユタールは苛立ちを抑えきれないでいた。被告は破壊工作活動に従事したことに異議を唱えず、それゆえに武装闘争が唯一の解決策だったことを証明するつもりだったのだ。「私は、将来の人種間の関係のためには、破壊活動が最良の策を提示していると述べました[☆16]」。この瞬間、検察官の髪の薄い頭は紫色になったことであろう。声明は法廷にではなく、明らかに人類の歴史に語りか

☆13 *Mandela*, p. 191.
☆14 *Ibid.*, p. 192.
★7 エルナニはヴィクトル・ユゴーの戯曲『エルナニ』（一八三〇年初演）の主人公。ロマン派が古典派に打ち勝ったとされる記念碑的作品。
☆15 *Un long chemin*, p. 447
☆16 *Ibid.*, p. 441.

けていたのである。「裁判官はおそらくこの声明を理解するのに苦しむでしょう。しかし我々が平和的手段に頼ることを優先させようと努力しているときに、民衆はずっと以前から暴力的手段を求め、白人と戦う日のことを話していたのは事実です。……一九六一年六月初旬、状況を慎重に分析した結果、我々はひとつの結論にいたったのです。それは、政府が我々の強い平和の願いに暴力で応えているときに、アフリカ人指導者たちがこのまま平和とか非暴力を説き続けたなら、彼らは非現実的で先見の明に乏しいことを示すことになるだろうというものです[☆17]」。

マンデラは社会関係に関するマルクス主義の分析に心惹かれたが、コミュニストだったことは一度もなかったのである。だが、彼は共産党に対して惜しみない称賛をおくっている。「南アフリカでは何十年にもわたって〔白人の〕共産主義者だけが、アフリカ人を同等の人間として扱ってくれました」。この称賛の言葉は、アフリカーナー司法官たちには聞くに堪えないものであった。なぜならマンデラの完璧な慇懃無礼さが、彼らのもつ人種差別意識を絶えず呼び覚ますからである。「アンチコミュニストという偏見のしみ込んだ南アフリカの白人からすれば、経験豊富なアフリカ人政治家たちが、なぜこうやすやすとコミュニストを友人として認めたのかおそらく理解しにくいことでしょう[☆18]」。両者の友情が果たす役割に、いま一度私は敬服する。人が思ったり、しばしば語ることとは逆に、政治とは国家という「冷酷な怪物」を奪い合う冷ややかな野心の対決だけではない。政治は、これとは別のものであることが可能だし、またそうあるべきだ。つまり暗黙のうちに意思が通い合い、仲間意識を高め、エゴイスムやキャリアを超越した理想を大切にする友人や同志たちとの共同作業なのである。政治が理想の風刺や、単純でさもしい権力闘争にすぎないとしたら、存在する価値があるのだろうか？

　要するに、絞首台の気配を感じながらも、しっかりとした論拠で明確に述べられ、憎しみや誇張を含まないネルソン・マンデラの長時間にわたる勇気ある声明は「彼の全政治活動のなかで最も効果を発揮したものであり、これにより彼がＡＮＣのリーダーというだけでなく、アパルトヘイトに反対するすべての多人種組織のリーダーでもあることが判明した。これまでの反植民地主義者たちの演説に共通する常套句は、今回、はるかに熟考された独自の分析に取って替わったのだった」[19]。声明文の掲載は禁じられていたにもかかわらず、あちこちで印刷され、とりわけ「ランド・デイリー・メイル」紙はほぼ全文を掲載した。傍聴席の西欧の外交官たちは、主要被告人が共産党から「裏で操られている」という一面的見解を修正し始めた。「マンデラはいまやアフリカ大陸全土で民衆の顔にならんとしている。我々がそれを快く思うか否かは別として」と報じたのはイギリス情報局である。

　大胆な依頼人であり同僚でもあるマンデラの口から発せられた最後の言葉を耳にして、弁護人たちは法服の中で縮み上がったに違いない。「もし必要なら、この理想のために命をも投げ出す覚悟でいます」。裁判官たちはこの言葉を挑発とみなすか、あるいは巧みな誘導とみなすのであ

☆17　*L'Apartheid*. op. cit., pp. 66-67.
☆18　*Ibid*., p. 93.
☆19　*Mandela*, p. 194.

ろうか。マンデラは軽率に口にしたのではなかった。絞首刑にされるのなら、ロープが彼を完全に黙らせる前に言うべきことを、紙にしたためておこうと思ったのである。「私の言ったことはすべて私の考えです……この国では、文明人として扱われることを求めるだけのために多くの同胞の血が流されてきたのです[☆20]」。

農場が急襲されてから一一ヵ月と一日の過ぎた一九六四年六月一一日、リヴォニア裁判は判決の読み上げで結審した。被告人たちは告訴箇条のすべてに有罪と認定された。アングロサクソン人の現行制度では、量刑が決定するのは次の段階なのである。あらゆることが死刑を予告していた。被告人たちは協議のうえで死刑を宣告されても控訴しないことに決めた。「我々のとってきた倫理的な姿勢が、控訴によってぐらついてしまうと考えたのです。死刑の判決が下されるとしたら、それによって間違いなく起きるであろう大衆運動を妨げるようなことはしたくありませんでした」。物語の途中ではあるが、弁護団を驚かせたこの決定に敬意を表そうではないか。これはほとんど例を見ない、揺ぎなき完璧な英雄的行為である。ここでも演劇の事例——言うまでもないことだが、わざとらしさのない演劇——は予期したときに忠実に起こるのだ。「私はシェイクスピアの一節を頭に浮かべました。『死ぬと腹を据えるがよい。死ぬにせよ、生き延びるにせよ、それで気持ちが軽くなる[☆21]』」。

九名の被告のうち無罪はひとりだけで、マンデラとシスルを含む六名のアフリカ人、白人一名とインド人一名に終身刑が宣告された。論理的必然に反して彼らは命拾いしたのである。ウォルター・シスルの喜んだ様子は、誰もがそのとき免訴の通告を聞いたと思ったほどだった。オリヴァー・タンボがのちにこう語っている。「リヴォニア裁判のときに世界中からあがった抗議の声が、マンデラと彼の友人たちの死刑回避につながったと私は信じている」[☆22]。イギリスとアメリカの大使は利よりも害のほうが大きくなるのを懸念して協議を重ねた結果、介入せずしの方針を打ち出していた。控訴はしないというマンデラの決意は彼の更なるスケールの大きさと威信を急速に深めた。西側諸国は、将来、白人と黒人の対話に必要な男として注目し始めた。彼は「リーダーとしての栄光と殉教者の栄誉を胸に刑務所に戻った」[☆23]。

この客観的事実に含まれた慎重さはどうでもよいことである。なぜならこの受刑者が軍の最高指揮官であるということを明白にした訳ではないし、しかも彼の急ごしらえの組織が計画的で規律正しい軍隊になるのははるか先のことなのだから。しかしながら力と意志の強さというイメージは残っている。「反抗を志願する者たちのリーダー、裏切ったとして告発された戦闘的雄弁家、アフリカの民族衣装をまとった部族出身の愛国者、戦闘服姿でピストルを腰にしたゲリラ兵たちの指揮官。これらのイメージは現実というより理論上のものであったが、象徴的意味あいや実例そして服装など、その演じ方は民衆をドラマティックに具現していた男には不可欠なものであっ

☆20 *Ibid.*, p. 196.
☆21 *Un long chemin*, p. 454.
☆22 *L'Apartheid*. op. cit., p. 110.
☆23 *Mandela*, p. 199.

た」とアンソニー・サンプソンは指摘している。☆24

以上が一九六二年一〇月一五日を起点とするふたつの裁判の結果である。マンデラは自由への確信を自らのふたつの裁判に与えることで、プロメテウスのように、神々の火を盗むという大罪を犯してしまっていた。それで罰を受けねばならず、仲間とともにロベン島に移送された。不思議なことに飛行機に乗せられるまで彼だけが手錠をかけられなかった。彼に付き添った中尉は気さくな人物で、五年以上服役することはないだろうと予言し、「〔出所したら〕娘たちが待ってるさ」とも言った。マンデラがアパルトヘイトを敵視すると同時に、それを解決する人物であることに何人の白人が気づくことになるであろうか。二年の不在を経て、彼はさらに居心地の悪くなっている南アフリカの悪魔島に戻ってきた。

二七年もの「暗い月日」が——彼は大げさな表現を嫌がるが——いままさに始まった。かくも長き期間が特記すべきことなく過ぎていった。この果てしなく続く変化のない日々については、生活環境と始まりも終わりもない時間の断片を描写する以外にない。政治囚に用意されたB棟には、ふたつの扉のある正方形の独房が三〇あった。廊下に面した扉には鉄格子がはめられ、もうひとつの扉は堅い木で作られていて中庭に面していた。独房の広さは約三メートル四方で、明り取り用の欄間が廊下側についていた。右から四番目がマンデラの独房である。房の外側に四六六／六四という登録番号がかけられていた。これはこの房の住人が一九六四年にこの島に送られてきた四六六番目の囚人という意味である。中庭に面しているので景色は見えず、わらのござをベッド代わりに使い、日中は丸めて三枚の薄いグレーの毛布と一緒に右手前に置く。反対側の隅にはトイレ用のバケツがひとつ。そのフタを裏返すと洗面器の代わりとなる。

囚人たちは朝五時半に起床、二人ずつ鎖につながれて毎日石切り場に連れて行かれる。この場所は、よく知られた表現によれば、まさしく「石を砕いて砂利にする〔徒刑場にいることを意味する〕」ところで、そこはダンテの描く地獄の繰り返しであり、恐ろしく暑く、色鮮やかな白い石の反射光や太陽光が目に突き刺さり、辛い角膜炎を引き起こすほどの場所なのである。それでもマンデラには、気のめいる独房にいるよりも戸外でするこの作業のほうがはるかにましに感じられた。作業場に着くとすぐに鎖が外され、看守たちの怒声が作業のリズムを早めた。昼になると一杯の粥とスープの食事が出された。日曜日の朝の礼拝は義務づけられていた。なぜなら「アフリカーナーは自分たちの宗教を真面目にとらえていたから」であるが、こんな皮肉な表現もしている。「まるで日曜の礼拝という恵みを我々に与えなければ、自分たちの不滅の魂が危険にさらされるとでも信じているかのようでした」。だが最初の二年間は、この礼拝のときにも独房から出してもらえず、牧師が廊下の突き当たりで説教するのを聞いていたのだった。

マンデラは刑務所内で最初にすべき身の処し方を実行に移した。それはなによりもまず、服従を意味するどんな些細な痕跡も避けることであった。例えば看守が呼ばせようとしているバース *bass*〔旦那様〕という言葉は絶対に使わないよう皆に指示した。もちろん看守たちは「旦那様」などではない。何人かの囚人は、そう呼ばねば失礼と思ったのか、バー *bas* と口先でもごもご言っ

☆24 *Ibid.*

てその場を切り抜けた。彼らはバスタード *bastard*〔にせ者〕の最初の音節を発音したと考えたのだ。一九六四年一〇月に弁護団の一員ジョージ・ビボスが面会を許可されたとき、現われたマンデラは半ズボンにサンダルという哀れな姿で、武器を手にした八人の看守に取り囲まれていた。ところがこのみすぼらしい姿の男は正面を向き、ゆったりした足取りで友人に近づくと、腕をうやうやしく広げて看守たちを指し、こう言ったのだ。「ジョージ、僕の儀仗隊を紹介するよ」と。

刑務所での単調な生活は、いつものサディズムの行為で乱される。作業場から戻るとき、囚人たちは「とても狭い道を進まねばならなかった。彼らの前方には銃で武装した看守たち、後方にはシェパードを連れた監視人たちが続いていた。彼らの大きな楽しみのひとつは、鎖で足をつながれた囚人たちに小道を走るよう命じることだった。もちろん、ひとりが転べば皆も次々に転んでしまう。するとシェパードが襲いかかり、血が出るまで噛みついたのだ」。ある囚人が看守のクレインハウスにうっかり飲み物をくれと言ったところ、穴を掘らされ、「そこにその囚人を土と砂利で埋もれさせるよう他の囚人たちに命じた。それからズボンの前をはだけ、囚人の顔に放尿しながらこう言って笑ったのだ。『おい黒ん坊、喉が乾いたか？　そらいいか、このブタ野郎！　お前にゃもったいない代物のウィスキーを飲ませてやる！』」[☆25]。看守たちの言葉遣いは「まさに汚物のリストに等しく、『カフィールのポンコツ野郎！』、『臆病者のおかま野郎！』、『売春婦のせがれ！』、『くそだらけのネグロ！』」などであった。一九六五年になると政治囚は刑事囚と一緒にされて何時間もの労働に従事した。刑事囚たちは苦労をともにする彼らを侮辱し、虐待したために当局はこの決定を取り消した。さらには泥棒や殺人などで服役している刑事囚が政治囚との接触による悪影響をこうむるのを恐れ、政治囚をふたたび隔離した。逆に政治囚に関しては、ライバルの活動組織にかつて所属していたか否かに関係なく全員を一まとめにしたのだ。なぜなら、ＰＡＣのメンバーのひとりがうまい表現をしたように「すべての毒は同じビンに入れておくのがよい」からである。

一九六六年一二月、新しい看守がロベン島に赴任してきた。この男ジェームズ・グレゴリーは人種差別主義者ではなく、子ども時代をズールー人に囲まれて育ち、ズールー語を完璧に話した。彼が担当したのは、囚人の手紙を読むなどの検閲であった。ナイフを口にくわえたテロリストたちと出会うことを想像していた彼は、法廷内を歩くカフィールたちに強い印象を抱いた。「私はマンデラからなかなか目が離せなかった。背筋を伸ばした彼は他の連中より背が高く見えた。みすぼらしい囚人服をまとっていてもどこか違っていたし、リーダーであるのは明白だった。囚人たちが歩いているのにこの男は前方を見たり、床の一点をじっと見つめている。すると囚人たちは順繰りにこの男の傍にやってきてなにか語りかける。男はうなずいて合図したり、重々しく答えたり、少し討論もした。ついで別のひとりが近寄ってくる」[26]。

新任の看守の驚きはとまらなかった。その晩の勤務でマンデラとシスルの独房の周辺を通ったとき、丁重な就寝の挨拶が聞こえてきた。そして囚人たちが交わしている会話を耳にして彼は唖

☆25 James Gregory, *op. cit.*, p. 121.
☆26 *Ibid.*, p. 106.

然とした。「〔当局への〕非難とかいつもの不満の声を想像したが、まったく違っていた。彼らは宗教や物理、化学、社会問題、文学そして芸術について話していたのだ」[☆27]。ジェームズ・グレゴリーの証言をまとめた本には、「白人の友人」として取るべきなんらかの好意や、「彼の」著名な囚人の心を許せる友であることに悩んでいる様子が読み取れる。さらに深刻な出来事、それはグレゴリーが本に掲載した写真は近親者が何度か面会に来た折りに撮られたもので、看守の立場で写真を撮ったのだから返却を要求される道理はなかった。ところが返却に応じないことに立腹した〔マンデラの〕家族は、その後書物の押収を看守の上司に要求することになる。雅量に富むマンデラは家族の意向を受け入れず、この善意ある看守が彼に示した友情だけは忘れまいとしたし、独立記念祭には毎年彼を招待することになるし、彼の本に見受けられる秘密の暴露や大ぼらを言及することもしなかったのである。

刑務所の聖書とも言うべき「規則集B」は、月を重ねるごとにその量を増し、膨大な内容になった。囚人たちは、刑務所に着くとA〜Dの等級の一番低いDに振り分けられた。半年ごとに矯正委員会が開かれ、現在の等級のままか、到達することのないAに向かって昇級させるかを協議した。入所時には意図的にDに分類されているので、Cに昇級するという期待は囚人たちには恒久的な脅しに等しかった。政治囚の待遇は刑事囚よりも悪く、例えば六ヵ月間で面会はひとり、手紙は一通だけに制限されていた。冷酷で下劣な検閲のために、当局の意向で手紙の一部が削除されたり、押収されることもあった。なぜなら「囚人たちを家族や他の世界各国から引き離し、彼らにとって大切な絆や支援の可能性を裂く」[☆28]必要があったからである。

この閉ざされた世界で唯一の慰めは、闘争をともにし、不遇を分かち合う仲間の存在であった。強いられた雑居状態は数しれぬ苛立ちを引き起こしたが、グループの結束は固かった。一九九四年に出演したドキュメンタリー番組で、そのことについてマンデラはこう説明している。「我々に重要だったのは、ロベン島に送られた理由では死なないということでした。それゆえに、獄中で人間が蒙る最も苛酷な試練のひとつに我々は耐えることができたのです[☆29]」。自らの尊厳を守り、目的を維持するための友愛共同体が少しずつ組織され始めた。刑務所内のANCも改善されていった。事実ANCは島にいるマンデラ、ウォルター・シスル、ゴヴァン・ムベキ、レイモンド・ムシュラバら上級幹部で最高司令部を創った。偶然ではあるが、四人ともコサ族の出身なのでマンデラは多少憂慮したものの、コサ族ではないという理由だけで、〔地位の低い同志の〕誰かをメンバーに取り立てることはしなかった。他の三人のメンバーの下には「細胞」と呼ばれる組織があり、残りの同志はそこに属した。「我々は囚人たちの不満、スト、郵便、食事など獄中生活の日常的問題のすべてに決断を下していくことにしました。可能なときには全員参加の総会を開くのですが、大きな危険を伴なうのでほとんど開かれず、多くの場合、最高司令部が決議して、それを全員に伝えることにしました[☆30]」。島の黒人受刑者たちは、政治囚のいるB区を *makulukutu*（ボ

☆27　*Ibid.*, p. 107.
☆28　*Ibid.*, p. 118.
☆29　*Mandela*, p. 207.

スのまわりに）と呼び、皆この語の意味を理解していたのである。

ところが、不遇を共有しているにもかかわらずＰＡＣとの不和は解消されなかった。ＰＡＣの囚人たちは、新たにやってきた囚人を「自分たちの領域を侵犯した」と見なしたのである。マンデラが「臆面もなく反共、反インド人の姿勢をとり続けている」と怒りをこめて述べたように、彼らは共同集会への参加を拒んだ。彼らの自治の不安定な部分が滑稽な結果を招いたこともあった。例えば、ある日、当局の気まぐれで、ＡＮＣのリーダーがしばらくのあいだ仲間から離れ、ひとりで作業をしたり食事をしなければならなかったとき、「この新たな決定がＰＡＣの内部になんらかの動揺を与えたようでした。数日後、ＰＡＣは自分たちのリーダーであるゼファニア・モトペンを私と同じ状況におくことを決め、ゼファニアは自主的に仲間から離れて作業をし、食事を摂ったのです[☆31]」。ある日、数人の囚人が建物の屋根で作業をしていた。その下ではマンデラが仲間のひとりと会話をしていた。すると屋根にいるひとりがマンデラに叫んだ。「『ムダラ［おやじさん］』、なぜコサ族の人間とばかり話をするんだ』」。私はこう答えました。『私が差別をしているととがめているのか？　同じひとつの民族じゃないか』」。この一件以来、人の目に触れるところではコサ族以外の人間と話すようにしたのである。

外部からのニュースが、少しずつではあるが島に届くようになった。なかでも一九六七年のルツーリ首長の死は、組織に大きな「空洞」を残した。それを埋めるかのように彼らは首長を偲んでささやかな追悼式を催した。他のニュースとしては、ずいぶんあとになってからであるが、「民族の槍」の新戦力が敵と交戦したことを知った。一九六七年、「民族の槍」の別働隊が南アフリカに戻る途中、ローデシアで戦闘に巻き込まれ、死傷者を出して散り散りに敗走したのだった。「わが軍が勝利を収めたわけではなかったけれど、MKの幹部が率先して交戦したことを我々はひそかに祝いました」[☆32]。囚人たちは「バナナ・ボート」の曲に乗せて、替え歌を歌い出した。

バズーカ砲と手榴弾を俺たちにくれよ
そしてカストロのように、みんなで国を奪おうじゃないか！

やっと肉親との面会を許可されて、マンデラは母とその妹、そして見違えるほど成長した子どもたちに会うことができた。母は「突然老け込んだ」ように見えたが、叔母マベルは昔のままだった。母たちは、はるばるトランスカイから来たのである。遠方からということで、当局は規則に定められた三〇分の面会時間を一五分延長してくれた。マンデラは最初の結婚で生まれた子どもたち、マハトとマキに勉学を続けていくよう願っていることを伝えた。母に関しては、顔を見るのが最後のような気がしたが、はたしてその通りになってしまった。訃報を知らせる電報が数週間後に届いたのである。葬儀に出席させるとは口約束だけで、実際には許可されなかった。部

☆30 *Un long chemin*, p. 536.
☆31 *Ibid.*, p. 535.
☆32 *Ibid.*, p. 533.

族の慣習に従えないことが、マンデラの悲しみをさらに深いものにした。

一九六九年五月一二日の早朝、オーランドの自宅で「闘う女」が逮捕された。一九六七年施行のテロ行為法に基づく拘束だった。マンデラも今度ばかりは腹の虫がおさまらなかった。「ウィニーが私と同じように獄中にいると思うと、これほど辛いことはありませんでした。それでも平静を装っていたのです」。すべての刑務所を統轄している将軍がウィニーに手紙を出すことを許可したが、将軍に感謝する気持ちはまったくなかった。この「特別のはからい」が、手紙を検閲してウィニーの有罪を証拠だてる情報をうるためであることをマンデラはわかっていたのだ。この一件を境に、もういかなる幻想も抱くことはしなかった。さらに、とどめの一撃とも言える大きな悲しみが彼を襲ったのだ。長男のテンビがトランスカイで自動車事故死したのである。テンビは二五歳、二人の子どもの父親だった。マンデラの人生で、この時期は「精神的拷問」の連続だったと吐露している。禿鷲の鋭いくちばしが、初めてプロメテウスの苦痛の叫びを引きちぎったのである。

それでも明るい光が見えてきた。「いくつかの小さな闘いの積み重ねが、ついには島の雰囲気を変える結果をもたらした」ことで、しばらくの間は政治囚の拘留条件に改善が見られたのだ。だがその改善は不安定で、いつでも逆戻りする危険をはらんでいた。「苦労して丘の上まで押し上げた岩が転がり落ちるのを、我々はただ見ているだけでした」と記したマンデラは、間違いなくギリシア神話シシュフォス[★8]に精通している。島に着いたときから要求してきた長ズボンがやっとカフィールにも支給され、個人用の囚人服も与えられた。「新しい囚人服は各人の体に合った寸法で、自分で洗濯することが認められていました。アフリカ人にも朝食にパンが添えられることがありました」。それからは礼拝が中庭で行なわれるようになり、「優れた説教」をした音楽好きのヒューズ師は、アフリカの合唱歌をこよなく愛していたのである。

囚人たちは自由時間にチェスで遊んだり、アマチュア劇団を創ることも許された。マンデラは、かつて獄中でソポクレスを読んだことがあった。『アンチゴーヌ』を上演することになったとき、私は役者を志願して、クレオンの役を演じました。愛すべき都市国家の王位をめぐって内乱を引き起こす老いた王です。クレオンは誠実で愛国心に富んでいて、『経験は権力の礎であり、人民に対する義務は個人への忠誠に優先する』と述べています」。ずっと以前からマンデラの脳裏を離れないこと、それはもはや暴動や武装闘争の正当性という命題ではなく、権力の陥る落とし穴のことであった。彼自身は心の奥底で、権力を行使するようになるのは明白だと考えていた。彼がソポクレスの一節を引用するのは、自らの運命を思い浮かべているからなのである。「人の心とか感性とか思惑というものは、法律が発布されたり、権力の試練を体験しない限りは知る由もない」[☆33]。そして戯曲からうる教訓を次のように語っている。「クレオンはアンチゴーヌの言葉に耳を貸しません。自分のうちに棲む悪魔の言葉以外は聞こうともしないのです。この頑固さと判断

★8　ゼウスの怒りにふれたシシュフォスは地獄で、山頂に上げてもすぐ落ちてくる岩を永遠に押し上げ続けるという刑罰を科された。

☆33　*Ibid.*, p. 551.

の誤りゆえに、クレオンは真のリーダーになれないのです。法の厳しさを慈悲でやわらげるのが真のリーダーなのです」。

自分の気性のなすがままに行動をしたら強権主義に陥ってしまうかもしれないとマンデラは感じているのだろうか。彼はその重厚な声と堂々たる存在感で反対者を圧倒してしまう生来の気性と常に戦ってきた。拘置仲間の何人かはマンデラを前にしたとき、部族の長なのか民主的リーダーなのかはっきりと区別できたことは一度もなかったと断言して、人物描写に疑問を投げかけている。例えばフィキレ・バムの証言では「彼は傲慢で奥地の威圧的酋長を思わせた。この尊大な態度が及ぼす種々の結果から彼を救ったのはシスルだった」[☆34]。私自身、自分の政治生活の経験からこうした状況が理解できる。実際のところ、民主的リーダーであることはむずかしいし、多数決に従う自分の姿を想像することも容易ではなかった。間違いとわかっていながら大多数の意見に従うのもむずかしいものである。これは民主主義の大きな試練のひとつであり、この点で、マンデラは自らの性格を押さえつけるのが下手だったのだ。気性からすると彼は自分のことをむしろ「誰よりも頭の良い男」とか「自分が正しいと信じている男」と思っているのかもしれない。この種の確信が公人に及ぼす罠になるということは知られているところである。

政治犯に充てられたＱＨＳ（重警備獄舎）の囚人たちを、マンデラは区別しなかった。誰にでも話しかけたり耳を貸したりした。例えば白人左翼たちとともに破壊活動に加担したとして一五年の刑に服している、元船乗りで白人のような肌の混血エディ・ダニエルを気遣い励まし続けた。この「ほぼ白人」はアフリカ人の間で恐ろしいほどの孤独感にさいなまれ、うつ病に陥っていた。

ダニエルはこう語っている。「『私をネルソンと呼んでくれ』、これは私が刑務所で耳にした初めての好意ある言葉だった。彼の勇気が、落ち込んでいた私のなかに入ってきたのだ。私たちは未来を見据えることができなかったが、彼にはそれができた[☆35]」。

マンデラは名誉にかかわる問題には時間をかけて、英国気質とも言うべき冷静さを見せつけたと人は言う。しかしながら一九六八年のある日、悪意ある看守らから本やノートを没収された仲間たちに代わって管理係官に不満を伝えたところ、その官吏はマンデラを侮辱したのだ。今度ばかりは彼も激怒した。その場の目撃者で友人のトロツキスト戦士ネヴィル・アレキサンダーがこう語っている。「彼が人前で冷静さを失うのは誰も一度も見たことがなかったので、それはまさに驚きだった。怒りに我を忘れると、彼はまったくの別人に変わるが、ふだんは常に自分を制御していたのだ」。のちに二人だけで会う機会が訪れたとき、マンデラは、怒ったのは戦術であって、念入りに演出したのだとアレキサンダーに打ち明けている。演劇よ、いつだってお前は私たちを虜にする！　しかしながら、マンデラが真に激怒せずにはいられない出来事があった。それは、ウィニーの面会が「自らの宣伝に利用しようとしている」という理由で許可されなかったことを知ったときである。あまりの怒りに精神安定剤の投与が必要なほどであった[☆36]。

☆34　*Mandela*, p. 213.
☆35　*Ibid.*, p. 214.
☆36　*Ibid.*, p. 218.

一九七〇年、当時の刑務所長はヴァン・アールデ大佐で「温厚で物分りの良い男」だった。人が良すぎたのであろうか、当局は島の雰囲気をあらためるためにピート・ボーデンホスト大佐を後任の所長に任命した。裕福な家庭に育ったボーデンホストは、ガレー船の監視人〔看守〕になることに憧れ、それが天職と思っていた。しかし彼の蛮行によって、ついには職務から追放されることになるのである。彼は「緩んだ規律を引き締める」使命をもち、嬉々としてそれを遂行した。「姿を見る前から、我々は彼の体制の及ぼす影響を感じ取ったのです。学習や自由時間に関する規約のいくつかがただちに撤回され、親しくなっていた看守たちは異動させられ、ボーデンホスト自身が選んだ看守たちに交代しました。彼らは私たちの独房を隅々まで調べたり、本や書類を押収し、警告なしに食事を取り上げたり、採石場へ行く途中で私たちに暴行を加えたりしたのです」。

虐待は日増しに増加していった。そのひとつを例に挙げると、一九七一年五月二八日の夜、手荒く起こされた政治囚たちは、独房に面した中庭に沿った壁の前に裸で整列するよう命じられた。その晩は凍えるほど寒く、彼らは看守たちに罵られながら震えていた。看守たちを指揮していたのは、サディスティックな行為で知られるフーリーとかいう男だった。囚人の何人かはひどく殴られ、心臓に疾患をもつひとりが気を失った。なにがこの発作的残忍性を引き起こしたのかはわからないが、ボーデンホスト大佐の蛮行はとどまるところを知らなかった。そしてついに政府は、広まる不快な噂の調査に着手し、島に判事の代表団を送り込んだ。囚人たちの代弁者となったのはもちろんマンデラだった。大佐を「粗野な兵士」とみなすジェームズ・グレゴリーがその場に立ち会っていた。「マンデラには威厳が感じられ、その声はいつものように低く、ゆったりとしていた。事実、彼の自信に満ち、落ち着いた様子は皆を驚かせた。彼は〔何人かの看守の〕挑発的言動や繰り返される制裁、暴力そして多くの看守の性的倒錯に対する非難を列挙したのである。そしてボーデンホストのほうに向き直り、大佐は不満が発せられるとすぐに関係資料を隠し、誰の忠告も受け入れようとはしないという事実を明らかにした。激怒したボーデンホストは、代表団が来ていることも忘れ、こう怒鳴った、――マンデラ、お前は合法的な、いわゆる体罰というものを自分の目でみたのか？――

――もちろん見ていません。私たちは隔離されているのですから。でもいまあなたが私にしたことは、はっきり見ました。だから私が述べた話が真実であることは一瞬たりとも疑っていません。

ボーデンホストはそのとき怒りで真っ赤になり、冷や汗をかき、すぐに口に出す「ヨウ・マセ・ムル」（お前の母親は臭ったムール貝だ）[★9]をがなりたてるところだった。彼はマンデラに近づくと頬に指を突き立て、――気をつけろよマンデラ！　見てもいないことを見たようにしゃべると面倒なことになるぞ、どういう意味か、わかるな？――と押し殺した声で言った。

脅しを無視し、大佐から離れたマンデラは代表団の判事たちのほうを向き、落ち着いてこう語った。「皆さん、私たちが相手にしている所長がどういう種類の人間であるか、よくおわかりい

★9　ムール貝は女性性器を表わす卑語。

ただけたでしょう。皆さんの目の前で私をこんなふうに扱うのですから、皆さんのいらっしゃらないこの島でどんなことをするのかご想像がつくと思います[☆37]」。

判事のひとりは「この囚人の言うとおりだ」とつぶやいた。この場面の描写に関して、マンデラはグレゴリーの証言を確認したうえでこうつけ加えている。「その後数ヵ月の間、ボーデンホストは両手を縛られたようなものでした。横暴さは影をひそめ、判事たちの来訪から三ヵ月たったとき、ボーデンホストが異動になることを私たちは知ったのです[☆38]」。サディスティックで攻撃的な看守たちも指揮官とともに姿を消した。ヴィルムサ大佐が後任の所長に任命されるやいなや一時的妥協を求めてきたのは、おそらく政治的指示があったのであろう。マンデラはヴィルムサの提案を拒まず、妥協に同意した。「私たちは、少なくともちゃんと働いているように見せかけ、実際には無理のないペースで作業を進めることに決めました。そしてそのとおり実行したので、以後、所長が不満をもらすことはなかったのです[☆39]」。

政治囚たちには採石場での作業よりは楽な仕事が与えられたが、それとて簡単ではなかった。海岸に打ち上げられた海草を集めて乾燥させ、圧縮するもので、これは肥料として日本にも輸出されている。ムール貝やミミ貝を拾うことで刑務所の食事改善ができるとあって、彼らはもちろんその作業を受け入れた。料理の得意な囚人のひとりがその食材で煮込みを作り、でき上がると看守たちもやってきて皆で一緒に食べた。このことは新所長が赴任してからの両者の良好な関係を如実に物語っている。食事中に不意にやってきた刑務主任はこの煮込みを味見して、満足な様子で「スマークリク」（美味い！）と叫んだ。囚人たちがほかに高く評価したのは「素晴らしい景色をじっくり見る楽しみでした。網を引く漁船や魚を捕らえるカモメ、波間に遊ぶアザラシなどを私たちは眺めていました。夏は水が心地よかったのですが、冬になると氷のように冷たいベンゲラ海流が作業を拷問に変えたのです[☆40]」。

すぐ近くの——とはいえ囚人たちには星ほど遠い——大陸では戦闘が日増しに激しくなっていた。銃を手にいつでも戦うつもりのＭＫの戦士たちが少しずつ〔囚人として〕島にやってきた。彼らは最高の権限をもつリーダーに戦況を報告した。そして近隣地域の捕虜収容所では、万事がきわめて良好というわけではないことが判明した。そこでマンデフは亡命先のオリヴァー・タンボに手紙を送ることに成功し、まだ捕らわれていない若いＭＫ戦士たちに政治教育をしてくれるよう頼んだのである。最高司令部のメンバーたちも、島に送られてきた若手戦士の育成に専心した。しかし回想録の慇懃であたり障りのない表現の裏側には、反乱を起こした経験もなく監獄にやってきたこれら若者には、率直なところ我慢ができないといった様子が伺える。それは別として、政治活動の金科玉条のひとつが、誇張を好み、一面的で断定的な物の見方をしがちな、次代を担う世代と接触を絶ってはならないことなのである。未来を実践する若者なくして未来を築くこと

☆37　James Gregory, *op. cit.*, p. 125.
☆38　*Un long chemin*, p. 558.
☆39　*Ibid.*, p. 560.
☆40　*Ibid.*, p. 562.

はできないのだから。

地下の最高司令部はそのことを理解し、「慎重かつ親切」なウォルター・シスルが、無鉄砲で無学な若い囚人たちにANCの沿革を教え込んだ。ANCの活動が一九一二年にさかのぼることを知った彼らは驚き、この雑談は次第に正規の講義へと変化していった。それは「カリキュラムA」と呼ばれ、「インド人会議」の幹部のひとりが同会議の組織とカラードの闘争の歴史を講義した。マンデラは政治経済の講座を担当し、教育はそれを受ける者にのみ役立つものではない、という忘れられていた事実を明らかにした。「正規の学校教育を受けた囚人たちはほとんどいませんでしたが、実社会とその諸問題のことはよく知っていました」。だが、マンデラの本来の使命は教育にあるのではなく、控訴を希望する受刑者に法律的助言をすることにあった。「私に会いに来た彼らは、弁護士と話すのが初めてでした」。聖職者はどこにあっても聖職者であるように、牢獄でも法廷でもマンデラはいつでも弁護士なのである。もちろん、獄中での作業なので思うようには進まない。「昔のマンデラ・タンボ事務所なら三〇分もせずに片づいた相談が、ロベン島では一年以上かかることもありました」。

〔監獄での〕歳月は際限なくゆっくりと過ぎていく。政治囚が一団となって島に送られてくるようになると、先を争って島を出て行く一般囚が務めていた厨房係は政治囚に交代し、食事は美味しくなった。赤十字や国際世論の圧力で島の規則の非人道的部分は軽減した。だが、この進展になんと時間を要したことか！　アフリカ人、インド人そしてカラードがやっと同じ献立を食べる権利をうるのには一九七九年まで待たねばならなかった。とはいえ、これは驚くべき下劣な手段で譲歩されたものであった。すなわち、アフリカ人たちにわずかな砂糖を与えるために、他の囚人の割り当てを減らしたのである。翌年、ふたつの保守的日刊紙が島で購読可能になったのだが、ほとんどの記事が囚人たちの目に触れる前に塗りつぶされていた。それにもかかわらず、〔白人政権という〕禿鷲はときとして更なる凶暴なくちばし攻撃を加えたのである。ある日のこと、友人のファティナ・ミーアがマンデラのもとを訪れると、彼はなんらかの処罰を受けていて「パネルにピンどめされた蝶のようにひどくやつれていた」そうである。愛する者たちから、一度も会っていない子どもたちから、そして夫婦のベッドにたったひとりでいる妻からも引き離されるという精神的拷問は、囚人たちを徐々に蝕んでいった。仲間の一人が『ゴドーを待ちながら』★10をもじり、ユーモアを交えてマンデラにこうたずねた。「あの乞食はどんな希望に対しても希望を抱くべきと我々に教えたいのだろうか」。

共通の基準はシェイクスピアの作品にあり、政治家なら誰でも長台詞を暗記している。「我々は通常『コリオラヌス』や『ジュリアス・シーザー』、『ヘンリー五世』の最も戦闘的な場面を暗誦していた」とナヴィル・アレキサンダーが記憶している。彼らは『ヘンリー五世』のプロローグで語られる解放の願望を実践に移したのである。「皆様の想像力におすがりするほかありません。いまこの壁の中に強国が閉じ込められているとご想像願います。我らの足らざるところを皆

★10 作者のサミュエル・ベケット（Samuel Beckett, 1906-1989）はアイルランド出身のフランスの劇作家・小説家・詩人。一九六九年にノーベル文学賞受賞。

様の想像力でもって補ってください。そして大軍がいるものと思い描いてください」★二。彼らは暇つぶしをしようといくつかの架空の脱獄計画を練り上げた。そしてそのうちのひとつが一九七四年に具体化されることになった。歯の治療でケープタウンに行くときなら三人で逃亡するのが可能というものだった。歯科診療所の二階の窓から道路に飛び降りるだけでよいというのである。そしてそのときが訪れたが、道路には人影が見えず不思議な静寂が漂っていた。三人の脱獄候補者は罠に気づいた。そのまま飛び降りていたなら、おそらく「逃亡の企て」により射殺されていたであろう。結局、マンデラはどこも悪くない歯の治療で歯医者を混乱させてしまった。また、囚人たちの誕生日には食べ物を持ち寄り、ケーキ代わりに一切れのパンをプレゼントにして、誕生日を迎えた仲間を祝った。こうして一九六八年に、マンデラはさして注目もされずに五〇回目の誕生日を迎えた。親しい友人たちは、彼の六〇歳の誕生日は記念すべき方法で祝うことを決めた。ウォルター・シスルが出したアイディアは、誕生日までにマンデラが回想録を書き上げ、それを外部で出版し、若い活動家たちの育成に役立てようというものだった。「そのアイディアは私の心を捉え、取り掛かることを承諾しました」。夜の時間を執筆に充てたのだが、すぐに問題が発生した。これら秘密の原稿をどこに隠せばよいのだろうか？　彼らは苦労して原稿を中庭に埋めた。だが、ある日のこと、塀を建てようとする騒がしいつるはしの音が中庭で響いた。原稿をよそに移さねばならなかったのだが、結果的に苦労は徒労に終わってしまった。数日後、著者であるマンデラは所長に呼び出された。「マンデラ、お前の原稿を見つけたぞ」。マンデラは「学習の特典を悪用して非合法的に原稿を書いた」ことが立証され、それからの四年間は学習の機会を奪われてしまった。

外見上はさほど重要ではないが、私には来たるべき激動を告げているように思える出来事が一九七六年に起きた。有力閣僚で刑務所担当相のジミー・クルーガーがネルソン・マンデラに会いに来たのである。政府は相変わらずバンツースタンの実現をめざしていて、この計画の中心地域はトランスカイであった。ここはマンデラの甥マタンジマが首相を務めていた。すでに見てきたように、おじとそりの合わないマタンジマは、黒人の解放など眼中にない独裁的性格の男だった。もしマンデラが「トランスカイ自治政府」の正当性を認め、トランスカイの刑務所に移ることに同意したなら、彼の拘留期間は「大幅に短縮」されたであろう。だがこの奇妙な提案に、マンデラ自身はバンツースタン政策に反対している旨を丁重に答えた。その礼儀正しさにつけ込んだのであろうか、クルーガーは一ヵ月後にふたたび同じ提案を手にして訪ねてきたが、またもや拒絶されてしまった。「そういう申し出を受け入れたら、変節漢と呼ばれても仕方ないでしょう」[☆41]とマンデラは書いている。それは別として、政府にとっては今後どこで「正規の交渉相手」を見つけるべきかがわかったことであろう。

マンデラ自身、交渉相手がいつかは必要になると思っていたのではないだろうか。この間にも緊張の高まりが続き、一九七六年六月にスウェトで学童たちの血まみれの抵抗事件が勃発した。

★二　小田島雄志訳を参照。『ヘンリー五世』シェイクスピア全集、白水社Uブックス19、一九八五年。
☆41　*Ibid.*, p. 582.

人間世界の運行をつかさどる神ジュピターは、破滅させたい連中に常軌を逸しさせ、政府は黒人の児童生徒にアフリカーンス語による教育の義務化という気違いじみた決定をしようとしたのである。若者たちはこの決定の重大性をすぐに理解した。彼らは英語と異なり世界で使われることもなく、広い世界への道を閉ざしている地域原語の特殊地区に押し込まれるのである。ご主人様であるボーア人は、このような教育を受けた若者たちにカフラーリア〔南アフリカ南部地方〕の人たちの未来を与えようとしたのだ。この決定は彼らがとうてい受け入れられるものではなかった。タウンシップ〔黒人居住区〕の学童が街頭に繰り出すと、就学したことのない何千人もの若者が支援に駆けつけた。警官隊が発砲し、一三歳のヘクター・ピーターソンが命を奪われ、激怒した若者たちは白人二人にリンチを加え、スウェトは戦場と化した。シャープヴィルの虐殺以上の重要性をもつこの事件は、大見出しの写真記事で世界中の新聞に配信された。暴動はケープタウンにも広がり、その年の暮れには数百人の死者を数えるにいたった。囚人たちがこの事件を知ったのは暴動に加わったひとりが島に送られてきた八月のことだった。彼は有罪を言い渡される前にひどい拷問を受けていた。マンデラは自らがその存在を見つけ出したこの「黒人の意識」のなかに、「(自分が予感していた)革命にいたる憤りの思い」をすぐに確認した。これは個人の思考であり、組織が関与することはできないことである。

暴動の指揮者でナダール州大学医学部の学生スティーブ・ビコは「他人からでなく、自分自身で決定する」ために、黒人を「劣等感」から救い出すことを切望していた。ビコにとって「黒い《ブラック》」という形容詞はアメリカの黒人運動のように自尊心の問いかけであったに違いない。アメリカの黒人意識運動[★12]は先駆者デュボイスから現代のエルドリッジ・クリーヴァーだけでなく、フランツ・ファノン[★13]やエメ・セゼールをうしろ盾にした。この運動はANCやPACそして他の非合法運動と若者たちとの間に生じた空白を埋めたのである。マンデラはこの事件の重要性とそこから導き出せる利点をすばやく予測した。とにかく反逆の徒を奮い立たせる必要があった。そこでマンデラは情熱的な檄文を作成し、出所した囚人を介して反逆の徒に伝えてもらった。その内容は「銃のために生きる者は銃によって滅びる！　団結せよ！　立ち上がれ！　闘うのだ！我々は統一の取れた大衆運動と武装闘争で板ばさみにしたアパルトヘイトを粉砕しなければならない！[☆42]」。

九月になると、ロベン島に多数の青年受刑者が送られてきたのを見て、マンデラは自らの組織のための熱心な勧誘はしないように気をつけた。さらにはよく知られた活動家パトリック・〝テラー〟・レコタのANCへの加入も拒否した。〝テラー〟〔戦慄〕――サッカー選手時代につけられ

★12　南アフリカの「黒人意識運動」は、多くのANCの党員が虐殺された一九六〇年のシャープヴィル事件のあとスティーヴ・ビコ（Steve Biko, 1944-1977）が創設した政治組織で、南アフリカの意識改革に大きな影響を及ぼした。

★13　エルドリッジ・クリーヴァー（Eldridge Clearver, 1935-1998）はアメリカ黒人でブラック・パンサー党の元幹部。同党は一九六〇年代後半から一九七〇年代にかけてアメリカで革命による黒人解放を提唱し、アフリカ系アメリカ人に武装蜂起を呼びかけた。その後クリーヴァーらは黒人解放軍（通称BLA）を結成した。フランツ・ファノン（Frantz Fanon, 1925-1961）はフランスの旧植民地マルティニック諸島出身の思想家・精神科医。アルジェリア独立戦争で指導的役割を果たした。

☆42　*Mandela*, p. 275.

たニックネーム「相手の思い通りにならない男」——は自らの加入を公に表明したのだが、その数日後に「政治色をもたない」怒った仲間に園芸用の熊手で襲われ負傷した。マンデラは彼に告発を断念させた。本来の敵にアフリカ人同士の対立を知られたくなかったからである。「これら青年たちに、ANCは多くの異なる意見や集団を収容できる巨大な運動体であることを理解して欲しかったのです」。私が思うに、この教訓はあらゆる政治教育にとって意義深い。「盲目的信奉者」だけが「統一した考え」に満足しているのだ。この事件の直後に何十人もの黒人意識運動のメンバーがANCに加入し、そのなかには〝テラー〟・レコタを襲撃した数名も含まれていた。そして「ほどなく〝テラー〟はANCの政策をほかの囚人たちに教える立場になりました」[☆43]。しかしながら、すべてが完璧ということはなく、ANCとPAC、黒人意識運動の活動家の間で小競り合いが起きたのである。「統一の推進者、公正な仲介者」としての役割を果たすのだから、「身内と仲たがいする危険を冒すこと」もマンデラには織り込みずみだった。ここに示されたように良い政治の教訓をすべて書き留めて読者を退屈させても構わないのなら、筆者は良い政治にこだわりたいものである。

翌年になって、政治囚はやっと肉体労働を免除された。マンデラはこう書いている。「日中に読書したり、手紙を書いたり、同志といろいろな問題を話し合ったり、囚人の弁護資料を作成したりできるようになりました」。国際赤十字からバレーボールの用具一式と卓球台が届けられた。当局は一番奥の塀の手前に小さな畑を作ることを認め、種を供給した。南アフリカの未来の解放者は大喜びして、トマトや玉ねぎの種を植えたのであった。彼はウィニーに「とりわけ見事なトマトの苗木」と、しおれてしまったもう一本について二通の手紙を送っている。時をおいて、彼はウィニーとの間に迫りくる危機を無意識のうちにほのめかしていたことに気づくのである。「いくつかの意味で、この畑は私の人生を象徴しているように思えました。指導者も、やはり自分の畑に種をまき、育て、そして実ったものを収穫するのです。庭師と同じように、政治的指導者も自分が育てるものに対して責任を負わねばなりません。そして細心の注意を払い、敵を退け、残せるものは残し、実をつけそうもないものは排除していくしかないのです[☆44]」。園芸に例えたこの比喩は比喩でしかない。私は実行性と真摯さを想起させるだけの目的でこの文を引用したのだが、マンデラにとってはこの実行性と真摯さだけがすべての政治行動を成功に導くはずなのである。

生まれて初めて、マンデラは小説を読むことにした。刑務所側は「赤」あるいは「戦争」という語を含んだタイトルは用心深く遠ざけたため、『赤ずきんちゃん』や『宇宙戦争』などは排除されていた。それでも『戦争と平和』だけは許可されていたので、疲れ知らずの蜜蜂マンデラは、トルストイの蜜を存分に吸い取った。特に惹きつけられたのは、クトゥーゾフ将軍の人物像だった。将軍がナポレオンを破ったのは「民衆を本能的に理解し、正しく導くためには民衆を本当に知らねばならない」という認識があったからである。そのことを学ぶのに、マンデラはロシア人

☆43 *Un long chemin*, p. 587.
☆44 *Ibid.*, p. 591.

の助けをまったく必要としなかった。

活動家ジャーナリストのタミ・ムクワナジの記述によれば、当時のマンデラはすでに白髪交じりで、ゆったりとした足取りで正面を見据えて歩き、なにやら瞑想にふけっているようで、その状態から戻るのは「ずいぶん前に約束を取りつけた」彼に敬意を払う同志たちと話し合うときだけである。マンデラは必要な時間のすべてを同志に捧げた。ときには小さな字で書かれたメモで助言を求められることもあった。彼の独房は常に整頓されていて、そこには山のような裁判資料や本を入れたいくつかの箱、囚人の作った小さな像、そして壁に貼られた地図には民族衣装をまとったアフリカ女性の写真の切抜きが貼りつけてあった。マンデラによれば、これはウィニーの嫉妬をかきたてるためなのだそうである。だがこの冗談の裏には彼自身の嫉妬が隠されているのではないだろうか。看守たちは彼を「マンデラ」、ときとして「ミスター・マンデラ」と呼んでいたが、囚人たちは、いつもマディバという彼の尊称で話しかけていた[☆45]。

彼の威厳は際限のない雑居生活で苦しんでいる周囲の者に影響を与えた。彼らのひとりがこう記している。「くる日もくる日も同じ顔を見て暮らすのは、心理的悪影響を及ぼし、私たちは苛立っていた。娑婆の話題はとっくに枯渇していた。それで、想像できる限りの冗談を言い合ったのである」[☆46]。苛立ってはいたが、いさかいはめったに起きなかったし、起きてもすぐに収まり、団結と友情が弱まることはなかった。ジェームズ・グレゴリーの話を信じるならば、看守たちの小さな白人共同社会が、これら立派なカフィールたちのそれと対照的であるというのが不思議な光景である。「ロベン島は陰口の王国である。男のだれそれが女のだれそれと一緒のところを見た、というように中傷しようとする思いは現実の色恋沙汰と交じり合う。看守の何人かは妻に売春をさせている。利益を得ているのだから、意味もなく寝取られ男になったわけではあるまい。休憩時間に料金が酒場で決まるのだ[☆47]」。これがアフリカーナーの白人至上主義の概念であり、この明白な白人の優越感は、あらゆる分野で黒人におよび、耐え難い試練となっているのだ。

新たに尾を引きそうな心配事が生じた。ソウェトの学生暴動から二ヵ月後、ウィニーが治安維持法によって拘留され、起訴もなしに収監されたのになんの説明もなく釈放された。白人政権はそれが彼女のためと判断したのだ。当局はウィニーにソウェトに戻ることを禁じ、次女のジンジとともにブランドフォートという居住区へ強制的に移送させた。そこはあまり好感のもてる場所ではなく、ウィニーは友人にあてた手紙で「小シベリア」と形容している。警官がうるさくつきまとったものの、当局の対策は効果が乏しく、アフリカ人女性革命家はその驚くべきエネルギーを少しも失うことはなかった。彼女は近くに住む白人たちとも親しくなり、自身の魅力や威厳そして美しい微笑のおかげで弁護士ピエ・デ・ヴァルと知り合いになった。その後、ヴァルは一九八〇年に、マンデラは言われているような危険な革命家ではなく、むしろ対話の人物であると進言して法務大臣コビー・クツィエを納得させるという大切な役割を演ずることになる。「クツィ

☆45 *Mandela*, p. 283.
☆46 *Ibid.*, p. 230.
☆47 James Gregory, *op. cit.*, p. 168.

エがのちに『それがすべての始まりだったと言える』、と打ち明けている☆48。ウィニーは託児所を開き、診療所を開設する資金集めに奔走した。母親と似た性格のジンジは一七歳のときから自分が何をしたいのか理解したうえで行動した。さらに詩を書いたところアメリカで賞を授与されている。

ほぼ二年にわたり、マンデラは「夢見がちで、ノスタルジックな」と形容した時期を過ごしている。精神的衰弱を意味する「控え目な表現」であろうか。彼の意識のありさまを反省するときがやってきた。彼は身内や仲間に困難な運命をもたらしてしまったことと、自分を支えてくれた人たちに感謝の気持ちを十分に表わさなかったことに責任を感じていて、絶えず悪夢に悩まされた。例えば釈放されたのにまったく誰も迎えに来なかったという悪夢。「そのとき私はソウェトに向かって歩いていました。やっとわが家にたどり着いたのですが、そこはドアや窓が開け放たれ、中には誰もいない空屋敷でした」。若くて魅力的で情熱的なウィニーと永久に隔てられた男の、胸の張り裂けるような苦悩をどうしてもこの夢のなかに読み取ってしまう。彼女がほかの男に抱かれていると想像していたのだろうか。マンデラはこれとは別の夢について彼女に話している。「寝室は親族や友人たちでいっぱいだった。君は私の次男マハトと一緒にベッドで休んでいて、壁にもたれて眠る姿は若やいで見えた☆49」。安堵する解釈ではあるが、実際には、気になる恋敵の影が迫っているのだ。たとえ無意識であっても、この夢は「壁」と、禁止されている近親相姦の陰に隠れた相手の男という二重の解釈ができるのである。マンデラは眠れぬ夜に、別の男に抱かれているウィニーをどれほど想像したことであろう。彼は羞恥心ゆえに、この秘密の責め苦を認めようとしないが、我々は行間にそれを推察できるのである。

一九七七年九月、世界中を怒りの渦に巻き込んでいる状況下で、黒人意識運動の創立者スティーブ・ビコが拷問を受けたのちに暗殺された。アメリカはこれに激し、副大統領モンデールはアパルトヘイトの体制に対して「最終的には、南アフリカを救うためにアメリカ合衆国が介入も辞さない事態にいたることのないよう」[☆50]求めた。アメリカ合衆国は、建国以来初めての武器輸出禁止令を制定した。南アフリカ政府は翌年、刑務所の拘束規制を多少緩和している。最も危険な敵に映画のプロジェクターやフィルムを贈る政府を誰が「非人道」呼ばわりできようか。マンデラや彼の同志たちには映画は「素晴らしい娯楽」だった。暴走族を扱ったドキュメンタリー映画『地獄の天使』の上映後、ディスカッションをした。この暴走族「地獄の天使」を「非社会的で不道徳な一団」と見なした者もいたし、自由を求める類ない戦士と見た者もいた。マンデラ自身「地獄の天使」の振舞いには賛同できなかったが、既成の秩序に対する彼らの野生的で自発的な反抗はソウェトの学童たちの反抗と同種の問題を提起していた。「私たちの闘争がすでに革新性を失っていたか否かを知る必要がありました。私は一八年以上獄中にいるのです。私たちが残してきた世界は遠い昔のものになりました。怖いのは、私たちの考えが硬直してきていることで

☆48　*Mandela*, p. 303.
☆49　*Un long chemin*, p. 599.
☆50　*Mandela*, p. 317.

す」[☆51]。

だがマンデラは不安を覚えなかった。すべてを知ることにこだわる気遣いや新たに島にやってきた囚人たちとの対話、そして若者たちとの率直なコンタクトがこの危機を回避したのである。それに囚人の黒人共産主義者たちは、もはや世界から完全に孤立しているというわけではなかった。やがて刑務所内のラジオ放送でニュースが流されるようになった。もちろんその内容は検閲されたものであったが、囚人たちはP・W・ボタがジョン・フォルスターの後任として首相に就任したことを知ることができたし、アフリカの解放戦争の輪が広がってきて、黒人も敗北を体験するだけではないことを、白人政権の声明を通してそれとなく感じることができた。追い風である。一九八〇年三月、「ヨハネスバーグ・サンデー・ポスト」紙が「マンデラに自由を」という見出しを大きな活字で第一面に載せた。同紙は釈放を求める嘆願書を掲載し、長いあいだ考えられなかった公式の論議の火つけ役になってくれた。その前年にマンデラはニューデリーでネール人権賞を授与され、オリヴァー・タンボが授賞式に代理出席している。一九八一年、ロンドン大学の学生たちが、世界で最も著名なこの囚人を名誉学長の候補に指名した。残念ながら当選には数票足りなかった!

さて、一九八二年三月三一日、ネルソン・マンデラは、刑務所長本人が幹部全員を引き連れて独房を訪ねてきたことに驚いた。所長が監房の囚人を訪ねたりなどしないものである。そして彼と三人の主要な仲間、ウォルター・シスル、アーメド・カトラダ(通称「カティー」)、そしてレイモン・ムラバが移送されることを知らされた。どこへ? それは教えてもらえなかった。「私は戸惑い、不安になりました。これはどういうことなのか？　一八年以上もこの島にいて、どうしてこんなに唐突に出て行かなくてはならないのだろうか！」。はるか遠くの暗闇から、ほのかな光が現われ出たことを、どうやって彼は知るのであろうか？『トロイ戦争は起こらない』で述べられているように「その名は黎明というのだ」[★14]ということであるのだが。

☆51　*Un long chemin*, p. 606.

★14　『トロイ戦争は起こらない』（一九三五）の作者ジャン・ジロドゥ（Jean Giraudoux, 1882-1944）はフランス人外交官・劇作家。ギリシア悲劇や旧約聖書などに題材を求めた反リアリズムの演劇。戯曲のほとんどがジュヴェ一座で上演された。しかし本稿の台詞が書かれているのは同じ作家の『エレクトラ』（一九三七）第二幕一〇場である。

第4幕　プロスペロ

遺恨で意地を張って何になりましょう。
祖国が崩壊したら、それが正しい前進なのですか？
ソポクレス『コロノスのオイディプース』

美しくも胸をえぐられるような小説『最も暗い夜』でアンドレ・ブリンク★1は、貧しい家に生まれたひとりのアフリカ人少年の才能に目をつけた「バース」〔ご主人様〕が、その少年を学校に通わせるという話を描いている。シェイクスピアが描く題材を見出すことに大きな喜びを感じたマンデラは、自身でも語っているように『嵐』の魅力に取りつかれていた。〔ブリンクの作品では〕学校でクリスマスの祭りに教師が生徒たちに『嵐』を上演させ、彼らはなんとか上演にこぎつけている。プロスペロを演じたくだんの少年は、貧しい小屋に戻ると母親に役者になりたいと告げた。「私たちは夜の人間なの。でもお前は光のなかで生きていきなさい、と母親が言った。私たちはね、外の闇にいなくてはいけないし、明るいところは私たちの場所じゃないし、神様は私たちを暗闇で生きるように創ったのよ☆1」。

民衆を暗闇から救い出す男は、国民的悲劇のなかで、粗野なカリバンに魔法の島を荒らさせまいとする魔術師プロスペロ王子の役を演じようとしていたのだ。彼は偉大な政治家としての生来の才能に加えて、魔力を最大限に利用して成功を収めることになる。というのも、歳月につれて、誰も気づかぬうちに隠遁者となり、姿を見せなくなったマンデラは、ゲルマン人にとっては死んでいるにもかかわらず、いつの日か必ず洞窟から姿を現わすはずのバルバロス[★2]のように、あるいはシーア派教徒が、「姿を見せない指導者」が現われたときのために常に馬具を備えた馬を用意して待っているように、南アフリカ人の心のなかに生きているのだから。マンデラは悪夢につきまとわれていて、そのことを一九八七年五月にP・W・ボタにあてた覚書にこう記している。「私はふたつの敵対する陣営――一方は黒人で一方は白人――に分かれて互いに殺しあっている南アフリカの亡霊におびえています」。これがアパルトヘイトの国に予想された未来なのだが、当時は血の海を避けることのできるジャーナリストや政治家はほとんどいなかった。

社会が変化するときに間違いなく現われる兆し、それは言葉が威嚇的になることである。アフリカーナーの指導者たちは、演説や声明のなかで「取り除く」あるいは「排除する」、「抹殺する」、「消す」、「合意なき手段」などの新たな単語を使い始めた[☆2]。厳しかった弾圧はさらに耐え難いものとなった。クフート暴動鎮圧部隊や軍隊の三二および一〇一大隊などの制服が弾圧の代名詞として注目を浴びた。P・W・ボタ本人が議長を務める国家安全保障会議（SSC）が大々的に弾圧を組織したのである。拷問は習慣的な方法となり、『最も暗い夜』には拷問を加える男の

★1　第1幕★29・七一頁参照。

☆1　André Brink, *Au plus noir de la nuit*, Stock, 1976, Livre de Poche, p. 16.

★2　Barberousse（1483頃-1546）赤ひげと呼ばれ、ヨーロッパ人から恐れられた大海賊。のちにオスマン帝国君主スレイマン一世により帝国海軍提督、アルジェリア総督、艦隊司令長官に任ぜられる。

☆2　Desmond Tutu, *op. cit.*, p. 236.

言いぐさが描かれている。「どうしてお前は人生をこんなにややこしくするんだ？　と深い哀れみをもって私に聞いてきた。こんなことをして俺たちが楽しんでいると思うか？　なんであれ、どれもこれも同じ仕事なのさ」[☆3]。特務機関は海外への亡命者も抹殺した。マンデラの親友で共産主義者の白人ルース・ファーストは、亡命先のマプトで郵便物に仕掛けられた爆弾で死亡した。アパルトヘイト反対闘争に参加していたフランク・チカネは、新しい服を購入して以来、日増しに体調が悪化していくことに気づき、ウィスコンシン大学教授である妻に相談した。彼女の同僚の優れた毒物学者が衣服の織り目から、時間をかけて効力を発する毒物を見つけ出した。南アフリカ国内では、報告義務もなく処罰もされない秘密警察がどこまでもつきまとい、誰でも逮捕し拘留した。逮捕されたうちのひとりは、秘密警察が逮捕したおのおのに必ず「この国を治めているのは俺たちだ」[☆4]と言っているのを聞いたそうである。逮捕されたアフリカ人の何名かは「転向」し、アスカリ（*askaris*）と呼ばれ、かつての仲間に対して転向を迫った。

　平和が戻り、後述する「真相究明と和解に向けた委員会」による聴聞が流血の時代を明らかにした。筆者はデズモンド・ツツの著書にわずかに描写されている現実の数例を挙げてみたい。それによればプレトリア近郊のフラックプラースには民間人殺戮を目的とした警察中隊の司令部がおかれ、「悪の権化」とあだ名されたウジェーヌ・デ・コックが指揮していた。彼の副官のひとりが、ダーバンの優秀な弁護士グリフィス・ムセンゲの大々的な政治活動が邪魔になり始めたので、どのように彼を「排除」したかを語っている。「決定を下したのはナタール港保安警察のファン・デア・フーベン将軍で、彼は私に、その男は法に従って行動していたので、活動させなくするのに苦労した、と語った」。この任務を果たすための黒人警官も選別された。そのひとりジョー・ママセラは上司の賛辞に値する仕事ぶりで「殺人者の特質を備えた非常に有能な男」だった。その優秀な弁護士はハンマーとタイヤ取り外し用のバールで暗殺されたが、物取りによる犯行に偽装された。だが法医学者が彼の遺体から四五ヶ所の傷を見つけるにいたり、この暗殺は露見することになる。その後このママセラは八人の黒人青年を言いくるめて「ゲリラふう訓練」に参加させ、公安当局が改造したとめピンをはずすと爆発する手榴弾を彼らに渡したのである。これは一例であるが、まったく悪気なしに潜入工作員を友人たちに紹介した若い女性活動家は、共犯者の嫌疑がかけられ、「首輪」と呼ばれる恐ろしい拷問を受ける最初のひとりとなった。この拷問は、犠牲となる者の首にはめたタイヤに火を放つものである。世界を唖然とさせた、この野蛮極まりない処刑を実行する黒人が増加し、一部の人たちに圧制者よりも圧制に苦しむ人たちのほうがひどい処刑をすると思わせてしまった。これに関してデズモンド・ツツはその著書のなかでこう指摘している。「これらまったく異常な行動に、普通の人間も、若者たちさえも、自分たちにも責任があると考えていたことを強調したい」と。

さらに五人の警官がプレトリア地域で一二人ほどを殺害した事実が思い起こされる。彼らは「テロリスト」たちへの拷問および遺体の処理方法をこう描写した。「容疑者に電気ショックを与

☆3　André Brink, *op. cit.*, p. 362.
☆4　Desmond Tutu, *op. cit.*, p. 106.

えるのはごく一般的なことなので、警部のひとりが抑揚のない口調でこう言ったらしい。『俺たちはロビン社製の黄色い小型発電機を使ってセフィロとあと二人を尋問した。取り調べの最後に奴はウィットバンクのANC指導者のひとりであると白状したんだ』」。尋問に加わったポール・ファン・フィーレン曹長は「電気屋」とあだ名されていた。列挙された残虐行為の細部のいくつかは、まさに信じ難いものである。イーストケープ地方の青年シズエ・コンディーレは頭に銃弾を受け殺害された。うわべは親切とも言える殺害方法であるが、驚くべきはその後である。警官たちは、遺体を木材とタイヤの上に投げ捨て、ガソリンをかけて火をつけたのだ。「この間、我々は酒を飲み、燃え盛る火のそばでバーベキューを楽しんでいた……遺体が完全に灰になるまで七時間を要した。肉の大きな塊、とりわけ尻と太もも上部は夜の間に何度も何度も裏返さなければならなかった。朝になって灰の山を丹念に調べ、骨や大きな塊が残っていないか確認したのち、めいめいが帰路についた」。人間の本質を信じているデズモンド・ツツならではの言葉をもって彼はこう指摘している。「人間が人間を殺し、その遺体を薪の上に放り出し、しかも遺体の燃えている間にすぐ横で食事ができるなんて、私たちは完全に打ちのめされた思いである。彼らにいったい何が起きてこのような非人道的行為にいたったのだろうか[☆5]」。

彼らに何が起きたか知るのはたやすい。それはアパルトヘイトという制度が、集団に共通した精神錯乱と一般化した善悪の基準の喪失を引き起こしたからである。イチかバチか最後の運を試すべきと信じている白人たちの間で、最悪の懸念が具体性をおびつつあったのだ。宗教心はすべてを正当化する。例えば前述のフランク・チカネは、自らが関与する教会アポストリック・フェイス・ミッションの会員である白人警部から尋問され拷問を受けた。ところがある日、この警部は拷問部屋から直接「主の礼拝」に参加したのである。[☆6] 対立する陣営では、同様な残虐行為で応酬し「裏切り者」と呼ばれる拷問から「首輪」まで、不気味な処刑が続けられた。ANC側は八二名のメンバーを外国の収容所で、正式な手続きを踏まずに抹殺した事実を認めることになる。

ネルソン・マンデラと彼の三人の仲間は、テレビ、ラジオ、新聞を自由に視聴したり読んだりできた。彼らはケープタウンの南東数キロメートルにあるこのポールスムーア「重警備刑務所」の最上階の共同部屋で、祖国が崩壊するさまを生中継で確認したのである。石灰で白く塗られた壁のある大きな部屋の窓からは空の一部が見えた。彼ら四人は二六人の仲間と会えなくなったことが心残りであった。「これもまた刑務所で味わわされる屈辱のひとつです。四人同士の友情や忠誠の絆は、当局にとっては無意味なのです」[☆7] とマンデラは記している。風の吹きつける岩に縛りつけられたプロメテウスのイメージを壊すことが重要だったのだろうか。「ロベン島は闘争を強化するための神話になりました。それで当局は私たち幹部をよそに移すことで闘争の意味を取り除こうとしたのです」。だがマンデラが考えたほど当局は繊細ではなかった。移した理由は簡単である。当局はANCのリーダーをこれからは身近な場所においておきたかったのだ。なぜな

☆5　*Ibid.*, pp. 128-129.
☆6　*Ibid.*, p. 217.
☆7　*Un long chemin*, p. 615.

ら上層部では、まだ少数であるが、交渉ということを考え始めたからである。ボーア人は嫌悪する英国人との間で交渉した前例がある。それは一八五一年、同じ陣営の過激派の強固な反対論を無視したプレトリアスがスミット総督と連絡を取り、その結果、翌年に〝サンド川協定〟[★3]が結ばれ、これが南アフリカ共和国誕生にいたったのである。

ポールスムーアの囚人たちは、もはや一日三食のミール粥を強いられることはなかった。長い年月ののちに、彼らは肉と野菜の存在にあらためて気づいたのである。刑務所の食事は彼らには「ご馳走」だったようである。コンクリートに囲まれたこの空間には庭いじりのできるような菜園はなかったが、マンデラは許可を得て巨大な植木鉢を作り、それはロベン島で耕した畑よりも立派なものとなった。種子だけでなく、なんと「肥沃な堆肥」も当局から提供された。これ以上何を望めばよいのか？　マンデラは生ける伝説と化し、彼に関する情報はすべて誇張され、ゆがめられた。例えば支給された靴が小さすぎると不満を漏らしたことが外に伝わると、マンデラが足の指を切断したとなり、妻が面会に訪れたときには、靴下を脱ぎ足をガラス越しに見せて彼女を安心させなければならなかった。マンデラたちはすべての新聞やロンドンの週刊誌「タイム」を購読できた。刑務所長のムンロ准将は「道理をわきまえた好人物」であり、面会室も〔ロベン島〕よりずっと新しく、屋根窓はなかったが面会人との間を隔てるガラス窓が大きいので、相手の腰から上が見えた。妻のウィニーが面会に来たときは、ジェームズ・グレゴリーが監視につくことが多かった。この「好意的な看守」は、ウィニーに対しても親切に、丁寧に接してくれた。「時間だ！」と怒鳴らずに「奥さん、あと五分ですよ」と言ったのである。人間的に扱われるのはなんと珍しい、思いがけない素晴らしさであろうか。ある日、ジェームズ・グレゴリーはウィニーを別室に案内し、そこで彼女は夫の腕に強く抱かれた。「それは何百回となく夢に見た瞬間でした。いま、まだ夢を見ているようでした。前回妻の手に触れてから、二一年の時が経過していたのです」。

南アフリカは、生存をかけて「共産主義の脅威」と闘っているように見えたが、実際は警察国家に変貌していたのだった。逮捕者は数しれず――わずか半年で二五〇〇〇人――、外国のジャーナリストたちはアフリカ人指導者をひとりもインタヴューできなかった。なぜなら指導者たちは全員が刑務所か地下にもぐっているかだったからである。一九八〇年に「ランド・デイリー・メイル」紙は「革命戦争が始まった」と報じた。警察は、一九八五年以降国内で年間二三〇以上の「テロ活動」があったと報告している。小説『グレート・トレック』の聡明なボーア人ピエットの予言は現実性をおびようとしていた。「この原住民たちは手負いの水牛のように、追いかけている間に距離をおいては戻ってくる。その結果、水牛のうしろに回ったつもりが、結局は水牛の角先にいることになるのだ」[☆8]。一九八三年になると、現在なら驚きもしないが、当時としては

★3　プレトリアス（Andries Wilhelmus Jacobus Pretorius 1799-1857）は一八三五年のボーア人による内陸大移動（グレート・トレック）の指導者。南アフリカ共和国の行政上の首都プレトリアはプレトリアスの名にちなんでいる。サンド川協定により、英国は一八五二年一月一七日、トランスヴァールの独立を承認した。

☆8　Stuart Cloete, *op. cit.*, p. 310.

恐ろしい手口のテロが登場した。プレトリア中心部にある軍の情報センターを標的にした自動車爆弾で死者一九人、負傷者二〇〇人以上を出したのである。犠牲者に一般市民が含まれていたことで、マンデラは「心底から恐怖」を覚えた。その反面、以前からそういう事態を予想していたとも吐露している。ビジネス界にはこの情勢は不利であり、金相場は暴落した。

一九八三年一一月、P・W・ボタは白人の議会にインド人とカラードの議会を新たに加えた三院制の国会運営案を国民投票に諮り、承認された。白人が新設議会の決定のすべてに拒否権を行使できるのは言うまでもない。マンデラは「これでだまされるほど我々は馬鹿ではない」と憤慨した。駆引きは結果が出ないまま時間だけが過ぎていった。その間、一九八四年にデズモンド・ツツがノーベル平和賞を受賞している。政府は敵方の情報を探り、分裂させようと躍起になっていた。一九八四年の末と一九八五年初頭に、大臣ひとりを含んだ数人の高官が秘密裏にポールスムーア刑務所を訪れた。「マンデラ、我々は君となら話ができるが、君の仲間たちとは無理だ。こっちの立場もわかってくれ」。マンデラは話を聞いたが、それがまやかしであるとわかっていたので誘いに乗らないよう気をつけた。「私はこの申し出に応じませんでした。でも政府が私を攻撃する代わりに話し合いを求めてきたという事実だけでも、交渉の前兆が見えたように思えたのです」[☆9]。政府が「狭量なアパルトヘイト」法令の一部を廃止すると発表したのだが、マンデラは「私の望みは白人女性と結婚したり、白人のプールで泳いだりすることではないのです」と答えている。期待が外れた政府高官は、それ以上口をはさまなかった。

一九八五年一月三一日、P・W・ボタは国会で、マンデラが「暴力を政治的道具に利用することを無条件で放棄する」ならばマンデラを解放するという衝撃的提案をした。これは政治囚全員に適用されるといううえに、この悲劇の責任を転嫁するかのように、こうつけ加えたのだ。「マンデラ氏の自由を妨げているものは、もはや南アフリカ政府ではなくマンデラ氏自身である」。駆引きを縫い合わす白い糸はロープより太く、すぐに見えてしまうお粗末な策略であることは明白であった。マンデラはしばらく憤慨したあとで、慎重に行動することに決め、この提案への回答を公にするよう求めたのである。彼は一石二鳥を狙ったのだ。それは彼が白人に影響されていると考えている黒人を安心させること、そして特に、政府が小細工をやめるなら、交渉の道は開かれるということを政府に理解させたかったのである。

一九八五年二月一〇日、ソウェトのスタジアムを埋め尽くした群衆の前で、娘のジンジがマンデラの回答を読み上げた。いま読み返しても、彼の「伝達者」としての能力と演出のセンスには舌を巻いてしまう。例えば二〇年以上も前から沈黙に追い込まれている男の思いは、白人政権によって片親のない子にされてしまった少女の口から感動的に発せられた。「父はこう言っています。『私を自由にするために政府が押しつけようとしている条件は驚くべきものです……』。父はこう言っています。『私は暴力を好む人間ではありません。他の抵抗の道をすべてふさがれ、やむを得ず武装闘争の道を選んだのです。……暴力を放棄すべきはボタなのです。彼にアパルトヘイトを解体すると言わせましょう！　私は自分の自由を大切に思っていますが、皆さんの自由は

☆9　*Un long chemin*, p. 625.

それよりももっと大切だと思います』」☆10。この少女の口から発せられた抗し難い政府への非難は、傷心の歌のように聞こえた。群衆は長いあいだ沈黙していたが、やがて全員が立ち上がり、アフリカ賛歌の感動的な「ンコシ・シケレリ・アフリカ」を歌い始めた。頑固な首相P・W・ボタと同名ではあるが、聞く耳をもった、明晰な外務大臣ロルフ、通称「ピック」・ボタを首相の同類とみなしてはならない。ピック・ボタはテレビの質問に彼流でこう答えている。「またもやマンデラは頑固さと好戦的意思を証明した。我々が示した和平へのプロセスに参加することを拒否している」。白人政権の信奉者たちはこの客観的事実の解釈を支持している。

同じ年の五月に作家ブレイテン・ブレイテンバックはパリからウィニーにこう書き送っている。「めぐる季節に彼は何を想っているだろうか。どんな本を読んでいるだろうか。刑務所で彼に会った仲間たちから、彼が元気でいると聞いている。君の夫は辛い思いと怒りを体験しているはずだ。だが彼の卓越した指導力のおかげで、人間の尊厳はさらに高まるのだ。白人は歴史から逃れることができないのだから、すでに歴史的人物になっているマンデラの信用をこれ以上失墜させるのは不可能だ。もしも我々南アフリカ人が、まだわずかな良識をもっていて、現在の少数派体制がもたらすこの蛮行から抜け出せる幸運をほんの少しでももち合わせているとしたら、それは君やネルソン・マンデラという存在のおかげなのだ」。

黒人居住区では警官と軍が若者たちを見れば発砲したが、若者たちはもはや恐れることなく立ち向かった。一九八四年九月から一九八五年一二月末までの死者は七〇〇人以上を数えた。シャープヴィル虐殺二五周年の記念式典では、粛々と列をなしていた人びとに機動隊が発砲し、二〇人の死者と多数の負傷者を出した。そしてほぼ全土に非常事態宣言が公布された。実業家たちは大混乱を嫌い、商工会議所協会は「黒人指導者たち――そのうちの何人かは現在拘留中ではあっても――との交渉を開始する」よう政府に求める決議を採択した。この「何人か」は、まずマンデラを指したものであり、その後世界中が彼の優位を認めることになる。マイク・タイソンは、世界チャンピオンに輝いた試合で使用したグローブをマンデラに贈った。彼の感動はかつて名誉博士号の帽子をかぶったときよりも強かった。マンデラを賛辞したポールスムーアのメソジスト派大司教ダブリー・ムーアの署名入りの手紙が「ランド・デイリー・メイル」紙に掲載された。「わが国の人びとは、この男について何かを知るべきだと私は思います」。

マンデラの尿には血が混じるようになっており、前立腺肥大の症状は手術が必要だった。そして最高の病院、つまり白人専用の病院への入院が許可された。際限なく試練を受け続けた六六歳の彼は、生きる気力をなくしてしまったのだろうか。ガンの疑いもあり、その成り行きに国中が息を潜めた。いまや「自分の」囚人から片時も離れることのないジェームズ・グレゴリーは、ムンロ准将からこう言われた。「グレッグよ、もしマンデラが数週間後あるいは数ヵ月後に死ぬようなことになったら、国中が大変な混乱に陥って、『血の川』[★4]の惨劇などは『草上の昼食』というう印象を我々に与えるだろう」[☆11]。まさにその通りだったが、病人は頑健で、手術は無事に執り行なわれた。

☆10 *Ibid.*, p. 629.

病院の廊下を歩いていると、驚いたことに出会うのは微笑みだけだった。彼の「善良な看守」が次のように評している。「看守でもなく、警官、判事、ジャーナリスト、政治家でもない普通の白人と会うのは、刑務所に送られてからは初めてだった……マンデラの優しさや昔かたぎの礼儀正しい物腰は医療チーム全員の心を捉えた。一週間の回復期間が過ぎたころ、彼の部屋から笑い声が聞こえた。そこには隣室の人たちが、芝生と庭の大きな木々に面した窓からの景色を愛でながら親しく冗談を言っていた[☆12]」。司法大臣クッイエが、「昔からの友人でも見舞うように」前触れもなく病院を訪れたのはこのころである。「クッイエは愛想よく、上機嫌で、私たちは会っていた時間のほとんどを冗談を交わして過ごしました」。回復期の病人マンデラはくつろぎ、看護士のひとりひとりに心からの言葉を添えて大臣に紹介した。この様子を見たグレゴリーは肝をつぶした。「私は彼のすることに感心して見入っていた。彼の落着きと自制心は、わずか数秒で状況を把握している。そして誰をも彼の流儀で勝負せざるを得なくしている。遅れてきた招待客でも愛想よく迎えるホストのようで、素晴らしい手腕だ！[☆13]」。

外ではカメラマン十数名が、首を長くしてシャッターチャンスを待っていた。やってきたムンロは密かに裏口からマンデラを自家用車に乗せた。この驚くべき気配りを、彼流の〝控え目な表現〟でこう語っている。「刑務所長がわざわざ囚人につき添うことなど、普通はあり得ません」。どう考えるべきか彼はよくわかっていたのだ。ポールスムーアに戻ると、一階に用意された新しい監房に連れて行かれた。室内はカビ臭く、陽の光はほとんど射さなかった。それでもそこは「刑務所の基準から見れば、まさしく宮殿」であった。疑念を抱く必要がないほど、すべては交渉に向かって進んでいたのだ。

いつ、どのように交渉すべきか。このふたつの不確かな要素を操るネルソン・マンデラの手法に、私は彼の最も優れた政治的才能のひとつを見た。前進のあとに続いて後退がやってくるのか、そして敵の脅しを含んだ約束事が考え抜かれた戦略なのか、それとも優柔不断によるものなのか我々にはわからないであろう。だが彼は終始駆引きの名人として、そして何事にも動ずることなく国事に携わる者として行動した。なんの動きもなく数週間が過ぎた。上層部としては、急いでいる印象をあからさまに与えたくなかったのだ。刑務所制度の改変は、それを享受している男ただひとりだけに、「正規の交渉相手」であることを認めていたのである。そしてこの大変特別な囚人の要求についてはなにひとつ拒まないようにという指示が出された。

クッイエ大臣は常に先を読んでいて、「この国の現実がどんな状態なのかを見るために」マン

★4　一八三八年一二月、アフリカーナー（グレート・トレック、第1幕★19・六三頁参照）とズールー族の戦いで、ンコメ川は七二人のボーア人兵士（白人）の死体で血の海と化し、アフリカーナーはこれを「血の川の戦い」と呼んでいる。「草上の昼食」はエドゥアール・マネ（Édouard Manet, 1832-1883）の代表作。本書では、マンデラにもしものことがあったら、ンコメ川には「血の川」の惨劇などとは比較にならない数の白人の血が流れることになり、そうなれば「血の川」の惨劇は「草上の昼食」のような穏やかな印象を与えるだろう、という意味。

☆11　James Gregory, *op. cit.*, p. 242.

☆12　*Ibid.*, p. 248.

☆13　*Ibid.*, p. 249.

デラを町に連れ出すことにした。政府は、車内の人物を判別できないように着色ガラス窓の公用防弾車のベンツを二台用意した。警察車両数台が彼のたどる道路をパトロールした。初めて接するエアコンに大喜びし、「道路に沿って、彼は目にするものすべてを食い入るように見ていた。白人、黒人、服装、髪型、家や花、これらすべてを二〇年間盲人のように目にすることができなかったのだ」☆14。刑務所から二〇〇キロメートルも足を伸ばしたこともあった。ある日ムンロ准将がなにか欲しいものをプレゼントするとマンデラに言ったので、いつだっておしゃれな彼は新聞の広告で見たことのある毛髪用ローション「パンテーヌ・ブルー」を望んだ。残念ながらブルーはすでに生産中止となって久しく、現在生産されている緑色や黄色のパンテーヌは彼には必要でなかった。グレゴリーは電話で四日も費やして、ある店の奥に積まれた埃だらけの古いダンボールの中からそのローションを見つけ出した。マンデラは彼にこう言った。「あなたをせき立てて申し訳なかったが、准将は実現可能なことしか約束しないはずです」。マンデラにとって刑務所行政の不手際を揶揄できるのはなんとも楽しいことだった。この裏話が外部に漏れたようである。なぜなら、突然「パンテーヌ・ブルー」の注文が殺到し、製造が再開されるようになったのだから。

敵同士のボタとマンデラは相容れない立場から話し合いを始めた。政府にとって、反抗を続ける者は「共産主義者」である。だからこそ「アフリカ文明最後の拠点」に対して「最後の突撃」を始めようとしているテロリストでもある共産主義者と話し合おうとしないのは当然のことである。しかしながら一九八五年四月に、政府はバンツースタンが政府を袋小路に追い込んでいることをやっと認めた。というのも政府の言う独立は国際社会から承認されていなかったし、数百万人の黒人が暮らしている黒人居住区を立ち退かせるという独立は絶対に不可能だったからである。[★5]一九八五年四月三〇日、ボタはバンツースタンの「市民たち」を南アフリカ人の全体のなかに復帰させることを国民党大会で提案した。これは著しい譲歩である。想像の産物は、崩壊する前に少しずつその価値を失っていった。

ネルソン・マンデラには以前から、この国は平和的解決を選ぶのか、それとも大殺戮のなかでの破滅を選ぶのか、という選択しかないことがわかっていた。ピック・ボタが仮定の話として語ったように、シマウマに発砲したら弾が白い縞にあたるのか、黒い縞にあたるかなどということはどうでもよいことであるのだから。一部黒人の復讐の欲求は、一部白人の過激な頑固さ同様に恐るべきものだった。緊急事態が発令された一ヵ月後の一九八五年八月、アンソニー・サンプソンが当時の雰囲気を次のように描写している。「スウェトで黒人活動家の話を聞いて、私は〔彼らの〕思考が根本的に変化していることを感じた。学童とその親たちは、いまや勝利を信じているようだったし、政府の協力者たちは負け馬に賭けてしまったという不安な気持ちでいるようだった」。[☆15]だが、最も憂慮すべき情報が証券取引所と銀行家たちからもたらされた。それは、国内の

☆14 *Ibid.*, p. 265.
★5 バンツースタンは黒人を白人から遠ざけるための措置であるが、実際には架空に近いものであった。なぜなら白人は黒人の労働力を必要としているので、黒人は白人居住区に近いタウンシップで生活しているからである。

治安が現状復帰をしなかったり、聖書に保証されているという白人の黒人に対する優越だけで資産家たちが商いをしていると経済は崩壊するというものであった。実業家の小グループが、迷うことなくオリヴァー・タンボと亡命中のＡＮＣ幹部のもとを訪れた。そしてタンボたちの節度ある発言や優れた品性に驚き、あらためて訪ねて来た。タンボは「虫が浴槽に落ちてきたら、浴槽から出てしまうほど」殺戮と暴力を毛嫌いしていると彼らに説明した。

一九八五年一〇月の英連邦会議で、参加各国の首脳は英国のサッチャー首相の反対するなか、ニジェール人のオバサンジョ将軍を団長とした「賢人代表団」をプレトリアに派遣する決定をした。代表団の訪問の前にムンロ准将がマンデラのもとを訪れた。彼の刑務所長としての職務は、金持ちの客に対する心配りに満ちたホテル支配人の職務にますます屈してしまったかのようで、今回は仕立て屋を伴なっていた。マンデラが囚人服で代表団と会うわけにはいかないからである。「その仕立て屋は、まるで魔法でも使ったようでした。なぜなら、翌日には手袋みたいに体にフィットしたストライプのスーツを用意してきたのです。ワイシャツにネクタイ、靴下と靴、さらには下着も用意されていました」。見とれたムンロは一言も皮肉をまじえずにこう言った。「マンデラ、君は囚人ではなく総理大臣に見えるぞ」。こうして、ついに立派に身支度の整ったマンデラの前に「賢人代表団」が姿を現わした。代表団がとりわけ知りたかったのは、このエレガントな囚人が本当に共産主義者であり、暴力的性格の持ち主であるかだった。実はこれには理由があって、看守たちを共産主義者と思われるこの人物と親しくさせないようマーガレット・サッチャーとロナルド・レーガンから要請されていたのだった。

四ヵ月後、賢人代表団は、無視できない事態であるという視察結果を確認している。ところがタカ派は眠らずにいた。南アフリカ国防軍が近隣諸国のANCの後方基地に奇襲をかけたのである。怒った賢人代表団は即刻南アフリカを去った。P・W・ボタは故意に交渉を中断したのだろうか、それとも過激主義者たちに先走りされたのだろうか。クツイエが後日語るには、ある日ボタは彼を呼んでこう言ったそうである。「我々は袋小路に追い込まれた。そこから我々を救い出す手段を考えて欲しい」[☆16]と。

日々が過ぎ、時は流れた。すでに一九八六年を迎えていたが、情勢は悪化の一途をたどっていた。ANCが「この国を統治不可能な状態に追い込む」よう民衆に呼びかけたところ、期待以上の反応があった。たとえ共同決議で決定した神聖不可侵の決まりを破らねばならないとしても、思い切った行動を取る必要があったからだが、マンデラが非難される恐れもあった。なぜならば敵である人種差別主義者と同席するという考えは、彼の支持者の大半には耐えられないことなのだから。マンデラはこう語っている。「三階の同志たちに相談すれば、私の提案は退けられるだろうし、彼らは私のイニシアチブを未然に防止することでしょう」。しかし彼はリシュリュー[★6]の

☆15　*Mandela*, p. 338.

☆16　*Ibid.*, p. 336.

★6　リシュリュー（Richelieu 1585-1642）はフランスの枢機卿ならびに公爵。一六二四―一六四二年までルイ一三世の宰相を務めた。文化政策にも力を注ぎ、一六三五年にはアカデミー・フランセーズを創設した。

ように「どこででも、どんなことでも、とにかく話し合う」ことの必要性がわかっていたのである。同様に「指導者は、自分を信頼して民衆の前を歩き、新たな方向に向かわねばならないときがあるのです」[☆17]とも語っている。そのときが訪れた。そこでマンデラは、ロベン島の前所長で刑務所総監となっているヴィレムセ将軍に手紙を送り、至急会う必要が生じたと知らせた。駆けつけた将軍に、マンデラはクツイエ司法大臣に会いたい旨を告げた。要求は言下に実行され、彼は将軍の車で大臣公邸へと向かった。三時間に及ぶ話し合いで、マンデラはクツイエの「丁重な物腰と熱心な態度」に心を打たれた。次のステップは何かという問いに、もちろん大統領に会うことですと答えた。

クツイエはこれをメモし、マンデラは自分のF3刑務所に戻った。そこにひとりで隔離されていることに、おそらく初めて満足したことだろう。つまり問いただされる危険がなかったのだ。「ときとして、既成事実になった時点で方針を仲間に伝えることも必要なのです」。まさに信頼するに足る人物が語る言葉だけに、意義のある危険な格言である。しかも彼は逃げ道も準備していた。失敗したときには、ANCはいつでも、長すぎた拘留で正気を失った「年寄り」という口実を用意できるだろう、というものである。

彼の人生で最も困難な決断は、おそらくこれらの日々そしてひとりで熟慮した夜にあったのだろう。ロープの両端をつかむことがどれほどむずかしいかを私は知っている。両端をつかむとは、敵とひそかに交渉することと、断固とした態度を保つことである。それができるのは国事に携わる人間だけなのだ。マンデラは、彼を同志たちから引き離そうとする政府にひとりで向き合い、とりわけ危険な立場にいた。さらには種々の調査結果やルサカ、プレトリアあるいはロンドンで開かれる、この国の将来に関する会議の草案のことも、彼はまったく知らなかったのだ。どんな些細な失敗も彼のリーダーシップを失墜させる可能性があった。

ボタからの返答はなかった。諦めて要求を受け入れようとするのか、それとも最後まで弾圧を続ける心構えなのであろうか？　ボタの胸にはファウストのようにふたつの魂が宿っていると言えよう。あるときは横柄で、またあるときはかなり協調的な態度を見せる彼は、増大する種々の圧力に屈し、時代は自分と逆行していると感じているのだ。頑固者はボーア人だけではないのだが、説得しようとするとボタは意固地になってしまう。彼が意のままにしている第十部隊を抗争に投入したことはないと答弁したこともある。それが事実であるのは、勝利という意味合いでは兵士の数は問題ではないことを彼はわかっていたからなのだ。それで彼は、とりわけアフリカ人の分裂を期待していたのである。世界の保守派の誰もが、バンツースタン制度を受け入れた指導者ブテレジ[★7]に注目した。このズールー族の指導者は、人前ではマンデラ支持を表明しながら、個人的には彼が自由の身となることを警戒するという表裏のある行動をしていた。ブテレジはただANCと戦うだけのために、部下を南アフリカ軍の秘密基地で訓練を受けさせることまでしている。簡単に言えば、ブテレジは「暴力」を高潔に非難しながら、火に油を注いだのである。彼は

☆17　*Un long chemin*, p. 634.

★7　ブテレジおよびインカタについては前書き★7・一九頁参照。

一九八七年五月の白人による総選挙で、八二％の右翼と極右の支持を得て国民党が圧勝するという結果に自信を深めていた。デズモンド・ツツはこう断言している。「南アフリカは闇の時代に突入した。その歴史上最も暗い時期である」。この神格化された人物は、救いの神をさらに信頼し、絶望は罪であることを思い出したに違いなかった。

七月に入ると、新しい英国大使ロビン・レンウィックがプレトリアに赴任した。敏腕で人に取り入るのがうまく、サッチャー夫人の融通の利かない非妥協性とは無縁の人物であった。彼は著名な囚人を解放するようボタに説得を試みたのだが拒絶され、彼も壁に突き当たってしまった。一方、マンデラが精神的にも肉体的にも良い状態を保つために、誰もが細やかな心遣いで遇した。ところが、彼を収容している小ぎれいではあるが湿気が多く不衛生な住居が、初期の結核の原因になったことには誰も気づかなかったのである。当局は世界一有名なこの囚人を町に連れ出した。行く先々で誰も彼に気づかなかったことにマンデラは驚いたが、それは公表された最後の写真が一九六二年に撮られたものであることを忘れていたからである。

種々の防衛策で自らを守りながらも、ボタはやっと具体的な提案を受け入れた。ネルソン・マンデラと密かに会談するために、四人で構成された「委員会」を任命したのである。この委員会には聡明な端役を演じる刑務所関係の高官二人が含まれていた。それは、万が一マスコミに漏れたときに、服役条件の整備に関して話していたと言い逃れするためであった。真の話し相手は国家情報局（ＮＩＳ）局長で、若くて優秀な南アフリカ版ＣＩＡ局長のニール・バーナードだった。立場上情報を熟知しているバーナードは、非公式にはつねづね「進退窮まる前に」ＡＮＣとの和解策を講ずる必要があるだろうと語っていた。委員会と平行して、NISはANCの別の指導者たちと接触を開始した。そのなかにはゴヴァン・ムベキ〔のちに大統領となるタボ・ムベキの父親〕が含まれていた。NISはダカールからロンドンまでのいたるところで、可能性のある解決の道を探し求めた。だが、「話し合い」という語は禁句だった。

今度はマンデラが三階の同志たちとの面会を要求した。面会は許可され、ここでも彼は、そのときが訪れるまで同志たちにすべてを話さないよう注意するという政治的手腕を見せている。これはしばしば私が指摘することなのだが、公人が決定を「通そう」とするためには時間を味方につけなければならない。それはつまり、行程を区切って実行せねばならないということである。不愉快にさせるかもしれないような真実を、細やかな配慮なく突きつけるようなことは絶対にしてはならない。マンデラは同志たちに、今回の委員会には触れずに「可能性のある議論」について話した。彼の判断は正しかった。なぜならこの形式の話し合いですら先が見えなかったのだから。レイモンド・ムシュラバはこの議論に全面的賛同を示したが、カトラダは断固反対した。そして三人のなかではおそらく最も貴重な意見をもつウォルター・シスルは、友人に全幅の信頼をおきたい気持ちながらもためらいを見せていた。新たな希望と時間が必要になった。この状況を乗り越えるには強靱な肉体をもたねばならなかったのだ。

一九八八年五月、ついに秘密作業委員会の第一回会合が、ポールスムーア刑務所内の仕官食堂で開かれた。週一回開催された会合は、状況を繰り返し説明したり、明確にすることに充てられ、数ヵ月続いた。マンデラはバーナードを「並外れて頭がよい」と思っていたのだが、この非常に知能指数の高い人物が自らの陣営のプロパガンダを信じていて、共産主義者がＡＮＣを牛耳っていると頑なに信じていることに気づいて驚いた。そもそもが無意識のうちに感じ取った人種差別主義かもしれなかった。ＡＮＣ内の共産主義者の多くが白人かインド人なので、彼らが政治に疎いＡＮＣの黒人たちを支配しているとこの高官たちは考えていたのだ。別の大きな障害は、当然のことながらあまりつき合いたくない「テロリスト」との交渉にあった。これが有名な「暴力放棄の前提条件」である。ＡＮＣがこれに同意すれば、自らの自由を奪い、仲間たちには野戦場で降伏するという印象を与えてしまう。白人政権がこの条件を獲得できない場合は、有権者に対して面目を失うことになる。なぜならば政府側は「暗殺者」と会談する考えはまったくないと公約していたからである。このジレンマを説明されるとマンデラは、白人の起こした問題は白人が解決すべきとだけ答えた。「我々はあなた方を海に突き落とそうなどとは思っていませんよ、と私は言いました」[☆18]。どうやってこの考えを白人に説明すべきなのだろうか？　というのも白人は海を渡ってヨーロッパに戻るべきというカフラーリアの人たちの願いは、白人にとっては信じるに価する事柄なのだから。

　一九八八年七月、世捨て人は七〇歳の誕生日を迎えたが、それは友人のひとりアーメド・カトラダが書いているように大きな反響を呼んだ。「主イエス・キリストの生誕以来、誕生がこれほど祝福されたことはなかった」。祝福のメッセージがあふれ、ロンドンではＢＢＣがこの囚人に敬意を表するために、そしてテロリストという主張を一貫して崩さない〝鉄の女〟〔サッチャー〕への大きな怒りをこめて、大規模なロック・コンサートを開催した。だが、多くの賛辞の受け手には辛い試練が待ち構えていた。国民的悲劇は個人の悲劇も伴なったのであった。節度が美点だったことが一度もないウィニーは、指導者の地位を失う羽目に陥ったのだ。ソウェトでは「彼女は要塞のような家を構え、自分は闘争の最前線にいると思っていた」☆19。彼女は「マンデラ・フットボール・クラブ」を後援していたが、このクラブは実は若者のごろつき集団で、近隣の人たちを脅したり、「裏切り者」を処刑するなどしていたのである。のちにこの「マミー」〔ウィニー〕のショッキングな行動は知られるところとなる。一九八八年のこと、敵の一味が乱闘ののちに「クラブ」の本部のおかれたオーランド・ウェスト八一一五番地のマンデラ家に放火した。マンデラは出所したら、思い出や写真、資料を残したその家に戻るつもりでいたのだった。彼の落胆ぶりは想像以上だった。「私の釈放に備えてウィニーが残しておいた一切れのウェディングケーキさえも失ってしまったのです」と、その後の離別を余儀なくさせる急変の原因には触れずに語っている。とりあえず彼女はアメリカ人の友人が提供した豪華な邸宅にボディーガードたちと移り住んだ。その七ヵ月の間、彼ら保護された若者たちの悪行は増長する一方だった。

　果てのない交渉に疲れきったマンデラは病に倒れてしまった。肺に水が溜まり、初期の結核と診断され、入院して緊急手術を受けねばならなかった。そして術後の静養期間は充実した医療施設で過ごし、秘密委員会の会合は病室で続けられた。一九八八年一二月九日に医療施設からヴィ

☆18　*Ibid.*, p. 646.

☆19　*Mandela*, p. 373.

クター・ヴェルスター刑務所内のコテージに移されたが、そこは留置用建物からは相当離れていた。このコテージは明らかに所長の用途に充てられたもので、庭とプールがついていた。「窓には鉄格子もなく、鍵束の音も聞こえず、錠前のついた扉もなかったのです」。好きなことができたり、日程表や検査もないことをマンデラは高く評価した。さらにひとりのアフリカーナーを使用人として配備してくれた。とても気さくな、偏見とはまったく無縁の男で、第一級の料理人だった。「環境と設備は申し分なく、監禁と自由の中間地点といえる家でした[☆20]」。クツイエが顔を見せ、引越し祝いにケープワインを一ケース持ってきてくれた。ユビュ王のような〔異様にこっけいな〕状況ではあるが、気分は良かった。自由の身にはさせないが、昔の人が、捕虜になった支配者に敬意を表して行なったように、彼は金の鎖で拘束されたのだった。半ば看守であるが、半ば生身の人間で、信頼できるジェームズ・グレゴリーが彼の相手をしてくれた。ある日のこと、グレゴリーは気になっていたことをマンデラに聞いてみた。

「自由の身になること、黒人も白人もカラードもインド人も皆が対等に投票権をもつ真の民主主義について話し合い、そして獲得する。これはあなたがわが国の大統領になるということですよね？

――それはよいアイディアですね、グレゴリーさん。

マンデラは声をたてずに笑い、数秒後に……

――でもおそらくは、まず、山積する問題を片づけたり、多くの困難を克服しなければならないということです。いいですか、走る前に歩くことを学ばねばならないのです[☆21]」。

ウィニーは囚人と面会するだけでなく、自由にコテージで寝泊りできる許可を得た。だが彼女は夜をともに過ごすつもりはなかった。なぜなら他の囚人の妻たちが、このような特権を喜ぶはずがないから。確かに高潔な理由ではあるが、はたしてそれだけだったのだろうか。彼女が夫の「穏健な」戦略を非難していたことは誰でも知っているのだから。

ボタ大統領の健康に予期せぬ複雑な事態が生じた。脳溢血に襲われ、彼は「さらに短気」になったそうである。それでもこのボーア人は弱みを見せようとはせず、一九八九年七月五日、非常に丁重にこの公然の敵を迎え入れた。マンデラは、博士号の口頭試問に臨むような配慮で準備を整え、この会見に備えた。覚書を再度確認し、メモを読み直し、コビー・クッイエやニール・バーナードの助言に耳を傾けた。ところが彼らはマンデラ以上に緊張していて、短気になった彼らのボスが腹を立てそうなことはすべて避けるよう助言するのが精一杯だった。だが大統領は「とても礼儀正しく、友好的」だった。大きなテーブルに座った四人は、南アフリカの歴史や文化を話した。新調の背広に身を包んだこの囚人は万全の体調で、英国支配に対して闘ったアフリカーナーの闘争と自らの闘争を比較して語った。そのさい不適切な表現で雷が落とされるのを避けたのはもちろんである。ボーア人の指導者が原住民の指導者と会談するという最後のタブーが取り除かれた。マンデラはこう語っている。「もう後戻りはしないだろう、と私は感じました[22]」。

☆20 *Un long chemin*, p. 655.
☆21 James Gregory, *op. cit.*, p. 298.

機械はいつだって止まるもの、と言われている。一ヵ月後、南アフリカ大統領はふたつの職務のひとつを辞任した。国家最高責任者という純粋に肩書きだけの役職に留まり、権力の実質的行使である国民党の指揮をF・W・デクラークに委譲したのである。元教育大臣の彼は、能力に乏しい「組織の人間」と見なされていた。だがマンデラはうわべに騙されることなく、この新参者の話を聞いたり、観察を怠らなかった。そして党首就任演説で「前任者の路線から決別」しようとしていることに気づいたのだった。デクラークはシナイの丘で神に助言を求めるような教条主義者ではなく、「変化を、必要であり避けられないものとみる」経験主義者であり、トーチカ〔小型防衛陣地〕にこもったままの自殺行為はまったく望んでいなかった。彼はサッチャー首相に「彼となら一緒に仕事ができる」と言わせたもうひとりのエリート、ゴルバチョフに似ていた。

デクラークは、虚勢を張ることに同意しない旨を示しつつ駆引きを開始した。ケープタウンでは、警官の暴力に抗議するデモ行進が計画されたが、なんとデクラークは参加者に平静を保つことだけを求め、申請を許可したのだった。大統領就任宣誓式当日にマンデラは彼に面会を求める書簡を送った。今回は返事が届けられる確信があった。

一〇月、デクラークはANC司令部のグループを釈放すると告げた。ポールスムーア刑務所最上階で暮らすウォルター・シスルら四名も対象者であった。ついで、下劣なアパルトヘイトが廃止され、浜辺から劇場にいたるまで、公共の場所はすべてあらゆる人種に解放された。デクラークがついに会談の日時を決定したので、マンデラはANCの秘密司令部と化した刑務所別邸に同志全員を招集し、今回は口頭試問に備えるかのように会談内容を準備した。彼らはルサカ〔ザンビア共和国首都〕に長い電話を入れ、初めて「外国に亡命している」ANC首脳陣と協議することを可能とした。同志とともにデクラーク宛の手紙の文面を起草し、ANCは、まず「武装闘争の停止という前提条件」を受け入れないとする姿勢を再度確認したのである。マンデラは、現下の紛争が南アフリカに大きな損害を与え、交渉なくしてはこの国は破綻してしまうという論法を強調した。

会見は一九八九年一二月一三日に行なわれた。人生経験豊かなマンデラは、「人の話に耳を傾け、本気で理解しようと努めている」この新大統領の就任を祝福したのだった。今回同意にいたらなかったのは、「少数民族の権利」に関することであった。アフリカーナーはこれを広義に解釈して黒人たちを庇護するつもりでいたのだ。しかしこれは「アパルトヘイトを裏口からふたたび導入する」に等しいものであった。いつもの明晰さで、マンデラは罠を見破った。政治における魅力的表明とは、単なる「アナウンス効果」を狙っている場合は、しばしば現実の不都合を隠蔽し美化したものなのである。ANCが四分の三世紀もアパルトヘイトと闘ってきたのは、誤った直観力でアパルトヘイトの復活を見るためではなかったのだ。

一九九〇年二月二日、デクラークが手の内を明かした。国会の閉会時に、建国の祖先たちを墓場に戻さねばならないような歴史的演説を行なったのである。彼はANC、PAC、共産党および別の三一の非合法組織に対する活動禁止措置の解除と非暴力活動で投獄されていた政治囚の釈

☆22　*Un long chemin*, p. 665.

放、死刑の執行停止を告げ、こう結んだ。「交渉のときが訪れたのです」。すると二世紀にもわたる積年の硬直化が、わずか数分で消滅してしまった。マンデラは「それは、胸が詰まるような感激の瞬間でした」とコメントしている。二月九日に大統領はふたたび彼と会見し、翌日釈放する旨を伝えた。マンデラは、ANCの準備もあるので一週間の猶予を求めたのだが拒絶されてしまった。バーナードが数年後にアンソニー・サンプソンに語ったところによれば、釈放を遅らせるとその十年前にイランで、アヤトラ・ホメイニが帰還したときのような、民衆の激しい感情の表われに国中が飲み込まれてしまうことを危惧したからという。囚人マンデラの最後の要望は他の多くと同様に拒否されたが、二七年間待ち続けたその日を遅らせようとしたのは逆説的である。

この果てしなき拘留をデズモンド・ツツは次のように総括した。「この二七年で、彼は鋼のように強靱な性格を作り上げることができた。この年月がなければ、これほどの雅量や同情を示すことはおそらく不可能であっただろう。耐え抜いた苦悩は、誰も与えることのできない威信と信憑性を彼に付与したのだ」[☆23]。翌朝、人生最良の日にマンデラは四時半に目覚めた。一二個の箱とダンボールに入れた資料や本を片づけなければならず、そのことで頭がいっぱいで、感動を表わすことはなかった。

一九九〇年二月一一日の出所の光景は幾度も描かれているので、ここでは省略する。だが、この歴史的英雄の出所時に関する記述のなかではこの一文を記憶に留めておこう。「群衆の間に入って、私が右のこぶしを上げると、どよめきが起こりました。二七年ぶりのこのポーズが、私に力と喜びを与えてくれたのです」。年老いた夫と妻が手に手を携え、新婚の夫婦にも似た喜びに満ちた場面は、私個人の記憶のなかに残ることであろう。

ネルソン・マンデラの威信がどうであろうと、何人かの支持者は彼の姿勢に落胆し、裏切りの疑いを抱いた。一九八九年末、アパルトヘイト反対運動の活動家一八名による代表団は、「彼の完璧な服装、保守主義そしてデクラークへの賛辞」に気分を害したそうである。代表団のひとりが会見終了後、ため息まじりにこうつぶやいたと記憶している。「あの男は終わったな」[24]。そしてMKのゲリラ兵は、自分たちの勝利を奪われたという印象を抱いた。なぜなら彼らは、軍事力で体制を打ち破ることを無邪気に信じていたからである。「マンデラは〔敵〕を分裂させるのではなく、統一するために自らの華麗な隔離状況を利用した[25]」という見解が非常に早い段階で生まれてきた。だがマンデラの採った予防策、つまりANCから孤立しないための終始一貫した配慮によって、彼が単独行動を取ったとする疑惑を一蹴するような逆らいようのない信頼という波が、疑心や不安を押し流したのである。

やがて二人の男は向かい合うことになった。目立たぬことを余儀なくされているが、国家権力のすべてをいまだ意のままにしている白人の大統領と、大勝利を収めたもののすべてを欠いている黒人との二人ではあるが、ともに新しい南アフリカが生まれることを求めていた。だが新しい

☆23 Desmond Tutu, *op. cit.*, p. 45.
☆24 *Mandela*, p. 401.
☆25 *Ibid.*

国は、古い国で暮らしてきた全員に非常に気がかりな不安を与えたのである。つまり圧制に苦しんできた人びとが復讐の念に駆り立てられるのではなかろうか。時すでに遅しなのだろうか？ という不安を。「私が恐れているのは唯ひとつ、と『光を我等に！』に描かれた黒人のひとりが語る。それは、いつの日か白人と黒人が好ましい状態におかれたとき、我々の憎しみが始まることに彼らは気づくのである[☆26]」。さらに「黒人の数が白人をはるかにしのいでいるこの国で、誰が、どうやって平和な国を創ると我々に言うのであろうか？[☆27]」。少数派の人びとは民主主義と「一人一票」というルールの拒絶を守り通すのであろうか？ カフラーリアの人たちを敵としないまでも常に下級の者とみなしてきた彼らの改心を期待できるのだろうか？ アフリカ共同体は、統一と連帯どころではなかったのである。そのうえ影響力をもつズールー族は、首長のブテレジとともに別のグループを作ろうとしていた。何人かの有力者はアンクル・トム[★8]のように白人に敬意を払う姿勢を保っていた。かつて権力側に協力した者も多数に上るし、警官や軍隊にも数千人の黒人がいたのである。三〇年前にアルジェリア独立に汚点を残したアルキ〔harkis〕[★9]の大量殺戮をどうやって避けるのであろうか？

マンデラ＝プロスペロの苦悩はまだ続いていた。カリバンを服従させることは彼の使命のひとつにすぎず、とりわけ「自由憲章」に書き記したような、この国の在るべき姿を優先させる可能性を立証しなければならなかったのである。第三世界の人びとに嘘八百を並べ立て、あれほどの被害を与えた「救世主」ふうの言いまわしを避けながら、マンデラは「［自分は］救世主などで［なく］、異常な状況ゆえに指導者になった普通の人間であることを人びとに伝え[☆28]」ようとした。

我々は、普通とはほど遠い男につけられたこの形容詞「普通の」にすでに出会っている。それはつまり、伝説となったことを自覚する彼は「マディバは何でも知っているし、何でもできる。すべてを決定するのは彼なのだから、我々はもう何もしなくてよい」と皆が戦意喪失することを心配していたのである。またもや誠実ゆえの不器用さで――もっとも崇高な不器用さであるが――彼はデクラークを「誠意ある男」と見た。彼がデクラークと激しく対立することになるとき、満足と不満の感情の入り混じった彼の仲間たちは、この評価について彼に念押しするのを忘れないであろう。彼が書いているように「武装闘争をこのまま支持していくことと、交渉を提案していることにはなんの矛盾もありません」という思いを認めさせるためには大きな綱渡りをしなければならなかった。白人たちは闘うか交渉するかのどちらかを確信していたからである。

最も懸念すべき問題が次代を担う世代から噴出してきた。それは、アパルトヘイトで育った子どもたちは、学校に対して怒りと恐怖の感情しか抱いていないということであった。マンデラは、怒りに固執した若者のゲリラ兵がロベン島にあふれていたときに、彼らを教育する苦労を体験し

☆26 Alan Paton, *op. cit.*, p. 418.
☆27 *Ibid.*, p. 127.
★8 第1幕★15・五五頁参照。主人公の黒人奴隷トムは白人に対して常に礼儀正しく、敬意を払っている。
★9 アルキ（harki）とは、一九五七—一九六二年のアルジェリア独立戦争でフランス軍についたアルジェリア人兵士のこと。同戦争におけるアルキの死者は四五〇〇人、行方不明者六〇〇人を数えた。
☆28 *Un long chemin*, p. 681.

たが、今度は全国的規模でこの教育を成功させねばならなかったのだ。彼はいかなる公的活動においても、若者を考慮すべきであることを常に理解していた。しかし、それは若者を要職に就けて彼らから感謝されたいなどというものではない。どのようにして若者を教育するのかという問題こそが未来を開く鍵なのだ。したがって国民教育はなんといっても最重要課題なのである。フランスにおいてもよくなおざりにされてしまうが、これは言語道断なことである。だが、若者はすべての権利を有しているわけではない。マンデラは人種差別主義を憎んでいたからこそ、若者をアンチ白人という人種的偏見に陥ったまま放置はできなかった。若者に展望をひらかせ、発展の役割を担おうとする気を起こさせ、熱情を燃え上がらせなければならなかった。デマゴギーがそこに呑み込まれることなく、民主主義に大きく道を拓くことはまったくなんとむずかしいことか！　最も大切なことは、モーリス・クラヴェルが好んで言っていたように「より豊かな人生に向かって向上すること」を呼び起こすことである。

桁外れの挑戦ではあるが、ネルソン・マンデラはそのことを完璧に自覚していた。彼の勝利によってさらなる混乱や分裂そして流血に陥るかもしれなかった。それゆえこの魔術師は、自分は魔法の杖を持っていないと繰り返し言い続けたのである。自らにとっての危険がどこにあるのかをすばやく気づいたのだった。彼が完全にＡＮＣと距離をおくように見えれば、交渉者としての立場を弱めるであろうし、仲間たちには途方もなく辛い失望を与えてしまうであろう。あとになって発言に含みをもたせる可能性があろうとも、自分の責任ある活動の概念を華々しく繰り返す必要があった。たとえその概念が相手方の感情を害してもやむを得なかったのだ。彼は武装闘争の必要性にこだわり、――「私たちには他の選択肢がないからです」――その放棄を拒み、理解者である共産主義者たちを称賛した。要するに、彼は白人交渉相手たちが期待していたこととまったく逆をいったのだった。白人たちはマンデラが常にANCと強く連帯していることや、完全な隔絶状態に陥っている敵対者との接触が彼の友人たちを心配させたことを、つまりは指揮官として部隊〔黒人〕を納得させるためには、部隊が理解できる言葉で話してまとめていかなければならないということを知らずにいたか、あるいは知らずにいようとしていたのだ。マンデラに偏見を抱いている者は彼の「過激化」や、数百時間に及んだ会見を通して見せた節度や約束の文言、上流社会の作法などをマンデラの策略と偽善の証であると解釈した。

フレデリック・デクラークは騙されたという印象を抱き、気分を害していた。マーガレット・サッチャーが「旧態依然としたマンデラのアンチ白人演説である」と述べ、南アフリカ顧問であるアフリカーナーのロレンス・ヴァン・デル・ポストが「苦しみが〔彼に〕教えたものはなにひとつない」とマンデラに公言したとき、二人の対話者の関係に緊張が走った。しかしこれは完全な誤解であり、初めての記者会見で多くの先入観を払拭している。マンデラは記者会見という訓練を終生喜んで受け入れたかのように完全にくつろいだ様子を見せたのである。そして、彼が遺恨を抱いていないことや民主的で万人に開かれた南アフリカという自らの夢を語るときの率直で打ち解けた話しぶりは、彼の誠実さを弁明するものであった。「フィナンシャル・タイムズ」紙は外交的観点から次のように判断した。「マンデラ氏に対する南アフリカ黒人の信頼という重大な兆候は、〔彼にとって〕大変都合の良い立場になるであろう」[☆29]。

当時のマンデラの姿勢に、ある人たちは大政治家の巧妙さだけを見るようであるが、私の意見はこうである。それは、自身への誠実さと非常に困難な状況下で公人として最善を尽くすアンガージュマンの現われなのである。政治の気高さは能力にではなく、マナーにあるのだ。並外れて困難な状況に直面して、彼はわが国のピエール・マンデス＝フランス★10と同様の策を講じている。つまりマンデラは、彼に同意してくれる最も好都合な民衆と、最も有利なタイミングとを巧妙に選んで自らの考えを述べたのである。そこでも、生まれつきの役者の才が役立っている。自らの国を襲った悲劇のこの段階で、彼は『嵐』に登場する王子であり、不幸な出来事は彼により回避されたのだから。彼は王子としての平静さを備えているのだ。そして、かつての傲慢さを微塵も感じさせない彼に、投獄前に出会ったり面識をもった人たちは皆一様に強い驚きを感じていたのである。信ずべきか否か別として、恨みや復讐の念を抱いた拘置仲間はいないと彼は断言する。こうして誰に対しても和み、微笑み、友好的な様子で接している。生来の人を惹きつける魅力で、有名になってしまったことを詫びるかのようなユーモアを交えた気配りを、大人にも子どもにも見せたのである。事実、彼はアフリカ諸国のほとんどの元首があこがれた「名士として崇められること」は避けようと心がけていたのである。

刑務所の陰鬱な非公開状態とはまったく逆に、いても立ってもいられない興奮にあふれた生活が始まった。彼は国際線のジェット機やレッド・カーペット、警護隊、公式のゲスト用公邸の存在を知った。出所してからの最初の旅は、二週間後にルサカで開催されたＡＮＣ全国執行委員会への出席だった。古くからの同志やアフリカ諸国の元首も何人かが出席していた。なかにはこの著名な男の値踏みをした者もいた。「私は彼らの眼差しから問いかけが読めたのです。このマンデラは穏やかな別人になったのだろうか？　志を貫いたのか、それとも中途で挫折したのか？」[☆30]。マンデラという男は、三つ揃いのスーツを着て別荘で暮らすような生活をしている、と想像したであろう連中をすばやく安心させ、いくつかの友好的話題が彼を協調的パートナーに変化させたのである。

ロベン島の囚人の国際的知名度のおかげで、南アフリカの旗が世界中に掲げられることも重要なことであった。出所後の半年は、もちろんアフリカを優先しながらも、本国よりも外国でときを過ごすことが多くなり、隣国モザンビークでは、故サモラ・マシェル大統領の未亡人グラサ・マシェルに出会った。大統領はその四年前に不可解な飛行機事故で死亡し、マンデラは獄中から夫人宛に追悼の手紙を送っている。マンデラより二八歳年下の夫人はいまだ喪に服していた。彼女はケープタウン大学から名誉博士号を授与され、その授与式に出席したときにマンデラと再会した。ずっとあとで、彼は友人たちに、この女性が残りの人生の伴侶になるかもしれないと、ふと思ったと打ち明けている。

☆29　*Mandela*, p. 410.

★10　ピエール・マンデス＝フランス（Pierre Mendès-France, 1907-1982）は一九五四年から一九五五年にかけて首相を務め、第一次インドシナ戦争を終結させたが、その後のアルジェリアへの譲歩政策に対する反発で総辞職を余儀なくされた。

☆30　*Un long chemin*, p. 689.

カイロ滞在中の記者会見で、彼は短いコメントを出し、ANCは「停戦を検討する」用意があることを断言した。すると間近にいた熱狂した群衆が彼を抱きしめたことから、片方の靴を紛失してしまったということもあった。またインドでは、まだ国家元首ではないのに二一発の祝砲で敬意を表された。ヨーロッパ訪問はスカンジナビア諸国から始まった。一九五〇年代と六〇年代に、西側諸国を訪れてANCへの寄付を募ったときのことを彼はこう語っている。「ヨーロッパのほとんどの国が私たちを相手にしなかったのですが、ノルウェーとスウェーデンだけが暖かく迎えてくれて、奨学金や訴訟費用そして政治囚のための人道的援助を約束してくれたのです」[☆31]。ストックホルムで、マンデラは心臓発作から思うように回復できないでいる七二歳のオリヴァー・タンボを見舞った。かつてのパートナーとの再会は、熱い友情に彩られたひとときであった。オリヴァーはマンデラにANCの議長職を引き継ぐよう提案したが、マンデラは断った。これに関してはANCの会員が決定することであり、その時期にまだ達していなかったからである。

パリのエリゼ宮では「壮麗な」もてなしを受け、困難な時期から彼に支援を惜しまなかったダニエル・ミッテランに感謝の意を述べた。ロンドンではサッチャー夫人から招待されたのだが、それを受けるほど寛大にはなれなかった。なぜなら、〝鉄の女〟は南アフリカに対する国際的制裁の解除を強く求めているのに対して、ANCは国の体制が明確でない間は制裁の維持を願っていたからである。なんとか彼女と会見することになったとき、彼女は自らの考えを変えようとはしなかったが「フランクで聞く耳をもった」様子を見せ、マンデラが好感のもてるつき合いやすい人物であると認めている。ここでも彼の魅力が効果をもたらしたのである。キューバではカストロの支援に謝意を表明し、一九八八年にキューバ軍がアンゴラで南アフリカ軍の敗北に手を貸してくれたことを再度話題にしたのだった。

アメリカでは、アフリカ系アメリカ黒人が地上で最も有名なこの黒人を、ボクシングの世界チャンピオンのように勝利者として迎えたのだった。ニューヨークでは、彼のためにエンパイア・ステイト・ビルディングがＡＮＣ色〔人民を表わす黒、豊穣を表わす緑、大地の宝を表わす金の三色〕のイリュミネーションで飾られた。ワシントンでは上下両院の合同会議で演説を行ない、スタンディング・オベイションが三分間続いた。マンデラが釈放されたとき、世界の元首のなかで最初に祝福の電話をかけてきたジョージ・ブッシュ大統領と国務長官ジェームス・ベイカーは、あらゆる角度から検討に検討を重ね、マンデラは共産主義者ではなく真剣に議論できる男であると結論づけた。そしてこの好印象をデクラーク大統領に電話で伝えたのである。どこへ行っても、この「自由の巡礼者」にはもはや賛美者しかいないかのように思われた。タイム誌はこう書いた。「彼は墓場から抜け出し現世に戻った英雄である」[☆32]。ナディン・ゴーディマーによれば、世界の見解では、マンデラは南アフリカの「未来の化身」となった。そのために現実の大統領は影が薄くなり、デクラークは気分を害したそうである。冷戦時代に、マンデラを残虐な共産主義者とみなしていたアメリカ人たちが「非常に立派な礼儀をもち、西欧民主主義にこれほどの関心を示している高

☆31 *Ibid.*, p. 739.
☆32 *Mandela*, p. 417.

貴な老人を支援した[33]」のである。

マンデラは旅行にウィニーを何度か同伴した。歓迎会では誰もが見とれるような魅力的なカップルだったのだが、愛情と同時に政治絡みの紛争により、秘かに引き裂かれていた。囚人のころのマンデラは、妻や家庭を取り戻すことを夢見ていた。だが長すぎた別離が不幸な結果を生んでしまったのである。さらに、模範的女性活動家は模範的妻とはほど遠かった。彼女の数多い不貞行為は周知のことである。ファティナ・ミーアは「超人的人物がなぜ魔女と暮らせたのだろうか？[34]」と語っている。ウィニーは若者たちに絶大な影響力をもち、彼女のけんか腰の話し方が彼らに好まれていた。ところで〝象〟(*Indrowukazi*)——これが彼女のあだ名である——は、夫の花壇を無造作に踏みつけていた。マンデラがデクラークを「公明正大」であると語ったとき、ウィニーはマンデラに噛みついたのである。彼女はデクラークを「P・W・ボタと同類の犯罪者」とみなしていたのだった。そして武装闘争の停止で彼女は激怒した。数年後に彼女はこう打ち明けている。「私は夫に向かって両腕を上げた。数百人もの国民が敵に惨殺されているこのときに、人びとに武器を海に捨てるよう求めることは私にはできなかった」。夫のノーベル賞は彼女には「彼を白人の平和の道具にするための袖の下であり、巨大な陰謀[35]」なのであった。

政治的不一致以上に深刻な問題が提起された。一九八八年一二月中旬以降のウィニーの行動に関する訴訟手続きが開始されたのである。それはひとりの黒人青年ストンピー・セパイが彼女の「ボディーガード」に拉致され殺害された一件であった。彼女には少なくとも消極的共犯を疑わせるに等しい理由があったのだ。訴訟は予告通り一九九一年二月に判決が下された。この卓越した女性に常に魅力を感じているマンデラは、彼女に対して絶大な誠実さで接し、無罪を確信して首尾よく弁護が成されるよう配慮した。彼の本心は、誰にも絶対にわからないであろう。ウィニーは冷静に、すべては政治絡みであると主張したが真実味に乏しく、六年の刑が言い渡された。控訴すると彼女はこぶしを振り上げて法廷を出て行った。控訴した結果、執行猶予つきの二年の懲役刑と罰金一五〇〇〇ランドに軽減された。「私はウィニーを全面的に支持し、判断の甘さはあったかもしれないが決して起訴されるような事実はないと弁護しました」[36]とマンデラは語っている。

二年後に開かれた「真相究明と和解に向けた委員会」がこの問題を審議したとき、この過激な黒人女性革命家は判断に甘さがあっただけではなく、彼女の「ボディーガード」が次のように証言したことも明らかになった。「マミーの命を受けて私がストンピーを殺した。マミーは誰も殺してはいないが、我々を利用して多くの人を排除した……私がレロ・トディを殺害したことをマミーに報告すると、彼女は私を抱きしめ『いい子だ、いい子だ!』と言った」[37]。ウィニーの運転手は証言を取り消し、彼女がストンピー殺害を準備したと述べた。

この刑罰事件以外にも、妻の行動はマンデラにはますます屈辱的なものになっていった。彼女

☆33 *La Victoire*, p. 36.
☆34 *Ibid.*, p. 71.
☆35 *Ibid.*, p. 98.
☆36 *Un long chemin*, p. 661.
☆37 Desmond Tutu, *op. cit.*, p. 134.

より三〇歳年下の弁護士でＡＮＣ社会福祉業務部門のアシスタントをしている男との愛人関係をはばからず、なかば公式の旅行でも彼をアメリカに連れていった。愛人に裏切られるや、彼に一通の手紙を送りつけたのだが、結局それがマスコミの知るところとなってしまったのだ。それは、公金横領という好奇心をそそるほのめかしを含んだ嫉妬と怒りの手紙だった。スキャンダルで別居を余儀なくされたマディバ〔マンデラ〕は寛容に、上品に、自ら記者会見に臨み、確固とした誠実の証として「同志ノムザモ〔ウィニー〕に対する愛情に変わりはありません」と毅然として言ってのけた。この下劣な事件において、彼は善良な男、ジェントルマンとして振る舞ったのである。

一九九一年七月二日、ＡＮＣは三〇年ぶりに南アフリカ国内のダーバンで年次総会を開催した。マンデラは何人かの発言者から批判を受けたものの、満場一致でオリヴァー・タンボのあとを継ぐＡＮＣ議長に選出された。ＡＮＣはヨハネスバーグ中心地の大きな建物に居を構え、ネルソン・マンデラは、ともに七〇歳代のシスルとタンボに囲まれ、いまや名実ともに組織のトップに立ったのだった。なんとしても統一民主国家を、という彼の悲願に変わりはなかった。出所後ほどなく、ソウェトのスタジアムで、あふれる群衆を前に彼はこう表明していた。「私は、善意と志を抱くすべての南アフリカ人に向かって両腕を広げ、『アパルトヘイトを捨てた者は、男性であれ、女性であれ、一人一票制の原則に基づいた非差別主義の統一民主国家南アフリカをめざす我々の運動から排除されることはありません』と結びました。これこそがＡＮＣの使命であり、私が獄中生活の間、ずっと描き続けてきた目標なのです[☆38]」。

懸念すべきであったが、警察は全力を投じて、開催中のこの会合を阻止しようとした。平和的デモの参加者に発砲したり、活動家たちがうっかりダーバンに置き忘れたパソコンに残されたデータからANCのメンバー約四〇名を「共産主義の陰謀」〔政府転覆計画〕の嫌疑で逮捕したのである。この事件は重大な結果にはいたらなかったが、これが原因でデクラークの権限は強化された。この一件で、ANCによって維持されている非常に象徴的な武装闘争が、優位より不利を呈していることを自覚せざるを得なくなった。それを最初に警告したのは共産党書記長ジョー・スロヴォだった。彼は秘密裏にマンデラを訪ね、一時的にでも武装闘争を停止するよう提案した。それを根本から受け入れさせるのは大変にむずかしい決断であったが、優秀な策士マディバは「志操堅固な急進派」の共産主義者がこの提案をしたことを嬉しく思った。そして全国執行委員会で彼の提案を支持することを約束したのである。武装闘争中止の決定は不可欠であり、反対も多いなかでなんとか全国執行委員会で承認された。必要ならいつでも武器を取ることができる、とマンデラは断言したのだ。

一九九〇年八月六日に交渉をふたたび軌道に乗せ、ANCが武装闘争停止に関する「プレトリア協定」に合意したのは、こうした熱意による明白な証拠である。実は白人の徹底抗戦論者たちが煽り立て、つけ入ろうとしているアフリカ人の分裂になによりもまずつながる悲惨な状況が出現していたのである。マンデラにとっては「第三勢力」が、作為的に最悪の方策を採ったのだった。彼が思ったとおり、多くの証拠が出てきたが、とりわけ一ヵ月前にブテレジの率いる民兵に

☆38 *Un long chemin*, p. 687.

よる予告襲撃事件があった。ANCはこの予告を通報したのだが、当局はなんの対策も講じなかったのである。ズールー族の殺し屋を満載し、警察車両の護衛を受けた数台のバスが、セボケングのタウンシップに侵入し、三〇人以上の住民を殺害した。翌日、現場を訪れたマンデラが死体置き場で目にしたのは、両の乳房を鉈で切り落とされた女性のむごい姿だった。怒り心頭のマンデラはデクラークに激しく詰め寄った。「事前に通報したのに、あなたは何もしなかった!」。デクラークは無言だった。彼は過激主義者たちをただ単に監視していただけなのだろうか? 二年後の一九九二年五月にはすべてが絶望的に思えた。「不調和に終わった項目が、デクラーク氏と私が合意していたことすべてを脅かしていたのです」。

実際に国民党は「一人一票」という一歩を乗り越えることができず、自身で予想したとおり政権の座から引きずり下ろされることになった。それでも国民党はホームランドと部族の酋長たちを操ることで崩壊を避けようとしていた。六月一七日、インカタの新たな襲撃で、収容所にいたANCのメンバーが多数殺害された。またもや警察は見て見ぬふりをしたのだった。今回は堪忍袋の緒が切れた。そのうえ政府は、ズールー族が彼らの「伝統的」な武器を政治集会に携帯することを認める規則を導入して火に油を注いだのである。黒人の民間伝承に向けられた政府の突然の関心は容易に説明できる。つまり伝統的武器である槍や先端の膨らんだ投げ棒などは、相手を一撃で倒せるのである。交渉は行き詰まり、マンデラとデクラークの関係は悪化した。ANC内部にも殺人者がいることから、デクラークはマンデラを欺瞞であると非難した。そして電話越しのやりとりにうんざりしたマンデラは一方的に電話を切ってしまったのである。

八月初旬のゼネストは、交渉をふたたび軌道に乗せることと、白人による黒人同士の対立を煽ることを断念させる目的であった。黒人同士の対立は激化する一方で、例えば九月にシスカイのバンツースタンで行なわれたANCのデモ行進では、シスカイの指導者がANCを敵視しているために、デモ行進は悲劇的結末を迎えたのだった。地元警察がデモ参加者に発砲し、死者二九人、負傷者二〇〇人以上を数えた。主要な民族と和平の話し合いを始めて以来、これほどの流血事件はなかった。だがそれは始まりにすぎなかったのである。一九九〇年夏から一九九三年の夏まで、警察が記録しただけでも「政治絡みの死亡者」は三六五三人であるが、もちろん実数はこれをはるかに上回る。英国の日刊紙「ガーディアン」の記事が、南アフリカ警察が「ANCを封じるためにインカタに資金を提供した」という支援の証拠をすっぱ抜き、内務大臣は辞任を余儀なくされた。大多数の白人は黒人間の虐殺に関して、ズールー族がコサ族の支配から身を守っているのだという単純な解釈をしていた。したがってカフラーリアの人たちが部族戦争を断念するなどとは考えられないことだったのである。「ズールー族が戦闘準備、まもなく流血の事態」と「サンデー・タイムス」の第一面に大見出しが載った。ロンドンでは、南アフリカ在住の英国人三五万人を避難させる計画が真剣に討議された。

内戦が起きるであろうと思っていた人たちは南アフリカ全土の代表者会議で自分たちの誤りに気づいた。民主南アフリカ会議（CODESA）には二四の政治団体の代表者たちが集結し、この国では一九〇九年以来最大の会議となった。そして一九九一年一二月二〇日、政府との第一回目の会議に際してANCは共産党書記長ジョー・スロヴォとMK司令官ジョー・セディセを代表団のメンバーに送り込んだ。この二人は長いあいだ危険人物として欠席裁判で有罪が宣告されていたが、この会議のために一時的特赦が与えられていた。彼らを喜んで絞首刑に処したであろう国民党党首と握手する二人を見るのがマンデラには楽しみであった。タボ・ムベキがジャーナリストに語ったように、どちらの陣営も「相手の頭には角がない」ことを知ったのだった。今回は順調に進行し、マンデラは演説のなかで「後戻りのできない」進展であると評価した。しかし、いかに「清廉潔白」とは言え、デクラークは偉大な解放者ではなかった。戦場で勝利する力がないから、彼は会議室での闘いを受け入れたのだから。

交渉は全世界が大きく注目するなかで繰り広げられた。火山のようにたぎる思いで相対した二人の男は、互いに義にかなった勇気を讃えあった。だが合意に向けての途方もない困難が、非常にナーヴァスになった彼らを絶えず決裂寸前にまで追い込んだ。デクラークは、「第三勢力」を秘かに支援していると疑うマンデラの「虚勢」を非難した。二人はともに互いの側の過激主義者から執拗に迫られていた。闘う女性ウィニーやPACのメンバーたちはマンデラの「毅然としない態度」を強く非難した。実際にはこの毅然としない態度は、彼が有効であると判断した場合は、ゆるぎないものとなる。かつて彼が語ったように「国家を建設するときにはブルドーザーが必要なことも、羽ぼうきが必要なこともあるのです[39]」。彼の行動や著書に基づいて「完全なる政治家」の手引書が容易に作成できるが、この格言はそのなかに入るであろう。私自身、羽ぼうきと棍棒を取り違えたために失敗した善意に満ちた大臣たちを見てきたのだから。「インターナショナル・ヘラルド・トリビューン」紙がこう書いている。「マンデラは二股も三股もかけていた。下部組織の活動家全員に自分の気力を伝えることが困難であることはわかっていたが、それでも手を差し出し和解を提案したのである」[40]。

一部の白人右翼は別個のアフリカーナー国家「フォルスタート」を夢見ていたのだが、白人が大多数を占める地域がひとつもないこの国ではこの「結論」は非現実的なものとなった。その反面、ある時期には軍事クーデターが懸念されていたのである。交渉の進展は複雑を極め、それをここでたどるのは私の意図ではないが、前進と後退が相次ぐ交渉で私に興味を抱かせるのは、政治家マンデラの議論の余地のない手腕のことではなく、プロスペロがカリバンから武器を取り上げるその方法である。警察の共謀もあって犯罪が急激に増大する事実に直面し、元アマチュア・ボクサーは、連打を浴びせる欲求をまず制御しなければならなかった。「私ははじめ、この強硬派の意見に同調したのですが、二者択一は存在しないことがわかってきました。協議の内容は、私が長年にわたって主張してきたものであり、いまになって交渉に背を向けるわけにはいかなかったのです」[41]。この姿勢は「活動家たち」にはひどく不評であったが、彼にはそれがわかっていたのである。寄せ集めで急ぎ再建されたＡＮＣ内部に亀裂が生じた。それは老人と若者、国内の活動家とルサカの亡命者、「民間人」と軍人、理性的な者と激情的な者との間に生じたものであ

☆39　*Ibid.*, p. 149.
☆40　*Ibid.*, p. 115.
☆41　*Ibid.*, pp. 729-730.

った。すぐに騒ぎ出す行動的少数派は、交渉という考え方そのものを認めようとはしなかった。一九九〇年、いまだロベン島に収容されている二五名の活動家たちが「戦場で完全な勝利」をうる前に恩赦を受け入れることを拒否した。そこでマンデラは、内戦に命をかけた彼らに釈放に同意するよう促しに行かねばならなかった。ある者たちからは「白人に売った」とか、現場をまったく理解していないと責められたが、彼はこの非難中傷に反論はせず、ためらいのかげりもなく自己批判したのだ。そう、彼は「怠慢」であった。活動家たちにもっと耳を貸すべきであった。だがそれは本心なのだろうか？　おそらくそうであろう。しかし彼は核心部分に関しては一歩も譲らなかった。だからこそプレトリア協定の内容は維持されたのである。

主要な問題として残っていたのはズールー族の対応であった。彼らはＩＤＦ（自由インカタ戦線）という政党を組織し、国内に三〇万人の会員がいると豪語していた。インカタとＡＮＣの間にはむき出しの敵意があった。クワズールー・ナタールとオレンジ自由州ではインカタの民兵が最初に四〇〇〇人、二度目には約一〇〇〇〇人を殺害したと考えられている。保守層に熱心な支持者をもっている外国では、皆が敬服する威信ある指導者であるブテレジが、自らの国が民族ごとの勢力に分裂してしまう状況を本当に阻止できるかどうか自問し始めた。「偉大な救い主というブテレジのイメージはおそらく永遠に消えてしまった」と書いたのは、ある自由主義者のジャーナリストである。

疲れを知らないマンデラはズールー族王グッドウィル・ズウェリティニと妥協の道を探った。実は出所直後に、相互理解のための会談場所を決定すべく彼に電話を入れたのだが、彼はホームランドではなくＡＮＣの代表団が彼の「首都」に会いに来ることを要求し、ホームランドを認知させることは事実上不可能となってしまった。マンデラがズールー族首長のブテレジと話し合うと言い出したとたん、仲間からの怒号が轟いた。マンデラはこう語る。「彼の名を口にしたとき、私は首を絞められそうになりました」[☆42]。それよりも、ある集会で彼が語ったことに注目しよう。「この国に流血をもたらそうとしている人びとに、私はひざまずいて請い願いに行くでしょう」。

新たな会談が一九九一年一月二九日、ダーバンのロイヤル・ホテルで開かれた。報道陣の前で、ブテレジはＡＮＣへの一連の非難をまくし立てた。だが優れた政治家は、状況を十分に把握したあとに怒りを表わすものである。そのときマンデラは、かつて彼の釈放に向けて尽力してくれたことをブテレジに感謝し、ふたつの組織の対立点や一九七九年の断絶のことよりも双方の結びつきを強調したのだった。しかし、この苦労は実を結ぶことなく、攻撃をしないという協定は締結直後に破られてしまった。歴史的選挙[★11]が近づいた四月八日、マンデラとデクラークは一緒にブテレジに会い、最後のアプローチを試みた。新生南アフリカで彼は「英国女王よりも権力をもつ」ことが約束されていたが、なおも妥協を拒んでいた。民主主義というものが性に合わないのである。最終的に彼は投票の一週間前に選挙に参加し、インカタとして立候補することに同意したので、それを待ち望んでいた支持者たちはやっと安堵した。「ブテレジに対してはマディバ以上に

☆42　*Ibid.*, p. 730.

★11　一九九四年四月二七日に南アフリカで最初の、人種差別のない、一人一票制の選挙が行なわれた。

適した人間がいたとは思えない」[☆43]と語ったのはウォルター・シスルである。私としては、頑固で敵意をもった同胞との和解を成立させた彼の執拗さは素晴らしいと思う。「滅びゆく国は不幸な私の心をすり減らす、このうえお二人から生じた禍がこれまでの禍に加わるならなおのこと」[★12]とは『オイディプス王』の一節である。

和解と平行して、近い将来、必要不可欠なパートナーとなる白人が抱いている、恐怖に培われた憎悪を払いのけねばならなかった。フレデリック・デクラークも認めているが、彼の陣営にも「あらゆる手段を講じてブレーキをかける者たち」がいたのである。ある殺人事件が火薬に火をつけかねなかった。それは、最近移民してきたポーランド人でアフリカーナー過激派組織に属している男が、若者から絶大な支持を得ているMKの元参謀長クリス・ハニを自宅前で暗殺したのである。目撃していたアフリカーナーの女性が車のナンバーを通報し逮捕された。マンデラはこの「偏見と憎しみに満ちた白人」を「アフリカーナーの白人女性」と対比させ、平静を呼びかけた。「アフリカーナーとして生まれたひとりの白人女性が、自分の身を危険にさらして犯人逮捕に協力し、裁きの場へ引き出しました。いまこそ、クリス・ハニが命をささげたもの、つまり私たち皆の自由を破壊しようとする連中に対して、すべての南アフリカ人がともに立ち上がるときがやってきたのです」[☆44]。ほぼ同じころに、もうひとつの残酷な訃報が彼を襲った。この世で最も敬服しているオリヴァー・タンボが急死したのだった。マンデラは著書に感動的な追悼の辞を載せている。「プラトンは人間を金属にたとえて、金と銀と鉛に等級分けしました。オリヴァーは純金でした。その際立った知性に、その温かさと人間性に、その忠誠心と自己犠牲に、純金の輝きがありました。指導者として大きな敬意を抱くのと同様、私はひとりの人間として彼を尊敬しています」[☆45]。

アパルトヘイトを完全に消滅させるのは素晴らしいことであるが、それは同時にそれを実施してきた近代国家が崩壊してしまうという厄介ごとになりかねなかった。現実主義者ジョー・スロヴォが国民党との期限つきの権力分有を想定した今回の案は、交渉を決定的段階に導く「過渡期条項」であった。さらには公務員との契約の尊重、軍人や警察官の恩赦が提案されたのである。下部組織の活動家にとって、これは憤慨に値する譲歩であったか、この提案なしでは大混乱が必死の状況だったのである。行政面でのこの決定は、道徳面での『真相究明と和解に向けた委員会』の創設に相当するものであり、それ以外の提案は創意工夫と忍耐を必要とする事柄であった。大前提である「一人一票」と連記投票制が維持されているので合意はやっと可能となった。

暫定憲法は前記の事柄を基準にして草案された。そして一九九三年六月三日は、初めての民主的選挙が一九九四年四月二七日に行なわれることが決定したという、とりわけ記念すべき日となったのである。ネルソン・マンデラとフレデリック・デクラークは二人でノーベル平和賞を受賞

☆43 *Ibid.*, p. 56.
★12 岡道夫訳『オイディプース王』より引用。「ギリシア悲劇全集」三、岩波書店、一九九〇年、四四―四五頁。
☆44 *Ibid.*, p. 735.
☆45 *Ibid.*, p. 736.

した。自ら秘密軍隊を指揮し、刑務所では非暴力主義者を対象とした「国際アムネスティ」の恩恵に浴することのなかった男には思いがけない名誉であった。慣例の受賞記念演説で、マンデラはデクラークの「勇気と先見の明」に賛辞を送った。これを聞いて驚いた人たちに彼はこう答えたのである。「敵との間に和平を実現するには、敵と力を合わせねばなりません。そうすればその敵も仲間になるのです[☆46]」。

投票用紙を投票箱に入れようと際限なく待ち続けるあらゆる人種の男女の長い列。一九九四年四月二七日のこの様子は人類共有の記憶となった。生まれて初めて投票を体験するマンデラは、再統一したことを誇りに感じているANCに一票を投じた。「これまでは多くの小集団がさまざまな政策を打ち出してきましたが、いまやひとつになったのです[☆47]」と彼は伝記作家に打ち明けている。

五月一〇日、明るい日差しが注ぐプレトリアで、白人優位だったゆりかごの中で新生南アフリカが産声をあげた。この国は人種差別のない民主的政府が統治するのである。ネルソン・マンデラは各国元首、高官そして無数のテレビ視聴者の眼前で大統領に任命された。彼はこう語っている。「しばらくして、皆が空を見上げると、南アフリカ軍のジェット機やヘリコプター、兵員輸送機が完璧な編隊飛行を披露したのです。それは、民主主義に対する、そして公正に選ばれた政府に対する軍の忠誠を示すものでした」。それから飾り紐で着飾り、勲章を胸につけた将軍たちが、何年か前には悪人として恐れていたマンデラに敬礼して忠誠を誓った。ふたつの国歌が演奏され、黒人と白人が、かつての敵の国歌を順に歌ったが、双方の歌詞を知らないのでハミングしている様子をマンデラはじっと見つめていた。

プロスペロは嵐を鎮めた。カリバンを鎮め、島の内戦をかろうじて避けたのである。南アフリカ共和国は民主主義国家となり、すべての国民がついに主権をもったのだ。「自由への長い道」は終わりに近づいた。次の挑戦はさらに恐るべきものとなろう。「人間としての甚大な苦難からは、すべての人類が誇りとするような社会が生み出されなければなりません」。自らに課せられた責任の重さは彼も理解している。それはつまり、アパルトヘイトの廃墟に、彼の夢である全国民の共同の家を建てることなのである。

☆46 *Ibid.*, p. 740.
☆47 *La Victoire*, p. 115.

第5幕　ネルソン王

陛下の輝かしいご生涯を、卑劣な陰謀、不実者のねたみ心がかき乱すことは
決してありません。陛下は主として人の心を支配する術を身につけられました。
コルネイユ『シンナ』

最後の役を演ずるときが訪れた。老いた賢人、あがめられた指導者、オリンピアの住人ネルソン王の登場である。神話によれば、やっと自由の身になったプロメテウスが神々の座に戻ることを許されたとき、ゼウスは試練を思い起こすようにと、彼に指輪の装着を命じたという。だが、ロベン島で体験したあらゆることを思い出すのに、マディバはそのような装飾品を必要とはしなかった。種々の名誉が、彼をやっと正当な地位に就けさせたが、彼の生活様式は変わらなかった。刑務所にいたころのように夜明けに起き出し、メイドの制止がなければベットメイクも自分ですませてしまったのだ。彼はあちこちの広場に自らの銅像を建てさせたりはしないであろう。大統領らしく振る舞わないひとつの例を挙げると、「彼が昔の友人と会って廊下で話したり、訪れた庶民にプライヴェートの電話番号を渡すようなとき、補佐官たちに不快感を与えまいとして隠れて行なうことがあった[☆1]」。まるで果てしない監禁で失った時間を取り戻さねばならないかのように、彼はなにかにつけて、世界中のどこにでも出かけていく。「マンデラ大統領、南アフリカ国家を視察」とは、南アフリカに帰国したときにある新聞が載せた皮肉たっぷりの見出しである。

就任当時、プレトリアの大統領執務室があまりにも広くてマンデラは多少戸惑いを感じたものの白人職員を招集し、握手をし、あの抗し難い魅力にあふれた笑顔を周囲に振りまいた。そして誰ひとり解雇するつもりはないと約束したのである。この瞬間、アフリカーナーの秘書や従業員は、自分たちの名前を知っているだけでなく家族のことも気遣うこの親切な老人に身を捧げる気持ちになったのであった。デクラークは回想録にこう書いている。「マンデラと接触する人は誰でも、自分は例外的存在であると思わせてしまうような特殊な才能を彼はもっている」[☆2]。この天賦の才はカリスマと呼ばれるもので、仕事の大小を問わず行使されている。ある政治家たちは、イメージというものはプロの「広報顧問」の力を借りて作り上げることが可能であり、自分たちが望んだとおりのイメージを大衆に抱かせていると思っている。だが、それは大きな間違いである。それに関しては、人というのは本物と偽物とを確実に区別できるという本能をもっているものなのだ。人びとは敬意を表せると考えられている握手がおざなりか真心のこもったものか、笑顔は作為的か自然なのか、誠実な行為か恩着せがましいものかをすぐに見抜いてしまうのだ。いつまでも有権者を過小評価するのは間違いである。そのほか、知られていないことも多いが、舞台上の役者のように観客を大切にするルールもいくつか存在する。例えば記者会見では、一番奥に座った記者に自分の声が聞こえているかを確かめたり、手紙には必ず返事を出したり、たとえ

★1　岩瀬孝訳『シンナ』より引用。「コルネイユ名作集」白水社、一九七五年　二三二—二三三頁。
☆1　*La Victoire, op. cit.*, p. 49.
☆2　*Ibid.*, p. 123.

うるさ型や邪魔者であっても軽んじたりぞんざいに扱ってはならないというように。政治家にとってマスメディアは不可避ではあるが危険な通り道ともなる。我らのヒーローはマスメディアを実に巧みに利用している。彼はジャーナリストたちの機嫌取りをすることなく彼らの心を捉えるのである。彼らは状況次第で用心深くなったり疑い深くなったりするが、とりわけ自分たちが操られているという感触を嫌っている。少なくとも優秀なジャーナリストは打算的な甘言に惑わされることはない。

内政に関しては、第一副大統領を指名することでマディバはＡＮＣへの敬意を再度明確に示したのである。第二副大統領はフレデリック・デクラークなので、国民党と交わした協定の期間内に第一副大統領をＡＮＣのメンバーから選ぶ必要があったのである。七五歳の大統領は一期五年だけ務めることを強く望んでいるので、第一副大統領はおそらく彼の後継者として国家の指導者になるであろうことが最も重要な選択肢であった。シリル・ラマポザとタボ・ムベキの二人が候補にあがった。弁護士でＡＮＣ事務局長を務めるラマポザは鉱山労働者の闘争を見事に指揮し、終了したばかりのその大交渉でも主要な役を演じた。一方、外交官でエコノミストのムベキは、ルスカに亡命中、オリヴァー・タンボの右腕としてＡＮＣを牽引した。マンデラは個人的には古い友人の息子であるラマポザを指名したかったのだが、黒人意識運動出身のラマポザはＡＮＣの「筆頭グループ」には属していなかったのである。長い時間を費やして仲間の話を聞いたり相談したりしたのち、マディバが指名したのはタボ・ムベキだった。自分の子飼いの人物を党に認めさせることを避けたのだった。多くのアフリカの国家元首にとって、自分たちの第一王子を後継者に指名しないなどという考えはまったく相容れないものであろう。

　一九九四年、大連合政府は幸先のよいデビューを飾った。多民族で構成された公明正大な「虹の国」[★2]の国会議長は、ANCの古くからの活動家でパールシー[★3]の女性弁護士フレーネ・ギンワラが務めた。マンデラは憲法院の慎重な承認を得た新しい民主憲法制定のための予算をつけることに同意した。この新憲法は、大統領が当初決定した事柄のうち一件を削除するという相当自立した様相を呈することになった。法に対して忠実な敬意を抱き、さらには法律尊重主義の手本となるようにと、大統領はすみやかにこの削除を受け入れた。こうして憲法院は死刑を違憲とし、文明国では死刑は恥ずべきという判断を下した。そしてアフリカーナーの言語と文化には種々の保証が認められたのである。

　そんななかで意識的に沈黙したり敵意を抱く公務員を探すならば、それは外交業務の担当者であろうか。大統領は彼らの意見を聞こうとはせず個人的つき合いを前面に押し出し、ビル〔クリントン〕やフランソワ〔ミッテラン〕、トニー〔ブレヤー〕、ボリス〔ゴルバチョフ〕に電話して問題の解決を図ったからである。遠くにいる彼らの声をしばしば聞いたり、すべてが順調かを尋ねたりというだけの楽しみで、ときには時差を忘れて電話をするようなこんなボスにどうやって担当者たち

★2　「虹の国」……民主国家南アフリカにはいまでもさまざまな民族が暮らし、それぞれの文化や言語が残っている。この多様性とその融合を虹に例え、南アフリカ共和国は「虹の国」「七色の国民」と呼ばれている。
★3　パールシーはゾロアスター（ツァラツストラ）を開祖とするゾロアスター教の教徒に同じ。

は我慢できるのであろうか。「個人外交」は専門の担当者たちにとって不満の的であるが、大統領には道楽なのである。彼は「思いやりのある温厚な」ジョージ・ブッシュを評価していた。クリントンとは年齢差にもかかわらず難なく友人になった。確かに二人とも反順応主義者ではある。

新大統領の主要な意図を要約しているのが、「民主主義」と「和解」の二文字である。彼は常に「民主主義」を推し進めているが、住人の一〇人に一人しかかかわっていなかった民主主義をいまこそこの国の現実に組み入れねばならなかった。マンデラが政権を担う過程で真の民主主義者の姿を見せたことは、超人的とも言える果敢な行為であり、いたるところから称賛の声が湧き起こった。というのも民衆は、偉大な反逆の徒が絶対権力の美味な毒にもてあそばされてきたことを知っているからである。例えばスカルノからカストロ、アフリカではセク・トゥレからムガベへと続くように。内外の報道関係者は、プレトリアのこの老人に完璧に魅了されたのである。「フィナンシャル・タイムズ」誌の特派員は、マンデラの悪口を少しでも言う人をまったく見つけることができなかった。しかし彼自身は、シェイクスピアの作品『ジュリアス・シーザー』のなかでブルータスが言っているようなほめ言葉が好きなのである。「俺は君の手にキスをするがお世辞は言わないよ、シーザー」。彼が良いと判断するものは、信望をかけて実行可能とするであろう。共和国の存在そのものが彼の威厳と豪胆のおかげであることに異論を唱える者はいないであろう。歴史における個人の役割というものを認めようとしない共産主義者ジョー・スロヴォでさえ、オリヴァー・タンボが「組織を機能させ、統一を守るために必要不可欠な存在だった」ことを認めたうえで、一九九〇年以降の「マンデラの役割はまったく卓越したものであり、彼がいなかったらこの国の歴史は違っていただろう」[☆3]と評価している。マンデラの伝記作家は自分流にこう表現している。「一九九五年に公式訪問したエリザベス女王をお迎えしたときに、女王と親交を結び女王陛下の取巻きを驚かせたことでもわかるように、彼は政治家というより王様に近い存在だった」[☆4]。一九九四年の第四九回ANC年次総会閉会式で、彼は「すべての権力は腐敗する。絶対権力は絶対的に腐敗する」と〔アクトン卿の名言を〕繰り返したが、権力への欲求は抱いていたはずである。

ANCの実情をよく知る男が、ある日アンソニー・サンプソンにこう言った。「タンボは生来の民主主義者であるが、マンデラの民主主義は学んで得たものに違いない」[☆5]。政治の世界での長い経験が、古くはローマ共和国においてでさえも生来のものとあとで身につけたものということの識別が常に正しいことを私に教えてくれた。ある種の政治家は多数決の法則、つまり選挙の失敗によってときとして不公平な判断や任期の期間限定による不確実な未来を簡単に受け入れている。別の政治家は、長く困難な努力を払って不確実な未来に到達できるのである。友人であり師であるタンボとは異なり、マンデラは気性からいうとおとなしくも謙虚でもないのである。若いとき

★4 セク・トゥレ（Ahmed Sékou Touré, 1922-1984）は一九五八年にフランスから独立したギニア共和国の初代大統領。ムガベ（Robert Gabriel Mugabe, 1924-）は一九八七年よりジンバブエ共和国大統領。
☆3 *Ibid.*, p. 99.
☆4 *Ibid.*, p. 131.
☆5 *Ibid.*, p. 50.

の彼は、横柄で自信過剰の様子を見せていた。だが、他者と他者の意見に対する敬意という民主主義の最も基本的な特質は身につけていたのだ。そのことは選挙の翌日にさらにもう一度証明された。これまでの白人だけの選挙では白人の党派は票の九九%を獲得していた。今回ANCに投じられた票は「たったの」六二・九%であり、新しい憲法を単独で通過させるのに必要な三分の二にはわずかに届かなかったがマンデラは満足した。民主主義者は白紙委任を評価しないものであるから。

　民主主義とは説明であり、討論であり、草案やイデオロギーの戦略を組織的にまとめるうえで根気のいる突き合せであり、建設的な批判であり、偏見をもたずに相手の論理構成を検討することである。その点については、マンデラのロベン島の仲間だったミカエル・ディンガケが次のように描写している。「すべての囚人のなかで同志マディバはどんな討論でも一番根気がよかった。ANCのメンバーだけの討論でも、他の組織のメンバーと相対したり、集団での討論でも……彼はどんな問題でもその両面から常に客観的かつ誠実に考慮するべきであることを私に教えてくれた」[☆6]。マンデラ自身、共同管理のなかではたとえ自分が不利になろうとも、多数派の意見に同調するのである。一九九四年に彼はこう語っている。「彼らが完全に間違っていると思うことがときどきありました。しかし、大多数の意見は尊重しなければなりません。だから私は彼らひとりひとりに会って説得を試みなければならないのです」[☆7]。

　民主主義は報道機関の解放〔＝報道の自由〕でもある。他のアフリカ人指導者たちが強引に報道機関を黙らせているようなことを、大統領は一瞬たりとも考えたことはなかった。それでもいくつかの記事に立腹することがあったので、思想討論の場にかぎってときどきそのことをはっきりと語った。もちろん私生活に関しては、彼はマスメディアで取り上げられる著名人と同様の対応をしたのだった。例えばユーモラスなエロチック雑誌「ハスラー」が、彼の秘書のひとりが薄着をまとった写真を「ネルソンの情婦。情熱的な秘書が大統領官邸を燃え上がらせる」、さらにはこの男心をそそる女性のボスをその雑誌の「今月の愚か者」というコメントつきで掲載したのである。そのときこの老賢者は、ひどい侮辱であると騒ぐ周囲の人たちに高笑いで応じたのだった。彼にとって、若さとは年齢に関することではないし、自分は老いるのを忘れてしまったといつもの方便で応じたのである。ある日彼は、聴衆に向かってこう語ったことがある。「私は七五歳です。でもあなたがたといると一六歳になった気がします。あなた方若者は、私の毎日の行動を補佐してくれるのです」[☆8]。

次なる至上命令である「和解」に関しては、これまた断固としたものだった。遺恨は彼の性格とは無縁なのである。どんな些細な好意にも敏感なのに、復讐心がまるでないのである。あらゆる「進歩主義者たち」のように――ある人たちは我々に、この美しいレッテルを用いることが恥ずかしいと思わせようとしたのだが無駄であった――彼は矛盾するすべての見かけと異なり、人

☆6　N. Mandela, *The Struggle is my Life*, p. 380.
☆7　*La Victoire*, p. 51.
☆8　*Ibid.*, p. 102.

間性としては完全に楽観的な物の見方をするのである。彼には感謝の意を表する才能があり、それがときとして過度な表現になってしまうのだ。例えば、釈放の一時間前に彼はジェームズ・グレゴリーに短いメッセージを急ぎ書いている。「我々がともに過ごした素晴らしい時間は今日終わりを告げます」。中学生の書いたメモならば感動的であろう。だが、看守と「素晴らしい」時間など過ごせるわけがない。グレゴリーは自著の宣伝にこの大げさなほめ言葉を利用してセンスの悪さを呈することになる。

もちろん、新大統領はまずアフリカ人同士を和解させるために彼らを別の組織、とりわけPACの「アフリカニスト」により虐待されてきた混血の人やインド人らと親密にさせることに務めた。ブテレジ首長は、統一政府からの離脱という漠然とした幻想をいまだ抱いていて、配下のズールー族に「自由のための闘いが始まった」とまで語っていた。しかし新たなトップ会談の成果はなかった。首長は現実的な人間であったために、自分の地域への予算が削除される危機に瀕すると声を弱めてしまった。アフリカーナーに関して言うなら、彼らはカフラーリアの人たちを侮辱してきたが、マンデラは白人を侮辱するようなことはないという事実を常に示す配慮をしているようだった。彼はときとして後悔することもあったが、デクラークの「公明正大さ」を称賛したのである。一九九四年二月一二日、マンデラはあれほど長きにわたって彼を刑務所に留めおいた男、前大統領P・W・ボタに会うべく隠居所を訪れた。驚いたことに――誰だって驚くだろうが――この「巨大ワニ」は彼を歓迎したのだった。マンデラを「共産主義者」と見なしてはいるものの、紳士であり酋長の息子であることも認めていたのである。マンデラは彼に、最重要課題であるアフリカーナー会議をボタが開催し、マンデラが誠意をもってアフリカーナーたちを説得できるよう計らって欲しいと率直に依頼した。マンデラとしてはこの会議に、卍をこれ見よがしにつけANC襲撃を専門にした殺し屋の所属する極右政党から、荒くれ男といった態の「アフリカーナー抵抗運動」（AWB）の指導者ウジェーヌ・テール・ブランシュまで招聘されることを願った。こうして最悪の敵を説得したいという彼の思いが実行されたのである。彼は帰りがけにボタの芳名録に「建設的で実り多い会見」と書いた。

またもやマンデラの象徴的な能力の話であるが、彼はアパルトヘイトの立案者ヘンドリック・フルブールトの未亡人とお茶を飲んだとき、流暢なアフリカーンス語と洗練された礼儀正しさでこの老婦人を驚かせている。モンテ・クリスト伯[★5]はイフ島の牢獄に送り込んだ連中を追い詰めるのだが、この不思議なモンテ・クリスト伯は自分に復讐の意志のないことを知らせて彼らを安心させたのである。例えばマンデラはリヴォニア裁判のときのいらだたしい判事パーシー・ユトールを食事に招いた。マンデラを絞首刑にすべく画策したユトールであるが、裁判中の暴言の数々を謝罪するマンデラの果断な行為に感嘆し、彼を「尊ぶべき人物」と形容した。いまでもラグビーよりもボクシングの方が好きなのだが、スプリングボックスの「ファン」を味方につけるため

★5 『モンテ・クリスト伯』はアレクサンドル・デュマ・ペール作の長篇小説（一八四四―一八四五）。若き船乗りエドモン・ダンテスは身に覚えのない罪を着せられ、重大政治犯としてイフ島の城塞監獄に一四年間幽閉されてしまう。脱獄に成功し、以後はモンテ・クリスト伯爵と変名して、かつて自分を陥れた人物たちに復讐するという物語。

に、マンデラはこのチームの有名なジャージを着て、ある試合でキックオフをした。その夜、誰もが知るこのチームのサポーターたちは、街で出会った黒人全員を抱きしめたのである！

ときとして俳優というのは、自らが演ずる登場人物に多少誇張した性格をもたせて、一部の演劇人を挑発することがある。もちろんマンデラも、ロベン島の看守たちの無礼やひどい侮辱に対して自らの攻撃的な性格を見事に制御したことを皆に明らかにしたかったし、おそらく自分自身に証明したかったのであろう。オーギュストの寛大さは陰謀家シンナから武器を取り上げるのに役立った。だがこの寛大さは、むしろ皇帝にあの有名な一説を言わせることを目的にしている。「私は世界に君臨する主君であり、自分に対しても支配者なのだ」。ずっと以前から、マディバは南アフリカの悲劇の解決策は復讐にあるのではないことはわかっていた。アンソニー・サンプソンはこう指摘している。「和解は彼の政治戦略の非常に重要な要素だったことは間違いない。彼が個人的にアフリカーナーに協力を申し出れば出るほど、彼らの分裂をさらに進めたり、武器を取り上げることができたのである。詫びることで彼は自分の力量を確信していた。そして風向きが変わったことをもう一度皆に語ったのだ」[☆9]。私の感覚では、そこには政治的計算以上に心の貴さがあるのだ。だが寛大なマンデラでも、繊細な報復手段の可能性は考慮に入れていた。だからこそ、安い労働力で大きな利益を得てきた裕福な人種差別主義者に罰金を科すときには、彼らと親しく接するという独自の才能を発揮したのである。このやり方で彼がおおいに気をよくしている様子が目に浮かぶようだ。例えばロンドンを訪れたときに彼はパーティーを主催した。そこには国際制裁に反対したり、アパルトヘイトを支持してきた財界の大物たちが出席していたが、彼らはマンデラに敬意を払い、自分たちの洞察力不足を詫びたのであった。

旧体制との和解は、たとえ彼が国家元首であっても、個人の熱意に依存することはできない。アパルトヘイト制度により犯された犯罪はあまりにも多く、あまりにも残酷なので、ドイツ人がナチズムを相手に創設した *Vergangenheitsbewältigung*（過去の克服）のコンセプトのような、犯罪を取り除く方法を見つけ出さねばならなかった。なぜならば、簡単にアパルトヘイトから目をそらしては、ともに未来を考えることは不可能なことだから。これについては、当時未熟だったスペイン民主主義が成功を収めたが、その大部分は国王ファン・カルロス一世の手腕によるものであった。ニュルンベルグ裁判★6のような裁判で犯罪者やその共犯者を裁くことも実現不可能であった。保安局の大半の職員がまず最初に実行したのは、自分たちの背理行為の証拠を隠匿することであったのだから。実際には、南アフリカの行政官たちは常に白人社会の様子を窺いながら判断していたので実行力が乏しかったのである。元国防大臣マグナス・マランと彼の将校たちに対して始められた裁判は国家に莫大な費用を負わせた。そして一八ヵ月間の審理を経たのちに証拠不十分による無罪判決に終わった。何千もの同じような告訴を裁判にかけても結果は無罪となるであろう。「それは、ためらうことなく嘘の証言をした多くの推定罪人、つまり警察や軍隊の

☆9　*Ibid.*, p. 153.
★6　ニュルンベルグ裁判は、第二次世界大戦におけるドイツの戦争犯罪を裁いた国際軍事裁判（一九四五年一一月二〇日〜一九四六年一〇月一日）で、ナチス党の党大会が開催されていたニュルンベルグで行なわれた。

構成員の発言に対するさまよえる犠牲者の声だった」[☆10]とデズモンド・ツツは指摘している。免訴や無罪判決は被害者の恨みをさらに増大させるし、これが原因で、この国においてはさらなる分裂が進むだけだった。何人かの罪人が厚かましくも要求した完全な、あるいは漠然とした大赦は大変恥知らずなもので問題にはならなかった。

どうしたものであろうか？　解決策をもたらしたのはマディバではなく、ANCのメンバーで法学教授のカーダー・アスマルだった。人種問題の専門家である彼は、西ケープタウン大学での就任演説で、意味のない裁判と大赦の中庸策を提案した。これは、たとえそれが犯罪者であろうと、人は誰しも他者に対して取るべき態度を意味するウブントゥ（*ubuntu*）[★7]というアフリカの慣習に因るものである。白人と黒人の共存する社会は至高の幸福なので、罪人が詳細を自白し原因となった過ちを認めるのなら、社会復帰できる可能性を与えなければならない。マンデラはこのアイディアをさっそく実行に移し、「国家統一と和解促進条例」というタイトルどおりの目的をもつ条例を国会の判断にゆだねた。この法律には人権を侵害したり、もっぱら政治的理由で重罪や軽年の間に政府もしくは組織（ANCを含む）の命令で、もっぱら政治的理由で重罪や軽罪を犯し罪を犯した者は誰でも、完全自白という条件で大赦を請願できると記されていた。賢明にも法律は良心の呵責も謝罪も要求せず――神のみが心の奥底を探れるのだが――、単に過去に起きた出来事を解明しようとしたのである。この内容のおかげで訴追は成立しないだろうし、過去の出来事は忘却となり、法的権利の一部となるであろう。

それを受けて他民族による決定機関「真相究明と和解に向けた委員会」が設立された。この委員会は裁判と言うよりは一種の公の告解なので、議長を務めるのが宗教関係者であるのは望ましいことであった。議長のツツ大主教──『謝罪なくして未来なし』の著者──は、多くの罪を許すというのるかそるかの企てに成功したのである。もちろん伝統的裁判の支持者たちからの異議があったし、この委員会を騒々しい「サーカス小屋」としか見ないP・W・ボタを含む連中のせせら笑いもあった。そして犯罪の行為者とその被害者が出会うことで、ある者たちは前政権が犯罪者たちに何をさせたかを知ることができたし、他の者たち、とりわけ拷問死した多くの犠牲者の親たちは、どうにか生きていく気持ちになれたのだった。だが処罰されないということは、犠牲者の身内には承諾し難いことであろう。「未来永劫私の妻を暗殺した者が罰せられることはないのだろう」とジョー・スロヴォが叫んだ。彼の妻ルース・ファーストが郵便物に仕掛けられた爆発物で暗殺されたことを私たちは忘れはしまい。

委員会の設立については熱い論争の的であった。打ちのめされた犠牲者たちの親の前で、報復や処罰の恐れもなく、自分たちの悪行を話してから退席する、という加害者たちに提示されたこの奇妙な免罪符は理解を超えるものであり、いたるところで反発を買うことになったのは言うま

☆10 Desmond Tutu, *op. cit.*, p. 31.

★7 南アフリカ出身のノーベル平和賞受賞者、デズモンド・ツツ大主教は「ウブントゥ」というズールー語の意味を「あなたがあるから私がある」と説明した。この言葉は人間らしさ、分かち合い、コミュニティ、他者への思いやりなどを意味する。Vijay Mahajan, *AFRICA RISING*, ヴィジャイ・マハジャン著、松本裕訳『アフリカ──動き出す九億人市場──』より引用。英治出版 二〇〇九年、二七六頁。

でもない。だが、ここは人間関係がすべてを仕切るアフリカであり、おまけにプロテスタント信仰が国内に浸透しているところである。常に抜かりのないマンデラは、委員会の議長には法律家よりも宗教家を指名するほうが意義深いことに気づいた。国家から命じられて犯罪を犯した大勢の者が、加害者として裁きを受けることを免除するこの公の告解を選択した。これによってこの制度は最も重要な功績をあげたのである。なぜならば、真相を知りたいという欲求はあっても「真相究明と和解に向けた委員会」の報告なしには、南アフリカの隠された部分の正確な情報は絶対に得られなかったであろうから。こうして「体制の手先が『テロリスト』と見なした解放運動の秘密幹部や反アパルトヘイト運動の指導者たちを捕らえ、連行する前に農場内の建物や人里離れた警官詰め所で拷問を加え、たいていは殺してしまった」ことを人びとは知ったのである。委員会の調査官たちは、国境近くに作られた詰め所のひとつで「身の毛もよだつ写真」ファイルに出くわした。「手足はひどく焼かれ、警官たちが溶接工や板金工が使うような火吹き竹を使用していたことを示しているようだった」☆11。これによって大多数の白人住人そして世界中の見解は激しい嫌悪感と驚愕を表わし、いかなる反論もできなかった。なぜなら罪人が自らの悪行を語ったからではあるが、近代国家の弾圧のメカニズムというのはこれほどまでに非道な行動に陥ることができるということなのである。「詩人と思想家の国」ポーランドに介入したナチスの残虐行為は新たな例証を見出したとも言える。それは、「文明化した」人間は、うしろめたさを感じなければなんでもできるということである。だからいまでもゲシュタポの信奉者が存在するのである。この国の新しい黒人指導者たちが、彼らの陣営の犯した罪を隠さないだけに、この大きな教えは熟考すべき事柄なのである。

公務だけがすべてではない。マンデラはヨハネスバーグでたいそう楽しいときを過ごした。彼はウーピー・ゴールドバーグ、マイケル・ジャクソンあるいはスパイス・ガールズなど、公演で訪れたスターたちと歓談するのが好きだった。さらに、コンプレックスをもたずに白人の大富豪たちと交際するので、一部の人たちには不快感を与えた。南アフリカ資本主義の大立て者ハリー・オッペンハイマーは親しい友人のひとりだし、アングロ・ヴァール鉱山グループの副会長クリーヴ・メネールも同様である。メネールの豪華な別荘で、マンデラは大統領就任後初めてのクリスマスを過ごした。そこでウィニーとの幸せな日々に思いをはせたのかもしれないが、その〝象〟〔ウィニーのあだ名〕は勝手なことをし続けていた。彼女の人気は相変わらず高く、国会議員にも難なく当選した。彼女の力を無視できなかったマンデラは、彼女を芸術省副大臣に任命してしまった。しかし、このポストに就いているときに彼女はさまざまな「事件」に巻き込まれたのである。そのひとつが汚職疑惑を招いた、アメリカ黒人を呼び寄せるための観光計画である。彼女は、政治面では「白人にへつらう」ANCを、「貧しい人になにもしない」政府を非難してきた。こうなると、さすがに彼女と公に距離をおかねばならなかった。こうして三年の別居のあと、一九九六年三月、マンデラは離婚訴訟の開始を決意した。調停の公判で彼は裁判官にこう明言した。「閣下、申し上げますが、彼女とよりを戻すことを、たとえ世界中が望んだとしても、私がそれ

☆二 *Ibid.*, p. 187 et 189.

を受け入れることは絶対にありません」。今度こそ終わりを迎えたのだった。辛い思いはないのだろうか？　彼は皆にそう思わせたいようだが、我々は出所後に書かれたあの驚くべき一節を思い出してしまう。「私が目を覚ましている間に、彼女は私の寝室に入ってきたことは一度もなかった」。

新たな愛の存在が明るみに出ると、マンデラはそれを公然と認めた。グラサ・マシェルに結婚を申し込んだのである。しかし彼女は南アフリカのファースト・レディになることで、自らの国モザンビークを裏切るような印象を与えることを危惧していた。それでも毎月二週間はヨハネスバーグで過ごすことを受け入れた。「サンディ・インデペンダント」紙は、大統領の表情が「彼女の名前を耳にしたとたん輝いた」と報じている。ジンバブエのムカベ大統領の結婚式ではこの恋人たちが抱擁している姿が見られた。パパラッチは、手に手を取ってパリを散歩している写真を撮った。一九九七年に英国を非公式訪問したときに、彼らはバッキンガム宮殿で一緒に紅茶を飲んだ。だがこの恋人関係は長くは続かなかった。というのも公式の旅行では、彼女の立場が問題となるからである。いつもの演出センスで、マディバは八〇歳を迎える日に結婚式を挙げることに決めた。こうして、彼を高齢と見なしたり、恋には年齢があると思っている人たちの鼻をあかしたのである。そして一九九八年の祝宴に招かれた二〇〇〇人の招待客のなかには、南アフリカの名士はもちろん、多くのアメリカ黒人アーティストを含む驚くべき数の外国人名士が名を連ねていた。新郎はテレビのインタヴューでこう語った。「私は例外的な女性が好みなのです。自分の体験した失敗や不運は後悔していません。愛と彼女のもたらすもののおかげで、私は老後に向けて花のように晴れやかなのですから。ひとりでいると弱い自分を感じるのです☆12」。夫婦間に不和があるとしたら、ただひとつだけである。それは毎朝四時半に起きるという誰もが知っている彼の習慣をグラサがやめさせられないことかもしれない。

南アフリカ大統領には世界の道義にかなった見方が深く浸透しているので、それを国際関係に適用した。ラブレーの格言「良心なき知恵は魂の崩壊でしかない」は、マンデラの見解では外交上の知恵と民族の魂にあてはまるのである。彼にとって国家とはホッブス以来語られているような「冷酷な怪物」ではない。それは人間同様良くも悪くも行動し、後悔し、素行をあらため、寛大な様子を見せるかと思えば狭量あるいは残忍な様相も呈することができるのである。マンデラはこのことを、かつて闘争を支援してくれた北欧の国々から学んだ。彼は感謝の気持ちが外交には大切であると考えている。だからこそアメリカの公然たる二人の敵ムアンマル・カダフィーとフィデル・カストロを南アフリカに招待したのだった。招待しないよう求めるジョージ・ブッシュへの返答は、その数年前に共産主義者たちと距離をおくよう強く促した人たちに対するものと同じだった。「私たち南アフリカ人は友人を裏切ることはしないのです」。一九九八年、ダーバンでの非同盟サミットのあとで、彼は、民主主義者ではないことを除けば最も関心を寄せている人物カストロを盛大に歓迎したのである。さらにマンデラはもうひとりの専制君主が君臨するリビアに赴いた。「私の旅行を非難する人たちはまるで道理にかなっていません——と彼は言う——

☆12　*La Victoire*, p. 183.

政治家は道義にかかわる感覚を失ってはいけません。その理由ゆえに私は二七年を刑務所で過ごしたのです」[☆13]。国際関係を道徳的に高めようというのであろうか？ 臆面のない人たちはあざ笑うが、これは素晴らしく崇高な野心である。反画一主義者は、たとえ結果がすぐに数字に表われなくとも、このことについてしっかりと念を押すことが大切である。ピエール神父[★8]は貧困をなくせなかったが、〔彼のおかげで〕貧困を無感動に見つめることはなくなった。マンデラ以来、私たちは世界的規模の不均衡と人権侵害に我慢せず、無関心と軽蔑に対する「干渉権」を喜んで承認しているのである。

新政府は、時宜にかなった民主主義への贈り物として、一種の「マーシャル・プラン[★9]」のような大規模な援助の恩恵に浴することを期待していた。なぜなら民主主義に関しては、〔アパルトヘイトに肯定的だった〕アメリカを筆頭に謝罪されるべき事柄が多くあったからである。たとえこれが実行を伴なわない空約束や賛辞だけであっても満足するしかなかったが。さらに大変熱心なヨーロッパ共同体に関しても同様であった。つまりヨーロッパ人の所有する特定地域〔金鉱〕への関心が資金援助という意欲を妨げ、むしろ南アフリカを利用したいと考えているのである。加えて暴力行為が投資家たちをたじろがせ、今後は「ドラゴン」と呼ばれるアジアの新興工業国が投資家たちを惹きつけることになるのだ。はかりしれない要求は希望を生み出したが、資力の乏しさゆえに期待を裏切らざるを得なかった。五年以内に一〇〇万戸の住宅建設を見込んだ復興発展計画は、早い時期に「夢の夢」であることが明らかになった。白人は権力から退く前に公務員の総数を入念に水増ししていたので、アフリカ人に職を提供するのはいっそう困難であった。それに、たとえ「差別修正措置」を講じたとしても、志願者の水準は現代の経済要求にはとんど応えられなかったのである。これがアパルトヘイトの「バンツースタン教育」の目的であり、その目的は達成されていた。

大切なのは、イデオロギーが経済政策を押しつけるのではないと説明することである。マンデラはこれを意図して具体的に一連の行動をとっている。まず財務相と中央銀行総裁を正式に任命した。これは必ずしも彼が望んでいた人選ではなかったが、この現実的な思考はこれまでの考え方のすべてに優先した。PACの「アフリカニスト」たちにかつて抱いた好感を彼はこう記している。「私は保守的な人間ではありませんが、成熟すると、自分の若いころの考え方が未熟に思えるのです」[☆14]。相手方の白人がなんと言おうが、彼は本物のマルキストだったことは一度もない。だから生産手段から共有地〔鉱山分野〕を切り離しても信念を撤回する必要などなかったのである。それに南アフリカ共産党さえもこの点についてはは注目すべき歩み寄りを見せている。ロベン島の中庭で際限のない議論が続けられたとき、皆は、とりわけ国の富の大半を占める鉱山分野の大規

☆13 *Ibid.*, p. 197.

★8 ピエール神父（本名Henri Antoine Groués, 1912-2007）はフランス人司祭で慈善活動家。私財を投じてホームレスなどの救済に一生涯を費やした。フランス人が最も愛する著名人のひとりで、葬儀は国葬で営まれた。

★9 マーシャル・プランとは第二次大戦後、アメリカの政治家ジョージ・マーシャル（George Catlett Marshall, 1880-1959）の提案で一九四八―一九五一年まで実施された欧州経済の復興援助計画。

☆14 *Un long chemin*, p. 277.

模な国有化に関しては了承していた。経済専門家ではないが、マンデラは不平等を減らしたり、国家の富を人民に還元するための効果的方法としてこの案に同意していたのだった。国有化は当時の風潮であり、英国の労働党がそれを推奨していた。

しかしもはや頑なに事を進める時代ではないことを、マンデラは大統領就任前に認識した。クレオンがアンチゴーヌに与えた教訓を役立てるときがきたのである。「よく覚えておけよ、頑なな心構えが我々を一番つまずかせるのだ」。一九九〇年六月二〇日、アメリカ上下両院合同会議でマンデラは国有化案廃止の兆しを吐露している。「ANCは、国有化政策を余儀なくさせるようなイデオロギーの立場を取っているのではなく、南アフリカの経済には成長と社会主義を確固たるものにする自己調整のプロセスが存在しないという見解を支持しているのです」。そしてただちに「南アフリカの実業家も海外の実業家も、自分たちの投資の安全性を信頼し、資本金の正当な返却が保証されるような状況」を作り出したいという自らの願望を強調した。「民間部門は混合経済制度における成長と発展のきわめて重要な牽引力なのです」[☆15]。情報源に問い合わせることに関心を抱くマンデラは著名な経営者たちを昼食に招いた。彼らは国有化はゆとりを増加させるような良策ではないと強調した。それは閣内の経済学者タボ・ムベキの見解でもあった。一九九二年にスイスのダボスで開催された経済セミナー「ダボス会議」にマンデラが出席したとき、それまで抱いていたマンデラの迷いは払拭された。種々の参加者のなかで、西洋の「現代的左翼」の政治指導者、あるいは発展途上国の政治指導者たちがマンデラの世界経済の捉え方は、進行中のグローバリゼーションに対して時代遅れになっていることを理解させてくれたのである。

どちらかと言えば資本主義のほうが評判がよかった。例えば共産主義国家の中国は自由主義の企業をとめどなく受け入れたし、ヴェトナムは投資家に色目を使っているのだから。マディバはこう結論した。「私は物の見方を変えました。そして帰国するとこう言ったのです、『皆さん、選択のときが訪れました。投資なしの国有化を選ぶか、さもなければ投資をうるために我々が対応を変えるかなのです[☆16]』」。

ANCの教条主義者たちは、これを裏切りであると騒ぎ、「理想主義者」と「現実主義者」の間で容赦のない激論が交わされた。結局は解決案として国有化を最小限に制限するということになったのである。確かに一九九〇年代後半となる当時、危険を伴なう経済政策に取り組むのは無理かもしれなかった。非難や不満はとりわけアフリカーナーの陣営から発せられた。もちろん彼らは「海に投げ込まれる」という危惧はもはや抱いていなかったが。というのも白人の撤退を余儀なくさせたザンビエとそれに続くウガンダの出来事が、国を破綻に導く最も確実な方法であったことを証明したのだから。モザンビークでは、サモラ・マシェルも同様の事実を確認し、この過ちを犯さないようアフリカ人同輩に呼びかけた。だがかつてのバース〔旦那様〕たちをそれだけでなだめることはできなかった。彼らは自分たちの立場が根本的に変わったことを理解できなかったのだろうか、それとも認めることを拒んだのであろうか。彼らはカフラーリアの人たちのな

☆15 *Nelson Mandela Speaks*, Pathfinder, 1993, p. 42.
☆16 *Ibid.*, p. 435.

かで大切に扱われ、ヨーロッパから来た進歩の先駆者という特権を与えられた存在ではもはやなかったのだ。デズモンド・ツツの著書はこの旧き良き時代の郷愁に痛烈な激励の言葉を浴びせている。省略せずに引用する価値はあるだろう。「目覚めなさい！　権力の一部を失ったでしょうが、あなた方には残っているものがまだたくさんあります。あなた方は経済力の中枢を握っていますし、失った金はわずかで、豪邸から追い出されバラックで暮らしているわけではありません。同様にあなた方には同国人の黒人よりもはるかに優れた教育を授かって得た能力が備わっているではありませんか。あなた方はこの新体制を喜んで受け入れられるはずですし、財産や知識を新体制に委ねて成功をうることもできるのです。そうでなければ黒人たちにとっては、政治の変化が自分たちの生活になんら改善をもたらさないし、白人たちをコントロールして自分たちを助けてくれるマンデラのような政治家はいないものとして、本当に大きな怒りを表わすことでしょう」[☆17]。

国民党との関係は政府内部において危険なほどの緊張状態にあった。辛抱しきれなくなったうえに友人の妻との親密な関係を暴かれた第二副大統領フレデリック・デクラークは、一九九六年夏に辞任した。彼としては内務大臣ブテレジを道連れにしたかったのだが、このズールー人は新しい体制に興味を示し、かつてのライバルと協調路線を歩み始めたのであった。以後タボ・ムベキがひとりで副大統領を務めることになったが、連立の結末を後悔してはいない。「デクラークは〔黒人と〕アフリカーナーとの確執は必然かつ有益と見なしていて、公務員を働かせるのに黒人の大臣は不要と考えていた。つまり自分たちの給料を払ってくれる者の言うことなら聞くであろうというものであった」[18]。連立内閣が解消したとき、大統領は七八歳の誕生日間近だった。任期はまだ残っていたのに、彼はすでにもう舞台の端役にすぎないという素振りを見せていた。気取りかもしれない。なぜならマスコミや国民の目が自分に向けられていることははっきり自覚していたのだから。なるほど彼は副大統領ムベキに閣議を主宰させたり、懸案事項を検討させたり、自分を訪ねてきた訪問者たちをムベキのもとに向かわせたりはしたのだが、決議内容に不満があり、差し戻すときは眉をひそめるだけで十分であった。彼によれば、一九七七年に最後の議長を務めたANC会議で人びとは彼を称賛する反面、ANC本体を非難したのだった。講演のなかで彼は非難した人たちに異議を唱えて楽しんでいる。「マスメディア全体が反対勢力で構成されていたのです」とはマスメディアを掌握し続ける白人たちに向けられた言葉であろうか。ついで彼は闘争仲間たちにブルジョワ化と出世主義に対して警戒するよう呼びかけた。たとえ、ときには行動不審と見られている仲間たちに好意的でありすぎるという非難を受けることもあったが、彼はアフリカのある国々では「略奪者であるエリートたちは国家の富を横領して財を築いたのです」とあらためて語っているのである。そうではないと思いたいのだが、それを口にする勇気のある者はめったにはいない。

彼の主要な協力者であり後任の大統領でもあるタボ・ムベキとの関係は常に良好とは言えなか

☆17 Desmond Tutu, *op. cit.*, p. 227.
☆18 *La Victoire*, p. 167.

った。二人には類似点がほとんど見当たらず、ムベキは物静かなパイプ愛好家で、目立たずに仕事をするのを好んだ。前任者マンデラはムベキの行動に関してどんな些細なコメントも、さらには南アフリカの内政における立場の表明も差し控えた。しかし彼は一度だけ口を挟んだことがあった。それはエイズの災禍を十分把握しての行動だった。確かにムベキ大統領、とりわけマント・チャバララ・マシマン保健相がこの災禍に対して効果的な対策がすばやくとれなかったという責任は否定できない。彼らはＨＩＶウイルスとエイズとの因果関係を認めようとせず、大臣にいたっては感染を避けるために「フルーツやオリーブオイルの摂取」を勧めるに及んだのである！　いくつかの団体や著名人たちの援助活動に駆けつけたマンデラは二〇〇二年にこう宣言している。「これは戦争です！　エイズはわが国のすべての戦争と私たちが蒙ったすべての自然災害を超える犠牲者を出したのです」。

さらには汚職と犯罪というふたつの別の災禍が国を苦しめた。多くの白人はそれらを新政権の無策にあるとした。彼らは汚職が旧政権から続いていることを早くも忘れてしまったようである。アフリカーナー政権下の南アフリカは、国際社会では、公的な発注には賄賂が不可欠と見なされていた。犯罪に関しても、少なくともその大半はアパルトヘイトの遺したものである。黒人野党と闘うために、警官や軍人らは数十年にわたって白人や黒人のごろつきを煽り、手を貸して暗殺や拷問を教え込んだではないか。雇い主を失っても、これら極悪人は武器を持ち続け、信仰も掟ももたない悪党一味を結成し自由に行動しているのである。ある者たちから臆面もなく公言された「人命の軽視」は追従者を生んだ。マンデラは死刑制度復活を執拗に要求する人びと――ウィニーもそのひとりだった——に抵抗した。これは原理的問題である。なぜなら同胞を合法的に殺してよいという思いは「人間になお潜んでいる動物的本能」[19]に起因するからである。

一〇年ごとに、ジャーナリストたちは白書を作成するのが習慣だった。いつものように白書の作成者たちは、それぞれの性格やときとして好みによってふたつのグループに分かれた。ペシミストたちのグループは「不安な数字、例えば、過去の不公平を徐々に解消するのには二倍の経済成長が必要である。社会事業や社会保障の経費はこの一〇年で二五％増加しているのに、外国人株主に支払われた配当金は同じ期間で四倍になった。国民の四五％が一日二ドル以下の収入でなんとか生き延びている状況で、黒人世帯の購買力は一九％低下している。それに対して白人世帯では逆に一五％の増加が見られる」[20]という事実を指摘するのに有利な立場にいた。犯罪は著しい増加を示し、年間で二万件以上の殺人事件が起きていて、ヨハネスバーグは世界で最も危険な都市のひとつと見なされた。ヨハネスバーグ証券取引所に上場された企業のうち黒人が管理するのは三％に満たなかった。農地改革も相当出遅れてしまい、〔人種差別のない〕混成結婚は婚姻者の一％にも達していない。エイズは平均寿命を五八歳から四八歳にまで引き下げ、毎日五〇〇人以上がこの病気で死んでいる。

一方、成功とか希望を抱く理由などを強調することを好むジャーナリストたちは、アパルトヘ

☆19　*Ibid.*, p. 210.
☆20　*Le Monde*, 28 avril 2004.

イトの重大な影響を消し去るのには多くの時間と辛抱が必要であると念を押している。ネルソン・マンデラが牢獄で切望していた法治国家という考え方は非常に深く浸透したので、独裁政治や軍事クーデターなどは想像しづらかった。体制は正常に機能しており、報道の自由は完全に守られていた。アフリカーナーたちは規則に従って行動していた。というのもフルブールトとボタによる著しい人種差別教育を継承した新国民党は、今回の選挙で二％の票しか獲得できなかったからである。あらゆる宗教が完全に調和して存在していたし、政府はやっと重い腰を上げて本格的にエイズに立ち向かい始めた。白人生徒ひとりと黒人生徒ひとりに当てられた国民教育予算の比率は一九八一年の一〇：一に対して一九九〇年には五：一となった。人種混合はなんの問題もなく三〇〇〇〇の学校に行き渡り、文盲の状況は一九八〇年代から半減している。死刑制度は廃止のままとなった。同性愛者の権利が新たに認められた。飲用に適した水のなかった九〇〇万人の国民がそれを手に入れた。三～四〇〇万人を数えると思われる黒人中産階級は、この国が世界経済に少しずつ同化していることを立証している。アフリカ人の雇用を促進したり奨励するために、割り当て数を定めた政策がいくつか実施された。すなわち差別修正措置（*discriminative action*）と黒人の雇用（*black empowerment*）である。企業は否が応でも黒人たちにさらなる職場を提供しなければならなくなった。「経済的差別は、したがって早晩順番がきて消えてしまうだろう[☆21]」。

タボ・ムベキの就任時に、任期満了の大統領は短い即興の演説で、公式文書には記載されていない冗談を言っている。「私は官邸を離れるという過ちを犯してしまいました。この次は私を終身大統領にするような政府を選ぶことにしましょう……マディバのためにちょっとした仕事を見つけねばならないのです。というのも暇な老人たちはよく馬鹿なことをしがちですから」。実権を失ってはいないような口ぶりである。妻は彼の強い活動願望を静めようとしたそのあとで、判断が誤りであったことに気づいた。「自分のリズムを崩すと、彼は落ち込んでしまうでしょう」[☆22]。「暇な老人」は回想録の二巻目に取り組み、在任中は沈黙を守らざるを得なかった事柄をやっと自由に口にすることに楽しみを見出したようであった。

マンデラは結果を明晰に予測していたイラクの無分別な行動[★10]に世界を巻き込ませないよう、最後の瞬間まで調停に奔走した。アメリカの公然たる国連軽視に憤慨しこう叫んだ。「国連の枠外での行動を主張する者はすべからく糾弾されるべきです。その人物が超大国のリーダーならばなおのこと！」。アフリカを旅行中のアメリカ大統領がプレトリアに宿泊したとき、――偶然であろうか――ネルソン・マンデラは国外にいたのである。以来彼はジョージ・W・ブッシュという「正確な判断ができない人物」をますます激しく非難するのだった。合衆国大統領の再選をめざしていたブッシュはこの非難に対して聞こえない振りをしたのだ。なぜなら再選の可能性を示す

☆21　*L'Express*, 19 avril 2004.

☆22　Cité par *Courrier International*, 24 juillet 2003.

★10　二〇〇一年九月一一日にアメリカで起きた同時多発テロに関するイラク国営放送の報道や二〇〇三年の「イラク戦争」にいたる経緯などを示す。

ために、彼は黒人票を重視していたからである。ネルソン・マンデラは先進国を非難するだけではなかった。彼は発展途上国の〔黒人〕首脳たちを、人種差別主義者と非難されることなく叱責できる唯一の存在であり、南アフリカ発展共同体（SADC）議長として一九九七年に独裁者の支配下に陥ったナイジェリア共和国を非難したりもした。さらに彼は民主主義に向けたあらゆる取組みを拒んでいたスワジランド王国とザンビア共和国に対して制裁を提案せずにはいられなかったのである。白人に関する政策が彼とは逆だった隣国ジンバブエの大統領ムガベに配慮することもあえてやめた。残念ながら、コンゴ沖に錨を下ろした南アフリカ軍艦の艦上で彼がお膳立てしたムブツ―カビラ会談はザイールの破滅の影響を制限しようと試みたものであるが、これは徒労に終わっている。

マディバは自国では日常生活の一種の守護神と仰がれ、彼の肖像はいたるところに飾られている。「冷蔵庫のドアに貼りつけるための花柄のパンツとシャツ姿のマグネット加工されたマンデラ、コースターやバッジそして時計に描かれたマンデラ」[☆23]。八五歳の誕生日は至上の栄光であった。南アフリカのすべての道路沿いに、大企業の広告パネルがマンデラの栄誉を祝して捧げられたのである。ラジオやテレビは連続して特別番組やドキュメンタリーを放送した。ラグビーのナショナルチームは空軍音楽隊の伴奏でハッピー・バースデイを歌い、祝典の夜会は各国のプリンスやプリンセス、芸能界のスターたち、ビルとヒラリー・クリントンなど一六〇〇人の招待客で賑わった。翌日、町の中心部のふたつの地区を結ぶ「ネルソン・マンデラ橋」の開通式が行なわれた。もしも長生きして九〇歳の誕生日が迎えられ、それを祝福するのに、自国の人びとはどんなことを考えつくのであろうか。

　そんな日を待ちながら、圧制に苦しめられた弁護士は、疾患のある足や流刑地の石切り場の石灰岩で痛めた両眼のことは忘れ、世界を駆けめぐり続けて和解と友愛のために擁護活動をしているのである。世界各地から招かれ、彼の存在は地球上の大きなイヴェントに栄誉をもたらしている。かくして二〇〇四年五月にはマドリッドに招かれ、アストゥリアスの皇太子で王位継承者でもあるフェリペの結婚式に、際立った著名人として列席した。そのとき未来のスペイン女王が彼の前で、王位にある者だけに返される軽い会釈をするのを誰もが目にしたのである。

　ネルソン・マンデラがその人生を賭けて実現させた政治の尊厳さを前にして、次世代を担う者が〔将来のスペイン王妃が実際に行なったように〕それに敬意を払うという、まさに象徴的ともいえるこの情景に包まれながら、私はこの劇の幕が下りていくのを見つめていきたい。

☆23　Fabienne Pompey, *Le Monde*, 18 juillet 2003.

参考資料

「私は死ぬ覚悟もしています」

リヴォニア裁判開始時の被告であるネルソン・マンデラの弁護側声明

プレトリア裁判所にて、一九六四年四月二〇日

私は被告第一号です。

まず初めに、私は、国側の冒頭陳述にあったような、南アフリカの闘争が外国人あるいは共産主義者の影響を受けているという根拠はまったくないことを強く申し上げたいと思います。私は個人として、あるいは政治指導者としていかなる行動をとるときにも、南アフリカにおける経験や私が誇りとするアフリカ人という生まれを考慮して行動するのであり、決して外国の人間から言われたことによるものではありません。

トランスカイで少年時代を過ごしたときに、部族の長老たちが昔話をするのをよく聞いたものです。長老たちが語ってくれた物語のなかには、先祖たちが祖国を守るために戦った戦争の話もいくつか含まれていました。ディンガネ、バンバタ、ヒンツァ、マカナ、スクンティ、ダラシレ、モシェシェ、セククニといった名前がアフリカ民族全体の栄光として讃えられました。そのとき私は、生涯を通してわが人民に役立つような機会を得、彼らの自由への闘いにささやかながら貢献したいと願うようになりました。このことが私のしたことすべての動機となり、この裁判で起

訴されている理由になっています。(中略)

私がウムコントの結成に参加したひとりであることはすでに申し上げました。私たちは、ふたつの理由でこの組織を結成したのです。まず第一に政府の採ってきた政策は、アフリカ人を避けようのない暴力に一直線に導いているからです。したがって責任ある指導者がいなければ人民の感情を一定方向に向かわせたり、制止したりできずに、さまざまな人種間に戦争以上に激しい敵意と憎悪を引き起こす可能性のあるテロ行為を生み出すであろうことを私たちは確信していたからです。第二に、アフリカ人民が白人優位という現行の原則に対して勝利を収める闘いをするには、暴力行為という選択しかないことを私たちは認識していたからです。このような原則に異を唱える合法的表明方法はことごとく閉ざされていましたので、私たちは永久的に劣等な地位を受け入れるか、それとも政府に反抗するかという状況に行きついていたのです。それで私たちは法律に立ち向かうことを選んだのでしたが、暴力に頼ることはしませんでした。しかしこの方法に対して新しい法律が作られ、政府は政策に反対する者すべてを締めつけるために、武力行使を表明するにいたり、私たちは暴力には暴力をもって応じることを決意したのでした。

しかし、私たちが決断した暴力行動は、少しもテロリズムを助長するものではありませんでした。ウムコントを結成した私たち全員がアフリカ民族会議のメンバーであり、政治紛争を解決するための「非暴力と交渉」という原則に基づいています。私たちは南アフリカがそこに暮らしているすべての人びとのものなのであり、白人であれ黒人であれ、ひとつの集団のものであるとは思っていません。私たちは人種間の戦争を望んではおらず、それを避けるためにあらゆることを

してきました。（中略）

一九六一年に話を戻さなければなりません。私たち、人民の指導者は何をすることが望まれていたのでしょうか？　あのような武力の誇示や脅迫に屈服すべきだったのでしょうか？　それとも闘うべきだったのでしょうか？　もしそうであるならどのようにして？

私たちが闘いを続けなければならないことは疑いのないことでした。別の決定をすれば、卑屈な妥協のように思われてしまうからです。問題は闘うかどうかを十分に自覚するのではなく、どういう方法で戦いを続けていくかということでした。ANCのメンバーとして、私たちは常に人種差別のない民主主義を主張してきましたし、人種間の溝をさらに広げるような行動をとることに嫌悪を覚えていました。しかしながら、五〇年にわたる非暴力は、ますます抑圧的な法律をアフリカ人民にもたらし、権利はますます狭められていったというのが歴然とした事実でした。この法廷では理解しにくいことかもしれませんが、長年にわたって人民は――白人と闘ってこの国を取り戻す日を想定した――暴力を強く願ってきました。しかし私たちANCの指導者は暴力を避け、平和的な手段を見出すよう説得してきました。一九六一年の五月と六月に私たちの何人かでこの問題を話し合ったときに、非暴力で達成できるものはなにひとつないこと、支持者もこの方針に信頼を失い始めていること、テロリズムに頼るという不安な動きが生まれつつあることが否定できなくなりました。（中略）

内戦を避けるということが長年私たちの信条でしたが、この方針に暴力行動を取り入れることを決定したとき、いつか内戦と対峙しなければならないことを理解していました。行動計画を立てるときもこの点を考慮しなければなりませんでした。状況の変化に応じて行動できるような柔軟な計画が必要でしたし、とりわけ内戦をまさに最後の手段として認識し、この問題の解決は将来にゆだねなければなりませんでした。私たちは内戦を望んではいませんでしたが、避けられない状態になった場合に備え、その用意をしておきたかったのです。その場合、破壊活動、ゲリラ戦、テロリズム、公然たる暴動という四つの手段が講じられました。私たちは第一の手段を選択し、ほかの三つを採択するまではこの手段で徹底的に闘ってみることにしたのです。

私たちの政治的背景に照らしても、この選択は筋が通っていました。破壊活動は人命を失うこともなく、したがって将来の人間関係にとって大いなる希望となったのでした。〔人種間の〕遺恨が少なくなり、そしてこの方針が成果をあげるのなら、民主的政府が現実となる日もあり得たのです。（中略）

わが国の歴史上でシャープヴィルのような事件が、ほかにどれほど記憶のなかにあったでしょうか？　暴力と恐怖が時事問題にならなかったら、この国はさらなるシャープヴィル事件に耐えられるでしょうか？　我慢の限界を超えたとき、わが人民には何が起きるのでしょうか？　私たちは成功を確信していますが、それまでに私たちやその他のすべての人びとはどんな犠牲を払うことになるのでしょうか？　そうなった場合、黒人と白人は平和を強調した新たな共存が可能なのでしょうか？　これが私たちの直面している問題であり、またその判断にいたった私たちの思考状態でした。

反乱を起こせば、ありとあらゆる口実でわが人民を大量に殺戮する口実を政府に与えるであろうことも、私たちは経験を通してわかっていました。しかし、南アフリカの大地に、すでに多くの罪のないアフリカ人の血が流されているというまさにその理由で、私たち自身の身を守るために、長期的課題で武力行使する覚悟を決めなければならなかったのです。戦争が避けられないものなら、私たちは最も有利な条件で戦いたかったのです。双方の人的損失を極力抑え、かつ私たちに最もリスクが少ないと予想される戦いはゲリラ戦でした。したがって私たちはゲリラ戦の可能性を視野に入れ、未来に向けて準備をしたのです。（中略）

ＡＮＣのイデオロギー的信念は、いまなお常にアフリカ民族主義の立場に立っています。「白人を海に投げ込んでしまえ」と奨励するようなスローガンのアフリカ民族主義のコンセプトとはなんの関連もありません。ＡＮＣが推し進めるアフリカ民族主義は、アフリカ人民の自国における自由と生活条件の革新をスローガンにしています。ＡＮＣがこれまでに承認した最も重要な政治文書は「自由憲章」です。しかしこれは社会主義国家とはなんの関連もないのです。この憲章では土地の再分配を求めていますが、国有化は求めていません。ただ鉱山、銀行、独占産業の国有化には配慮しています。それは大独占企業がひとつの人種だけのものであったからで、これを国有化しないと政治的権力を有しても人種的支配はそのまま続くからです。金山のすべてがヨーロッパの会社に所有されているのに、アフリカ人に対して金の採掘を禁じている現在の法律を廃止してもなんの意味もないのです。この点でＡＮＣの政策は現国民党のかつての政策と一致しています。つまり国民党は長いあいだ外国資本の保護下にあった金山の国有化を計画していたのです。自由憲章によれば、国有化は私企業にもとづく経済のなかだけで行なわれるでしょう。自由憲章が実行されれば、中産階級を含んだすべての階級のアフリカ国民が裕福になるような新しい見通しがもたらされるでしょう。ＡＮＣはこれまでの歴史のいかなる時点においても、この国の経済構造を革命的に変革することを強く勧めたことは一度もなく、私の記憶するかぎり、資本主義社会を非難したことも一度もありません。（中略）

政府はしばしば浴びせられる非難に対して、南アフリカのアフリカ人は他のアフリカ諸国の国民よりもはるかに裕福であると断言しています。この発言が真実かどうか私にはわかりません。なぜなら他の諸国の生活指数を考慮していない比較はまったく意味がないと思うからです。たとえそれが根拠のあるものだとしても、このような表明はアフリカ人民には関係のないことです。というのも私たちは他の国々と比べたら貧しいというのではなく、わが国に住む白人に比べたら貧しいのであり、そしてこの不均衡を改善することが法律で棄却されていることが問題なのです。

アフリカ人が人間の尊厳を失っているのは、白人優位の政策によるものであり、これは間違いのない事実なのです。白人優位は暗に黒人が劣等であることを意味します。法律はこの考えに沿っているのです。南アフリカでは誰もやりたがらない仕事は決まってアフリカ人がするのです。それがどのようなものであっても何かを運んだり、掃除をしなければならないときに、雇い人であろうがなかろうが白人はアフリカ人にその仕事を命じるのです。こういう立場におかれているので、白人はアフリカ人を別の生き物のように考えている傾向があります。彼らはアフリカ人も感情をもっているし、それぞれの家族がいることを無視しています。アフリカ人も、白人と同じように恋もします。そして白人が妻子とともにいたいと思うように、アフリカ人も家族と一緒にいたいのです。家族を養い、服を着せ、子どもたちを学校に通わせるだけの生活を保障できるお金を稼ぎたいのです。しかしどんな「小間使い」やどんな雑役夫にこのようなことが望めるのでしょうか。（中略）

アフリカ人は生活できるだけの賃金を求めているのです。政府からこれならできると決めつけられた仕事ではなく、自分たちにできる仕事をしたいのです。アフリカ人は仕事をする場所で生活したり、土地を所有することを望んでいます。出生地ではないという理由で行く先々の土地を追い出されたくないのです。すなわち、自分たちの家とは決して考えることのできない不自然な借家住いが嫌なのです。アフリカ人は国民全体に組み込まれることを願っているのであって、もうゲットーに住むような制限を受けたくないのです。男たちは妻や子どもたちから遠く離れて暮らし、意味のない生活を強いられることをもはや望んでいないのです。女性たちは夫のそばにいることを願い、保護区で未亡人のような生活をするのはもう望んでいません。アフリカ人は夜一一時以降も外出する権利が欲しいし、子どもみたいに部屋に閉じ込められたくありません。アフリカ人は自分の国を旅行する権利が欲しいし、いままでのように労働局が指定する場所ではなく、自分たちの好きなところで仕事を探す権利が欲しいのです。アフリカ人は南アフリカのすべてにおいて公平な分配を望んでいます。つまりアフリカ人は、安全に生活し、社会における自分たちのかかわりを望んでいるのです。

なにはともあれ私たちは平等な政治権利を望んでいます。それなしには私たちは発展できないからです。この国の白人たちには、このような発言は混乱を招くことになるだろうことは承知しています。平等な政治権利では有権者の大半はアフリカ人になるのですから。それゆえに白人は民主主義を恐れているのです。

しかしこの恐れが人種間の協調やすべての人びとの自由を保障することの妨げになってはいけません。すべての人びとに選挙権を与えるとなんらかの人種支配がもたらされるという話も信じてはいけません。肌の色を根拠にした政治的対立はまったく人為的なものであり、この対立がなくなれば、ひとつの人種集団による他の人種の支配というものもなくなります。ANCは人種差別に反対して半世紀を闘ってきました。ANCが勝利したときもこの方針を変えるようなことはありません。（後略）

ノーベル平和賞受賞講演

このたび私に与えられた大きな栄誉を祝福してくださった、同胞であり、受賞仲間でもあるF・W・デクラーク大統領に、この場をお借りして心から感謝の意を表したく存じます。

私たちは、二人の優れた南アフリカ人アルバート・ルツーリ首長とデズモンド・ツツ大主教猊下と本日ここで心をひとつにしております。皆様方は彼ら二人にノーベル平和賞を授与したことによって、アパルトヘイトという有害な制度に対して平和的に闘い、おおいに貢献した事実を正しく評価し称賛してくださいました。

私はこの運動の先駆者たちのなかにノーベル平和賞の卓越した受賞者であるマーティン・ルーサー・キング・ジュニア牧師の名を加えさせていただくことを誇りに思っております。

キング牧師も南アフリカと同様の大きな問題に直面して、公正な解決策を見出すべく力を尽くして闘い、そして命を落としました。戦争と平和、暴力と非暴力、人種差別と人間の尊厳、圧制と自由、弾圧と人権、貧しさと行動の自由という絶対に受け入れ難い矛盾が問題なのです。

私は戦争や暴力、人種差別主義、圧制、さらには国民全体の貧窮を引き起こしている社会制度の本質そのものに強く異議を唱えた、勇気ある何百万人もの人たちの声を代表しているのです。

同様に世界各地のアパルトヘイトに抗議する何百万人もの人びとや、国家としての南アフリカと闘うのではなく、非人道的制度に反対し、アパルトヘイトによって行なわれた人間性を無視する犯罪を一日も早く終わらせるために、私たちと行動をともにする政府や団体をも代表するものです。

南アフリカ人であろうとなかろうと、これら数え切れないほどの人びとが個人的利益をそこから少しも求めることなく、圧制や不公平への道を閉ざそうとする気高い心をもっていたのです。個人の受けた傷は同様に私たちの受けた傷であり、それゆえに彼らは純粋に正義と人間尊重を擁護するための行動を起こしたのです。

彼らの長年にわたる勇気と粘り強い闘いによって、全人類が結集して我々の時代において人間の勝利を祝う記念すべき日が来ることをいまから予測することさえできるのです。

その日が訪れたら、人種差別主義やアパルトヘイトそして白人少数派に対する我々の勝利を皆で祝おうではありませんか。

この勝利はポルトガル帝国植民地の創立に端を発する五〇〇年のアフリカ植民地化に終止符を打つことになるのです。

したがってこの勝利は、人類の歴史における大きな進歩の証明となりましょうし、同様に誰であれどこであれ、人種差別主義と闘う必要のある人びとに共通するアンガージュマンを証明することでもありましょう。

アフリカ大陸の南端で、自由や平和、人間の尊厳そして人間としての成熟にすべてを犠牲にして、〔黒人ということだけでなく〕人間として苦しんだ人たちがこのうえなく貴重で比類のない報償をいままさに受けようとしています。

この報償は金銭で計れるようなものではありませんし、また私たちが先祖のあとを歩むこのアフリカの大地で採れる珍しい金属とか宝石の価値によって評価されるものでもありません。

それは社会全体のなかで最も傷つきやすく、私たちの宝物のなかで一番大切とされる子どもたち、その子どもたちが幸せに満ち足りた生活をおくれるようになることで即座に判断されるでしょうし、そうあるべきです。

子どもたちは、もはやこれまでのように長期間飢えに苦しんだり、病気にさいなまれたり、無知や暴力そして種々の形態の悪習を伴なった弊害に脅かされることなく、そして自分の理解力を超えるような行動に無理やり参加させられたりすることなく、大草原の野山で遊べるようにならねばなりません。

ご臨席の皆様方の前で、新生南アフリカは、子どもたちの生存や保護そして発育に関する国際宣言※で定義された決意を絶えずもち続けることを私は誓うものであります。

この褒称は同様に子どもたちの父や母たちの幸せに満ち足りた生活によっても評価されるべきでありましょう。大人たちは政治的あるいは物質的理由で物乞いにならざるを得ないという辱めを受けたりすることなく、また、利用される心配もすることなくこの大地で生きることができなくてはいけないのです。

両親たちも飢えが引き起こす絶望や貧窮、失業といった重い負担から解放されねばなりません。

人間を差別するような非人道的壁を打ち壊してはじめて、圧制に苦しむすべての人びとにもたらされるこの褒称の価値は、私たちの国民の幸せに満ち足りた生活によって評価されるでしょうし、そうあるべきです。

我々アフリカ人は、一方を主人に、他方を下僕にしようとした、人間の尊厳を無視した重大な侮辱を忘れはしないでしょう。この侮辱は黒人を猛獣に変え、生き延びるための殺し合いをさせたのでした。

私たち全員が分かち合う褒称の価値は、必ずや勝ち取ることのできる平和によって近い将来評価されるでしょうし、そうあるべきです。なぜなら白人と黒人を同じひとつの人種として共存させるという人間味あふれる考えこそ、私たちのおのおのがいずれは楽園の子どもとして暮らすことを願っているからです。

いまから新しい社会で生活をしましょう。なぜなら私たちは、誰もが生まれながらに平等であり、生活したり、自由や繁栄を願い、互いに尊重しあうことによって、公平な政府に関して正当な権利をもつ社会が創られることになるからです。

このような社会においては政治囚の存在や、あらゆる個人の権利が踏みにじられたりすることなどもはや絶対に容認されるはずがないのです。

同様に平和的政権交代にいたる道が、人民からすべての権限を奪い取ろうとする略奪者の下劣な目的のために、ふたたび邪魔されるようなことは絶対にあってはなりません。（後略）

※「子どもの権利宣言」は一九五九年一一月二〇日の国連総会で満場一致で承認された。宣言に定められた一〇項目の基本法のいくつかにネルソン・マンデラは言及している。

ケープタウン大集会で行なわれた釈放時の演説

一九九〇年二月一一日

南アフリカの友人、同士そして同胞の皆さん。

平和、民主主義、すべての人びとの自由の名において、皆さんにご挨拶をいたします。

私は預言者としてではなく、あなた方人民のつましい僕《しもべ》として皆さんの前に立っています。あなた方の不屈で英雄的な犠牲的行為のおかげで、今日私は皆さんとともにいることができたのです。したがって私は残された人生をあなた方の手に委ねます。

釈放されたこの日に、私のために運動をし続けてくださった何百万人もの同胞や世界各地にいる仲間の皆さんに心からの厚い感謝の辞を申し述べます。（中略）

今日、南アフリカ人の大多数は、黒人であれ白人であれアパルトヘイトに未来がないことを認めています。この国の平和と安全を築きあげるためには、私たち自身が断固たるゆるぎない行動でアパルトヘイトを終わらせねばなりません。不服従の大衆運動や我らの組織および大衆の先導する種々の行動は、必ずや民主主義の確立にいたることが可能でありましょう。アパルトヘイトがアフリカ大陸に与えた荒廃は計りしれません。多くの人びとの家族構造は完全に壊されました。何百万人もの人びとがホームレスになり、職を失いました。経済は崩壊し、人民は激しい政治的抗争に巻き込まれています。一九六〇年にＡＮＣの軍事部隊であるウムコント・ウェ・シズウェを結成して武装闘争を最後の手段としたのも、アパルトヘイトの暴力に対する純然たる防衛行動でした。武装行動にいたる要因は今日もなお存在しています。私たちはこれを続ける以外の選択はないのです。私たちはこれ以上、武装闘争の必要をなくすために、交渉に向けた良好な環境を期待するのみです。

私はアフリカ民族会議の規則に従う忠実なメンバーです。したがって私は、ＡＮＣの目的、戦略、戦術のすべてに全面的同意をしています。

わが国の人民を統一することは、これまで同様、現在も重要かつ必要な任務です。いかなる指導者も独力でその責任を負うことはできません。私たち指導者は、自らの見解を組織の判断に委ねるべきであり、組織の民主的プロセスを経た決定にまかせるのです。この民主的プロセスという点では、運動の指導者は全国大会で民主的に選ばれた人物であることを私の義務として指摘しておきます。これは、いかなる例外も認めずに堅持されるべき原則です。

今日、皆さんにご報告したいのは、政府と私の話し合いは政治状況の正常化にかかわることであったことです。しかしながら、闘争の目的である基本的権利というテーマについては、まだ話し合いを始めていません。私自身は、国の将来を決定する交渉には一瞬たりとも参加したことはなく、ＡＮＣと政府が会談をもつことを主張しただけであることを強調したいと思います。

デクラーク氏は事態の正常化のために現実的な措置を講ずるという点で、国民党のどの大統領よりも前向きでした。ハラレ宣言で概略が示されているように、わが人民が要求している基本的権利についての交渉を始める前にとるべき別の手続きがあるのです。とりわけ国家非常事態宣言の即時解除と政治囚の一部ではなく全員の釈放という私たちの要求をこの場で私は繰り返します。自由な政治活動を保証するような正常化された状況においてのみ、私たちは人民と協議して彼らから委任の許可を得るのです。

誰が交渉するのか、そしてどのような交渉内容とするかは人民と協議して決定しなければなりません。いかなる交渉も人民の判断なしに行なわれてはなりません。わが国の将来は、人種差別がなく、民主的に選出された機関によってのみ決定されるのです。アパルトヘイト廃止に関する交渉は、民主的で人種差別のない単一の南アフリカ、という人民の心からの要求を尊重しなければならないでしょう。アパルトヘイトに起因する不公平が縮小され、私たちの社会が完全に民主化されることを確認するために、政治権力の白人支配に終止符を打ち、政治経済制度の再編成を考慮に入れる必要があります。

デクラーク氏自身は清廉潔白な人物であり、公人が約束をたがえた場合に身に降りかかる危険について敏感に認識していることをここに強調しておきます。しかしながら、私たちの組織としては、現在直面している厳しい現実に即した行動方針や作戦を立てなければなりません。つまり、私たちはいまだに国民党政府の政策ゆえに苦しんでいるという現実があるのです。

私たちの闘争は決定的な時期を迎えています。私たちは民主主義に移行するプロセスがすばやくかつ途切れることのないように、人民に新たな展開を見せることを呼びかけます。私たちは自由を得るのに、あまりにも長い年月を待たされました。これ以上は待てません。いまこそすべての戦線で闘争を強化すべきときなのです。ここで私たちが闘争心を緩めたら、後世の人びとは私たちを許さないような過ちを犯すことになるでしょう。水平線に現われた自由の姿は、私たちがさらなる努力ができるよう励ましてくれるでしょう。

私たちの勝利を確実にするのは、統制のとれた大衆運動のみなのです。私たちは白人同胞にも一緒に新しい南アフリカの建設に協力するよう呼びかけています。なぜなら解放運動は気高い意図をもっているので、彼らにも意義深いことになるからです。私たちは国際社会に対しても、アパルトヘイト政権を孤立させるためのキャンペーンを続けるよう要請しています。いま制裁措置を解除することは、アパルトヘイトを完全に絶滅させる行動を挫折させてしまう危険を冒すことになるでしょう。

自由への行進は後戻りができません。不安のために歩みをとどめるようなことをしてはなりません。統一された、民主的で人種差別のない南アフリカにおいて、すべての選挙民の参加による普通選挙は、平和と人種的融合を導くための唯一の方法なのです。

結論として、私は一九六四年の裁判において私自身が述べた言葉を引用したいと思います。この言葉は当時も現在も私の信念であります。

「私は白人支配に反対して闘ってきましたが、黒人支配にも反対して闘ってきました。私はすべての人びとがともに仲睦まじく暮らし、平等な機会が与えられるような、民主的で自由な社会という理想を大切にしてきました。これこそが私が生涯をかけて達成したいと願っている理想なのです。そして必要とあらば、その理想のために私は死ぬ覚悟もしています」。

訳者あとがき

本書は、現在世界で最も著名なフランス人政治家のひとりジャック・ラングの『マルローへの手紙』（拙訳、未來社、一九九九年）に続く、二冊目の邦訳となる。

一九八〇年、獄中のマンデラ解放要求と当時の南アフリカをボイコットしようという世界的規模の運動に参加したラングは、その一〇年後の一九九〇年にマンデラと出会うという幸運に恵まれた。すでに神話的英雄になっていたネルソン・マンデラが伝説と同一であることを理解したラングは、この神話の起源やマンデラの精神と行動を古典悲劇と同じ五幕の形式を用いて描き出す。注目すべきは、マンデラの命運を自伝的に捉えつつ、政治家のとるべき決断や理想的政治家像をラング自身の経験に照らしながら、未来への教訓として語っていることであろう。悲劇の構造や手法を熟知している著者の願いは、この並外れた人物の生きざまを、とりわけ未来を担う世代に知ってもらうことであり、そのための渡し守になることである。

ジャック・ラングの経歴などは『マルローへの手紙』のあとがきに詳しいので、ここではそれ以降の事柄に触れておく。

ラングは二〇〇〇年二月、翌年に行なわれるパリ市長選挙に正式な出馬表明をした。同じ社会党にはもうひとりの候補者ベルトラン・ドラノエが控えていたが、誰もが知名度抜群のラングの圧倒的勝利を疑わなかった。しかし、同年三月二七日、連立内閣の首班で社会党党首のリオネル・ジョスパンから国民教育相として入閣を要請され、市長選への出馬を撤回した。フランスでは国会議員は首長を兼務できるが、閣僚は首長を兼務できない。一説によれば「候補者をひとりに絞り込めないのは党首のリーダーシップが欠けているから」という非難をジョスパンが恐れたのだという。

ラングは社会党の重鎮として、二〇〇四年には政策プログラム作成の責任者に名を連ねた。二〇〇七年の大統領選への出馬も取りざたされたが、セゴレーヌ・ロワイヤル女史の顧問としてロワイヤル支持を表明。実際にラングの選挙区パ・ド・カレでのロワイヤルの得票数はサルコジ（現大統領）を上回っている。しかし、このころから社会党本部と少しずつ距離をおくようになり、しばらくして社会党幹部会から身を引いた。ただし現在でも社会党の一党員である。

二〇〇七年七月には元与党首相のバラデュールが委員長を務める第五共和制改革策定委員会の委員に任命されるなど、サルコジ大統領への意識的な接近を噂されている。サルコジは、ラングと並ぶ社会党の有力議員で「国境なき医師団」の創設者クシュネールを外務大臣に抜擢しているところから、「社会党を骨抜きにする魂胆」との声もある。ラング自身は「フランス共和国が私を必要とするのなら」と屈託なく笑う。二〇〇九年二月に大統領特使としてキューバを訪問、一〇月には同じく北朝鮮を公式訪問している。

二〇〇八年一〇月、ラングと妻のモニックは金沢市で開催された「世界創造都市フォーラム」に招かれた。私も彼らに同行したときのことである。その夜は旧知の山出保市長との会食であった。約束の時間が過ぎてもホテルのロビーに姿を見せないので、部屋をノックすると夫人が現われ「彼はいま大統領と電話中なの。もう少し待って」とにこやかに言った。いま思えば、翌年一月のキューバ訪問を打ち合わせていたのだろうかとそれなりに納得してしまう。

さて今回も多くの方の助力をいただいて翻訳を仕上げることができた。なかでも三〇数年来の友人、ジャン＝ノエル・フランソワの名を特記すべきであろう。ソルボンヌ出身で、フランスでも数人しかいないという馬術教師の資格をもつ彼は、稀に見る豊かな知識の泉であり、三〇年前に博士論文を一語一句校正してもらって以来、私には欠かせない存在である。前回の翻訳同様、今回もラングのかなりスノッブな文体を完璧に理解し、私の質問には語源を含む歴史的、民族的あるいは宗教的な見解までも解説してくれた。なかなか返事をもらえないという難点はあったが、ジャン＝ノエルの献身的な協力があったからこそラングの意を正確につたえられるものと確信している。それから、苦労した固有名詞、とりわけ人名に関してはロンドンで開かれた国際学会のおりに、南アフリカ出身の研究者に尋ねてくださった古巣静岡大学の久木田直江教授、そして在日南アフリカ大使館の近藤さなえさんに御礼を申し上げたい。

終わりに、私の表現不足を丁寧に補ってくれた松澤美由紀さんと、種々の事情で大幅に遅れた翻訳作業を辛抱強く待ってくださった未來社の西谷能英氏、そして担当の天野みかさんにはここに感謝の意を表したい。

二〇一〇年七月

塩谷　敬

＊本書の訳出にあたり、主として参考にした文献は次の通りである。特に東江一紀氏の訳書には役立たせていただいた箇所が多い。

『ネルソン・マンデラ自伝――自由への長い道』上・下巻　ネルソン・マンデラ著、東江一紀訳、日本放送協会、一九九六年

『ネルソン・マンデラ――闘いはわが人生』ネルソン・マンデラ著、浜谷喜美子訳、三一書房、一九九二年

『南アフリカ――「虹の国」への歩み』峰陽一著、岩波新書473、一九九六年

《著者略歴》
ジャック・ラング（*Jack Lang*）
1939年フランスのヴォージュ県生まれ。パリ大学法学部およびパリ政治学院卒業。法学博士。24歳で教授資格者となる。
1963年、「ナンシー国際演劇祭」の前身である「国際ディオニュソス祭」を創立し、実行委員長を務める。1972年、文化相ジャック・デュアメルの要請で国立シャイヨ劇場総支配人に就任。1981年、ミッテランが大統領に就任すると文化相に抜擢され、1986年まで務める。1986年に社会党から初出馬して下院議員に当選。1988年のミッテラン再選にともない文化相に再任。1995年のシラク政権誕生で閣僚を退くまでに、革命200年祭担当相、情報担当相および国民教育相などを兼務。1994年に欧州議会議員に転出するが、1997年ふたたび下院議員に当選。1989年から2000年までブロワ市長を兼務、現在はパ・ド・カレ選出の下院議員。
主要著書に『国家と劇場』、『明日女性は』、『マルローへの手紙』、『フランソワ一世』、『ロラン・ル・マニフィック』、『フランスのための新しい政治体制』、『税制大改革』など。

《訳者略歴》
塩谷 敬（しおのや けい）
1944年静岡県生まれ。中央大学仏文科卒。
1972年にフランス政府給費留学生として渡仏、1981年帰国。パリ大学大学院演劇研究科にて博士号取得。パリで出版された著書が、文化人類学者クロード・レヴィ＝ストロースの推薦でアカデミー・フランセーズより1987年度のロラン・ド・ジュヴネル文学賞を、日本人として初めて授与される。静岡大学人文学部教授を経て現在は静岡大学名誉教授。
主要著書に『Cyrano et les Samurai』（Editions P.O.F)、『Le Théâtre Libre d'Antoine et les théâtres de recherche étrangers』（共著 L'Harmattan)、『シラノとサムライたち』（白水社)、翻訳に『マルローへの手紙』（未來社）など。

ネルソン・マンデラ

二〇一〇年八月十日　初版第一刷発行

定価――本体二六〇〇円＋税

著者――ジャック・ラング

訳者――塩谷敬

発行者――西谷能英

発行所――株式会社　未來社
〒一一二―〇〇〇二 東京都文京区小石川三―七―二
電話〇三―三八一四―五五二一（代）
振替〇〇一七〇―三―八七三八五
http://www.miraisha.co.jp/
Email: info@miraisha.co.jp

印刷・製本――萩原印刷
ISBN978-4-624-11204-2 C0023

マルローへの手紙
J・ラング著／塩谷敬訳

『人間の条件』などの小説で知られ、無類の反抗的人間だったマルロー。文化大臣の後継者でもあるジャック・ラングが、激動のヨーロッパ史を象徴する反体制知識人の肖像を描く。

一八〇〇円

黒人のたましい
W・E・B・デュボイス著／木島・鮫島・黄訳

二〇世紀最大のアメリカ黒人解放運動指導者の古典的名著の完訳。原著は一九〇三年刊行。差別撤廃、解放をめざす黒人の魂のたたかいを一四篇のエッセイで詩情豊かに描く。

三五〇〇円

モダニズムとハーレム・ルネッサンス
H・A・B・ジュニア著／小林憲二訳

〔黒人文化とアメリカ〕ミンストレル・ショー、ブルース、演説などからアメリカのブラックカルチャーにおけるモダニズムの形成過程をたどるポストコロニアル批評の先駆。

二一〇〇円

モハメド・アリとその時代
M・マークシー著／藤永康政訳

〔グローバル・ヒーローの肖像〕圧倒的な強さを誇り、過激な発言で物議をかもした不世出のボクサーの最盛期を描きつつ。六〇年代アメリカを風靡した抵抗の精神をいまに甦らせる。

二八〇〇円

アフリカ史再考
I・バーガー＋E・F・ホワイト著／富永智津子訳

〔女性・ジェンダーの視点から〕アフリカの歴史は、新たな研究史を拓いた。古代から現代までのアフリカ史を、女性・ジェンダーに視点をあてた研究の検証を通して再構築する。

二八〇〇円

マウマウの娘
W・W・オティエノ著／富永智津子訳

〔あるケニア人女性の回想〕マウマウと呼ばれたケニア独立闘争の闘士であり、独立後はケニアの民主化・女性解放運動に挑みつづけてきた著者の勇気と波瀾に富んだ半生記。

二六〇〇円

〔消費税別〕